ŒUVRES DE JEAN COCTEAU

Poésie

POÉSIE, 1916-1923 (Le Cap de Bonne-Espérance. – Ode à Picasso. – Poésies. – Vocabulaire. – Plain-Chant. – Discours du grand sommeil) *(Gallimard)*.

ESCALES, avec A. Lhote *(La Sirène)*.

LA ROSE DE FRANÇOIS *(F. Bernouard)*.

CRI ÉCRIT *(Montane)*.

PRIÈRE MUTILÉE *(Cahiers Libres)*.

L'ANGE HEURTEBISE *(Stock)*.

OPÉRA, ŒUVRES POÉTIQUES, 1925-1927 *(Stock et Arcanes)*.

MYTHOLOGIE, avec G. de Chirio *(Quatre Chemins)*.

ÉNIGME *(Édit. des Réverbères)*.

MORCEAUX CHOISIS, POÈMES, 1916-1932 *(Gallimard)*.

LA CRUCIFIXION *(Édit. du Rocher)*.

POÈMES (Léone. – Allégories. – La Crucifixion. – Neiges. – Un Ami dort) *(Gallimard)*.

LE CHIFFRE SEPT *(Seghers)*.

APPOGGIATURES *(Édit. du Rocher)*.

CLAIR-OBSCUR *(Édit. du Rocher)*.

POÈMES, 1916-1955 *(Gallimard)*.

PARAPROSODIES *(Édit. du Rocher)*.

CÉRÉMONIAL ESPAGNOL DU PHÉNIX *suivi de* LA PARTIE D'ÉCHECS *(Gallimard)*.

LE REQUIEM *(Gallimard)*.

LE CAP DE BONNE-ESPÉRANCE *suivi du* DISCOURS DU GRAND SOMMEIL *(Gallimard)*.

Poésie de roman

LE POTOMAK *(Stock)*.

THOMAS L'IMPOSTEUR *(Gallimard)*.

LE GRAND ÉCART *(Stock)*.

Suite de la bibliographie en fin de volume

THÉÂTRE
DE JEAN COCTEAU

II

JEAN COCTEAU
de l'Académie française

THÉÂTRE

II

LES MONSTRES SACRÉS
LA MACHINE À ÉCRIRE
RENAUD ET ARMIDE
L'AIGLE À DEUX TÊTES

GALLIMARD

LES MONSTRES SACRÉS

Portrait d'une pièce en trois actes

à JEAN MARAIS

*qui a été le Michel incomparable
des* Parents terribles *avant de
partir pour la guerre et en attendant qu'il revienne pour créer* La
machine a écrire, *j'offre cette
pièce qu'il m'a demandé d'écrire
pour Yvonne de Bray. Avec mon
admiration et mon affection.*

JEAN COCTEAU.

LES MONSTRES SACRÉS

*ont été représentés pour la première fois sur la scène
du Théâtre Michel, le soir du 17 février 1940.*

PERSONNAGES

ESTHER .... Yvonne de Bray.
LIANE .... Jany Holt.
CHARLOTTE .... Suzanne Dantès.
LOULOU (habilleuse). .... Claire Gérard.
LA VIEILLE DAME.............. Morgane.
FLORENT .... André Brulé.
LE SPEAKER .... Jean Hubert.

De nos jours. Décors de Christian Bérard.

Mise en scène d'André Brulé.

Cette pièce, qui doit donner l'idée d'une Prima Donna, d'un « Monstre Sacré », du style Réjane ou Sarah Bernhardt — Réjane plutôt — ne doit pas dater comme style. Le public — même le public de guerre de 1940 — doit avoir l'illusion que la pièce se déroule dans une actualité inactuelle, c'est-à-dire dans un temps spécial où la guerre pourrait ne pas avoir lieu. Rien de rétrospectif, surtout, rien de pittoresque. Les robes de l'actrice doivent être les robes qui se portent lorsque la pièce se joue. Le but à atteindre étant de sortir le public d'une hypnose de guerre, il importe de lui faire croire qu'il se trouve dans un théâtre normal, en temps normal. Ce n'est qu'après le spectacle qu'il pourra se dire : « Mais, au fait, à quelle époque cela se passe-t-il ? » Si l'auteur et ses interprètes y réussissent, sans oublier le décorateur, le tour est joué.

NOTES POUR L'INTERPRÉTATION
DES RÔLES

ESTHER

Esther reçoit un coup si imprévu qu'elle se trouve comme sous l'effet du choc opératoire.

Elle parle au lieu de s'évanouir. Ses répliques de la première scène avec Liane ne sont explicables que si elle s'exprime dans une sorte de stupeur lucide.

Le reste du rôle est d'une femme d'amour, maladroite et noble. A la fin, elle a « beaucoup appris ». Elle se souvient de ses rôles. *Sa sincérité se teinte donc d'un peu de théâtre*

LIANE

Liane n'est pas une peste. Elle est mythomane. Elle veut aller trop vite. C'est l'époque des machines. Au début, on doit sentir le mensonge et le malaise à travers un débit trop direct et trop lyrique.

Au deuxième acte et au troisième acte elle est dure ; elle n'est pas basse.

Sortie de Liane. Une langue qui ne possède pas

*un mot analogue à ce mot qu'elle jette avec une vio-
lence terrible qui lui enlève toute vulgarité, devra le
remplacer par quelque insulte courte et injuste.*

Florent

*C'est le comédien. Il est faible, mais on suppose
que dans son métier il ne l'est pas. Il domine Liane
lorsqu'elle essaye de le prendre sur ce terrain.*

Charlotte de Cauville

*C'est une brave peste. Son comique doit être natu-
rel et jamais cocasse. Elle croit aux règles et les
contourne si ces règles dérangent son confort. Elle
transporte une foule de bracelets à pendeloques, de
sacs, de lunettes d'écaille, de boîtes à cigarettes, de
fume-cigarettes, de mouchoirs, de fétiches, etc.*

Loulou

*Eviter surtout de prendre pour ce rôle une comique
professionnelle. Loulou est bête, sans l'ombre de pittoresque théâtral.*

*La première scène entre Esther et Liane doit don-
ner l'impression d'être mal conduite au point de vue
psychologique. C'est après que le public doit cesser
d'en vouloir à l'auteur, se rendre compte et se dire :
« C'était cela. »*

Ces notes sont importantes pour éclairer les rôles, car la pièce est écrite « dans la voix » et pour des comédiens, sans souci littéraire. Les « Esther ! » de Florent, les « Ah ! » et les « Oh ! » d'Esther, etc., ne sont que des prétextes à nuances de jeu.

ACTE I

La loge d'Esther au Théâtre dont elle est la directrice. Loge classique de la grande comédienne. Au fond, vastes para-vents superposés. Ces paravents sont tendus de mousselines de toutes les nuances de l'arc-en-ciel. Coiffeuse à gauche en pan coupé. Un petit paravent chinois l'encadre. A droite, porte sur le couloir. Divan, fauteuils, chaises, corbeilles de fleurs avec nœuds de rubans. Tapis rouge très usé, carpette. Les lumières viennent de lampes et d'ampoules nues à droite et à gauche du miroir de la coiffeuse. Le tout cou-leur perle.

Au lever du rideau, la loge est vide. Esther, cachée derrière le paravent de la coiffeuse parle très fort à son habilleuse qu'elle croit dans la loge. On voit ses bras qui s'agitent. Elle se déshabille et, tout en parlant, elle accroche une robe de chasse à courre en haut du paravent. C'est sa robe du dernier acte de l'œuvre qu'elle interprète, « LA CURÉE ».

SCÈNE I

ESTHER *seule, invisible, derrière le paravent.*

ESTHER. — Tu m'écoutes, Loulou ? C'est fini, fini, fini. Cette fois je me décide. J'enlève les avant-scènes. Voilà douze ans que j'hésite, mais, cette fois, c'est le comble. Ces avant-scènes me rendent folle. Douze ans, par paresse, par avarice, on supporte une chose qui vous rend folle. Nous fermons dans sept jours. Dans huit jours je mets les ouvriers dans le théâtre. Tu m'écoutes ? Déjà on avait l'impression d'avoir des gens à quatre pattes dans votre chambre, des hommes qui vous clignent de l'œil, des femmes qui touchent l'étoffe de vos robes, mais ce soir, ce soir c'était le bouquet. Loulou, tu m'écoutes ? Une vieille folle, au dernier acte — je retiens le contrôle. Elle doit être sourde et, au dernier acte on me la fourre dans l'avant-scène de droite — une vieille folle qui haussait les épaules, de toutes ses forces, chaque fois que j'ouvrais la bouche. Casimir me chuchotait : « Tu as vu la folle ? »... D'abord je ne m'étais pas rendu compte que c'était un tic, je me disais : Elle me trouve ridicule. Mais elle continuait, elle n'arrêtait pas de hausser les épaules et, comme je vois tout, je voyais les premiers rangs d'orchestre qui riaient, qui ne suivaient pas la pièce. Ce qui me dépasse, c'est Charlotte ! Quand elle joue, elle est en extase. Tu crois que ça la dérangeait. Pas le moins du monde. Elle allait, elle allait, elle me regardait avec surprise comme si j'étais malade. Elle ne voyait pas la folle. Je l'aurais tuée. Heureusement que je sors de scène avant eux tous. J'aurais fait un esclandre. J'aurais dit : qu'on enlève cette femme qui a des tics, ou je ne joue plus. Tu m'écoutes, Loulou ? On ôte les avant-scènes. Elles sont mortes. Passe-moi mon peignoir à maquillage... Loulou... Loulou... mon peignoir. (*Elle contourne le paravent et apparaît en robe blanche, très élégante, très vaste. Elle s'aperçoit qu'elle parlait dans le vide et reste stupéfaite.*) Ça, par exemple... Décidément... Il y a une heure que je parle dans le vide... (*Elle se dirige vers la porte et crie.*) Loulou !... Loulou !

SCÈNE II

ESTHER, LOULOU

Entre Loulou. C'est une vieille habilleuse en noir, le visage stupide.

LOULOU. — Madame m'appelle ?

ESTHER. — J'étais derrière le paravent et je te croyais dans ma loge. Il y a une heure que je te parle. Où étais-tu ?

LOULOU. — J'avais descendu chez le concierge.

ESTHER. — Voyons, je ne suis pas folle. En revenant de la Comédie-Française, tu es entrée dans ma loge.

LOULOU. — Oui, Madame.

ESTHER. — Et tu es repartie tout de suite.

LOULOU. — Oui, Madame. Fallait que je descende chez le concierge.

ESTHER. — Tu as été à la Comédie-Française avec tes savates ?

LOULOU. — Oui, Madame. J'ai les pieds qui fatiguent.

ESTHER. — Mais pourquoi, mon Dieu, toutes les habilleuses ont-elles des savates ? Oui, oui, je sais... pour ne pas faire de bruit dans les coulisses. Alors, je voudrais savoir pourquoi toutes les habilleuses marchent sur les talons et trouvent le moyen d'ébranler le théâtre. Passe-moi mon peignoir. Je crève de rage.

LOULOU. — Voilà, Madame.

Elle lui passe le peignoir de linge.

Esther. — Comment es-tu déjà là ? Tu es partie avant la fin ?

Loulou. — Oui, Madame. Parce que, Madame, j'allais pour voir Monsieur et, au dernier acte, il n'y avait plus Monsieur. On lui téléphonait.

Esther. — On lui téléphonait ? Dans britannicus ?

Loulou. — Ça, Madame, je ne sais pas où on lui téléphonait. Mais comme Monsieur n'était plus là, je suis partie.

Esther. — Que je suis bête ! C'était la voix humaine. Le spectacle finissait par la voix humaine.

Loulou. — Je ne sais pas, Madame.

Esther, *elle se démaquille.* — Monsieur a eu du succès ?

Loulou. — Oh ! oui, Madame. Tout le monde criait : l'auteur ! l'auteur !

Esther. — Après britannicus ? Enfin... c'est possible. A notre époque tout est possible. britannicus t'a plu ?

Loulou. — C'est-à-dire, Madame, je ne comprenais pas ce qu'ils disaient parce qu'ils parlaient en ancien.

Esther, *l'œil au ciel.* — Mon Dieu !

Loulou. — Oui, Madame... Ils parlaient en ancien. Et Monsieur était drôle !

Esther. — Eh bien, dans le rôle de Néron, c'est une réussite.

Loulou. — Madame peut le dire. Monsieur portait une vieille robe de Madame. Et puis, pour me faire une farce, il s'est caché derrière un décor...

Ester. — Loulou ! c'est dans la pièce...

Loulou. — Oh non, Madame, il n'y avait pas de pièce. Monsieur s'est caché derrière un décor. Même que j'ai dit à ma voisine : « Vous voyez, madame, Monsieur se cache derrière un décor, mais je le vois, parce qu'il porte une robe de Madame et que les robes de Madame, je les trouve partout. Derrière les meubles, partout. »

Esther. — Et qu'est-ce qu'elle a répondu, ta voisine ?

Loulou. — Rien, Madame. Elle a haussé les épaules.

Esther. — Parfait. Ce doit être le soir où les dames haussent les épaules au théâtre.

Loulou. — Probablement, Madame.

Esther. — En somme, tu as passé une bonne soirée.

Loulou. — Très bonne, Madame. Monsieur m'a bien fait rire.

Esther. — Il en sera ravi. Eh bien, Loulou, tu es libre. Je m'habillerai seule. Il est possible que je reste assez tard. Tu préviendras le concierge qu'il n'éteigne pas, qu'il m'attende.

Loulou. — Madame va encore passer une mauvaise nuit.

Esther. — C'est toi qui vas passer une mauvaise nuit, ma pauvre Loulou, puisque tu veilles ta cousine.

Loulou. — C'est sa garde-malade qui est malade.

Esther. — Tout arrive...

Loulou. — Et il faut rester auprès d'elle sans dormir une minute. Madame comprend ?

Esther. — Je comprends que tu seras éreintée demain. Rentre à Chatou vers midi. Et tu feras une sieste. Et maintenant je te conseille de descendre chez la concierge et de lui demander une bonne tasse de café, bien fort.

Loulou. — Oh non, Madame. Le café m'empêche de dormir.

Esther. — Ohhhhh !

Loulou. — Madame est souffrante ?

Esther. — Non...

LOULOU. — Ah ! et puis, Madame, j'oubliais. Il y a une jeune fille qui pleure.

ESTHER. — C'est Junie.

LOULOU. — Je ne sais pas son nom. Elle ne m'a pas dit qu'elle s'appelait Julie. Elle pleure. Elle est dans le vestibule.

ESTHER, *saisie*. — Dans le vestibule ? Je deviens folle.

LOULOU. — Elle grimpait l'escalier ; le concierge ne l'avait pas vue. J'ai couru après. Je lui ai dit : « Où que vous allez ? » — « Je cherche la loge de madame Esther. » Comme elle était en larmes, je l'ai fait asseoir dans le vestibule.

ESTHER. — D'où sort-elle ?

Elle ouvre la porte.

SCÈNE III

LES MÊMES, *plus* LIANE

Liane paraît dans l'encadrement de la porte. C'est une jeune personne très moderne, très photogénique, en trench-coat. Elle tient à peine debout et s'appuie au chambranle, son chapeau à la main. Elle relève ses mèches.

ESTHER. — Entrez, Mademoiselle.

LIANE. — Excusez-moi, Madame, j'étais dans la salle.

LOULOU. — Elle doit vouloir une orthographe.

ESTHER. — Alors elle tombe à pic. Allez, Loulou,

décampe. Après l'histoire de la folle, j'ai soif d'éloges. File ! (*Se ravisant.*) Non. Ne file pas tout de suite. Mets-toi devant la porte du couloir et empêche tout le monde d'entrer. (*Souriant à Liane.*) Après le spectacle, je redeviens la directrice. Ils ont tous à se plaindre. Tous quelque chose à me demander. (*A Loulou.*) Que personne n'entre.

Loulou. — Bien, Madame.

Esther. — Et si tu arrives à empêcher Casimir de chanter la TOSCA en descendant l'escalier, je t'offre un bracelet-montre... Personne. Demain, Chatou, midi. Soigne bien ta cousine. (*Elle referme la porte.*) C'est effrayant ! Et voilà vingt-cinq ans que cela dure et que je suis l'esclave de Loulou. Et Loulou m'adore et j'adore Loulou. Et elle me rend gâteuse. Mon mari joue Néron ce soir. Je l'ai envoyée aux Français pour me débarrasser d'elle et cette nuit j'ai la chance d'une cousine malade qu'elle veille en refusant de boire du café parce que le café l'empêche de dormir. C'est un monde ! Vous étiez dans la salle ?

Liane. — Oui, Madame.

Esther. — Pourquoi êtes-vous partie avant la fin ?

Liane. — Parce que vous n'étiez plus là.

Esther. — Encore une jeune fille qui aime les actrices et qui n'aime pas le théâtre.

Liane. — Mais Madame...

Esther. — Il n'y a pas de « Mais Madame ». Vous n'aimez pas le théâtre. La scène finale est la meilleure, la scène du pavillon de chasse. On voulait la couper. On voulait finir sur ma sortie. C'était absurde. Dans cette dernière scène je suis beaucoup plus là que si j'étais là. Il est vrai que la pièce...

Liane. — Je n'aime pas beaucoup la pièce.

Esther. — Mon petit, c'est notre drame. Ou bien un rôle magnifique et pas de pièce, ou bien une bonne pièce qui nous mange. Quand trouverai-je une bonne pièce avec un bon rôle ? Je me le demande.

Liane. — La pièce n'a aucune importance. On ne voit que vous.

Esther. — C'est dommage. Une bonne pièce doit former un tout. Enfin !

Liane. — Madame, c'est très ridicule, mais je veux être franche. Je ne vous avais encore jamais vue...

Esther. — Vous êtes bien tombée. J'ai joué le dernier acte comme une horreur. Cette vieille folle me faisait perdre la tête.

Liane. — Qui ? Madame de Cauville ?

Esther. — Pauvre Charlotte ! Non, pas elle : une vieille folle dans l'avant-scène de droite, qui haussait les épaules. Un tic épouvantable. Mais, d'abord, je ne croyais pas que c'était un tic.

Liane. — Je ne m'en suis pas aperçue.

Esther. — Vous avez de la chance. Et vous n'avez pas trouvé que je jouais mal ?

Liane. — Madame... C'est drôle... Je crois... il me semble que vous ne comprenez pas au juste ce qui se passe. Vous devez avoir une si grande habitude qu'on vous admire. Je ne sais pas si vous vous rendez bien compte de l'état dans lequel je me trouve.

Elle glisse sur le divan.

Esther. — Ma pauvre petite... (*Elle lui prend les mains.*) Vous avez les mains glacées. Approchez-vous du radiateur...

Liane. — Je ne me réchaufferai pas. Si je ne claque pas des dents, c'est que j'arrive à prendre sur moi-même. Madame, vous êtes « vous »... Vous ne pensez plus à qui vous êtes et chaque soir vous jouez ce rôle... Seulement, moi, j'arrive du dehors...

Elle se cache la figure.

Esther. — Mon pauvre petit, ne vous mettez pas dans un état pareil. Qu'est-ce que je peux faire pour vous ?

Liane. — Rien. Restez là. Laissez-moi vous regarder. Comprendre que je suis près de vous, dans votre loge.

Esther. — Je devine. Vous vous attendiez à trouver une personne lointaine, étendue sur des peaux d'ours et respirant des tubéreuses. A quoi vous attendiez-vous ?

Liane. — Je ne sais pas. Je suis montée comme une somnambule. Je tremblais. J'écoutais votre petite scène avec Loulou. Je vous entendais rire. Il m'a fallu un courage énorme pour me lever et pour me tenir contre la porte.

Esther. — Je vous ai bouleversée à ce point.

Liane. — Bouleversée n'est pas le mot. Avant de vous voir jouer, je ne me doutais pas de ce que c'était qu'une grande actrice. On m'avait parlé de Réjane, de Sarah Bernhardt. Greta Garbo, ce n'est pas pareil, c'est un fantôme. J'avais vu de bonnes actrices, des actrices habiles. Je croyais que les « monstres sacrés », comme les surnommait mon grand-père, étaient de bonnes actrices d'une époque où le public se contentait de peu et que le prestige de la mort faisait le reste. Et tout à coup, en vous voyant, en vous écoutant, j'ai compris que le théâtre était quelque chose de... religieux.

Esther. — Moi qui ai joué comme une machine... et une machine qui marche mal.

Liane. — Vous l'avez cru. Mais vous répétez machinalement des prodiges qui vous habitent et qui agissent. Vous voyez le résultat.

Esther. — Vous me rendez un peu de courage. Je croyais avoir été ignoble. Les acteurs adorent les compliments. Vous me faites plaisir.

Liane. — Vous êtes une merveille, madame Esther, une grande merveille... Je vous dérange ?

Esther. — Pas le moins du monde. Je serais restée toute seule. Les actrices sont beaucoup plus seules qu'on **ne** l'imagine. Nos admirateurs n'osent pas venir, et ils ont tort. Je vous suis très reconnaissante d'être venue.

LIANE. — Moi qui croyais votre loge pleine de monde.

ESTHER. — Le théâtre, c'est une sorte de couvent. On sert un dieu. On répète les mêmes prières. On ne va jamais au théâtre. Le jour on ne sort pas. On recommence les mêmes petites farces entre camarades. Et les visites sont très, très rares. J'ajoute qu'il y a de l'encens, des cierges et des fleurs. Et que, dans tous les théâtres du monde, les escaliers des coulisses ressemblent à des escaliers de prison.

LIANE. — Vous aimez votre couvent ?

ESTHER. — J'adore mon mari, et mon mari, c'est le théâtre. Alors j'aime le théâtre. Vous avez vu jouer mon mari ?

LIANE. — Oui. Je l'admire. C'est un monstre sacré, lui aussi.

ESTHER. — Vous l'avez vu dans Néron ?

LIANE. — Je l'ai vu dans Néron. Il est extraordinaire.

ESTHER. — Puisque vous aimez le théâtre, pourquoi ne devenez-vous pas actrice ?

LIANE. — Je suis une actrice.

ESTHER. — Par exemple. Et... où jouez-vous ?

LIANE. — Je suis à la Comédie-Française.

ESTHER. — Quoi ?

LIANE. — Je joue de petits rôles. Mais je sors du Conservatoire et j'appartiens à la Maison.

ESTHER. — Alors, vous connaissez Florent ?

LIANE. — Je le connais.

ESTHER. — Vous êtes...

LIANE. — N'ayez aucune crainte. Je ne porte **pas** un nom célèbre, je m'appelle Liane.

ESTHER. — C'est vous la petite Liane ?

LIANE. — Votre mari vous a parlé de moi ?

ESTHER. — Il trouve qu'on devrait vous donner Agnès.

LIANE. — Il exagère.

ESTHER, *qui se coiffe.* — Liane... quel drôle de nom. C'est votre vrai nom?

LIANE. — Je m'appelle Eliane. Liane est mon nom de théâtre.

ESTHER. — De mon temps, Liane était un nom de cocotte. Toutes ces dames s'appelaient Liane. Liane de ceci, Liane de cela. Elles fréquentaient le Palais de Glace et, de cinq à sept, toutes ces Liane s'enroulaient autour des professeurs de patinage et dansaient la valse. Au fait...

LIANE. — Au fait?

ESTHER. — Au fait, avant moi Esther était le titre d'une tragédie. La gloire c'est de rendre possible un nom impossible. La Fontaine, Racine, Corneille, c'étaient des noms impossibles. Et si un jeune auteur était venu me trouver et me dire : « Je m'appelle Anatole France », je lui aurais conseillé de choisir l'un ou l'autre. Anatole tout court ou France tout court. Ce qui n'empêche pas Anatole France d'être Anatole France. Rendre un nom habituel, tout est là.

LIANE. — Vous êtes charmante. Charmante et simple.

ESTHER. — Vous savez, après le spectacle, je ne pense jamais que je suis une actrice.

LIANE. — Vous ressemblez si peu à votre légende.

ESTHER. — Une légende n'en serait pas une si on lui ressemblait. C'est une chance de ne pas ressembler à ce que le monde nous croit. Si nos ennemis attaquaient ce que nous sommes, que resterait-il de nous? Moi, voyez-vous, ma petite, je suis une femme qui aime son mari et son fils, en sourde, en aveugle. Je n'ai que du bonheur. Le reste, les drames, les intrigues, les mensonges, la malice, c'est

pour le théâtre. Il est possible que je me débarrasse
au théâtre de tout ce que je déteste dans la vie.
Rentrée chez moi, je redeviens une brave idiote, avec
un mari célèbre et un fils ingénieur, marié en Ecosse.

LIANE. — Quel âge a votre fils ?

ESTHER. — Jean — nous disons Jeannot — a
vingt-cinq ans. Je suis une vieille dame. Vous devez
me trouver une ruine.

LIANE. — Vous avez l'âge du génie. Votre mari
non plus n'a pas d'âge.

ESTHER. — Quel âge lui donnez-vous ?

LIANE. — Oh ! moi... Je rêve d'un *Faust* où Marguerite dirait à Faust après le pacte : « Quel dommage, mon cher, je déteste les gigolos. »

ESTHER. — Beaucoup de jeunes filles méprisent la
jeunesse et toutes les jeunes filles sont folles de Florent. Etes-vous du nombre ?

LIANE. — Ecoutez, madame, ma visite n'est pas
seulement une visite d'admiratrice et une visite
d'amour. (*Geste d'Esther.*) Si, si... d'amour. C'est
une démarche. Une démarche très grave, très pénible devant laquelle je reculais et qui me glace. Tâtez
mes mains. Pendant la scène où vous sanglotez, où
vous recevez sans vous défendre ce déluge d'insultes,
je crevais d'angoisse. Je me répétais : tu iras, tu
n'iras pas, tu iras, tu n'iras pas, tu iras, tu parleras.

ESTHER. — Vous m'intriguez.

LIANE. — Madame...

ESTHER. — Appelez-moi Esther, comme tout le
monde.

LIANE. — Esther... Laissez-moi vous dire avec
respect que vous êtes une enfant. C'est pourquoi il
faut que je parle coûte que coûte, et c'est pourquoi
je n'ose pas ouvrir la bouche. Aidez-moi.

ESTHER. — Vous, vous êtes amoureuse de Florent !

LIANE. — Oui.

ESTHER. — Encore une. Et que voulez-vous que j'y fasse? Ne me demandez pas de plaider votre cause. Il se boucherait les oreilles. Est-ce ma faute si nous sommes un ménage modèle, les époux-type, des mari et femme comme on n'en fait plus ? Chaque fois que je plaide la cause d'une adoratrice, il me gifle doucement et me traite d'entremetteuse. Nous sommes hypnotisés l'un par l'autre. Nous sommes démodés au possible. C'est un cas.

LIANE. — Vous rendez ma tâche bien difficile.

ESTHER. — Allez-y. Je vous écoute.

LIANE, *elle tombe à ses genoux.* — Pardon, Esther, pardon...

ESTHER. — Pardon d'être amoureuse de mon mari ?

LIANE. — Pardon de n'avoir pas su comprendre à qui je ferais du mal.

ESTHER. — Mais de quoi diable s'agit-il ?

LIANE. — Esther, ce soir, en vous regardant, en vous écoutant, en me grisant de ce prestige qui vous oriente comme une perle, je me suis dit que j'étais indigne de prendre votre place, que l'homme qui me la proposait était un malade et qu'il fallait, oui, qu'il fallait que je vous avertisse.

ESTHER. — De qui parlez-vous ?

LIANE. — Mais pauvre aveugle, pauvre sourde admirable, c'est de Florent que je vous parle et il faudra bien que vous finissiez par le comprendre.

ESTHER, *hagarde, enduite de vaseline.* — Florent ?... Mon mari ?

LIANE, *à genoux.* — Florent, votre mari, qui joue les jeunes premiers et qui ferait mieux de se consacrer au chef-d'œuvre que vous êtes.

ESTHER, *debout.* — Vous vous permettez !...

LIANE. — Vous allez me dire que je me permets de le juger. Certes oui, je le juge et je ne me gêne pas. Ce soir, j'ai mesuré la distance qui me séparait de vous. Mon amour de ce que vous êtes a été plus fort que mon amour. J'ai eu honte et j'ai décidé de tout vous dire, de m'alléger la conscience, de mettre fin à un mensonge affreux.

ESTHER. — Vous êtes la maîtresse de Florent ?

LIANE. — Il m'a offert de vous quitter et de m'épouser. Voilà les hommes. Voilà contre quoi je me révolte. Ce soir, vous m'avez déracinée, arrachée de moi-même. Il est possible que j'y retombe demain. Mais maintenant je profiterai de ce désordre où je me trouve et qui me soulève. Je serai votre complice. J'étais folle de Florent et, avant de vous connaître, je trouvais naturel qu'il devienne fou de moi. Mais un homme qui a la chance d'être à vous ne lâche pas cette chance pour une petite personne de mon envergure. Je ne me monte pas la tête. J'y vois clair. Je ne suis plus folle, si Florent reste fou. Hier je me disais : « J'épouserai Florent, je deviendrai célèbre. » Ce soir, je vous embrasse les pieds. Je vous demande pardon. Je ne savais pas. Mais Florent savait et c'est ce que je lui reproche. Oh ! Je le déteste ! (*Elle frappe du poing par terre.*)

ESTHER. — Je dois rêver... C'est impossible... je dois rêver... J'ai dû m'endormir dans ma loge (*Elle crie.*) Loulou ! Loulou !

LIANE. — Non, Madame, vous ne rêvez pas. Je devine que je vous porte un coup atroce. Mettez-vous à ma place... Une jeune fille qui débute. Un acteur illustre...

ESTHER. — Taisez-vous !

LIANE. — Laissez-moi vous prendre les mains, vous baiser les mains.

ESTHER. — Ne me touchez pas. (*Liane retombe en arrière, accroupie, le visage tendu vers elle.*) Alors... voilà le visage du malheur... Voilà comment il est fait. (*Elle la prend par le menton.*) Montrez-le. Montrez-vous. On est heureuse. La plus heureuse des femmes. Et le malheur entre avec une petite figure comme la vôtre.

LIANE. — Esther !

> *Bruit de coulisse. La porte s'ouvre brutalement, et Charlotte entre dans son costume de chasse à courre suivie de Loulou criant.*

LOULOU. — Madame ne veut pas qu'on la dérange. Madame de Cauville ! Madame ne veut pas qu'on la dérange !

SCÈNE IV

ESTHER, LIANE, LOULOU, CHARLOTTE

ESTHER. — Qu'est-ce que c'est ?

LOULOU. — Madame de Cauville m'a bousculée. Elle a dit qu'elle devait voir Madame, que Madame la recevrait.

ESTHER, *à Liane.* — Une minute, voulez-vous... *(Liane s'écarte.)* Mademoiselle me passait une scène. Pourquoi venez-vous, Charlotte ? J'avais prié qu'on ne me dérange pas.

CHARLOTTE. — Ma bonne Esther, je ne croyais pas que la consigne me concernait et j'avais une chose importante à vous dire. Si je vous dérange...

ESTHER. — Vous me dérangez, Charlotte. Allez-y vite. De quoi s'agit-il ?

CHARLOTTE. — Je tombe bien mal. Voilà, ma mère est au théâtre et je rêve de vous la présenter. Il suffirait d'une minute...

ESTHER. — Ecoutez, Charlotte, je vous aime bien et je suis très touchée de votre attention, mais il m'est impossible, impossible de recevoir madame votre mère. Je travaille et j'avais prévenu Loulou. Pardonnez-moi cette franchise, mais la visite de votre mère me dérangerait beaucoup.

CHARLOTTE. — Parfait. Ce sera pour un autre jour. Comme ma mère est très vieille et sort très peu, je pensais....

ESTHER. — Du reste, j'ai été détestable et, quand je suis détestable, je n'aime pas qu'on me félicite. Je me cache. Vous avez de la chance, ma chère, d'avoir pu finir le dernier acte le nez sur cette femme qui haussait les épaules.

CHARLOTTE. — Vous l'avez remarquée ?

ESTHER. — Comment, si je l'ai remarquée : c'était terrible.

CHARLOTTE. — Ma pauvre maman. Je joue de malchance avec vous, Esther.

ESTHER. — Quoi ? C'était votre maman, cette vieille dame dans l'avant-scène ?

CHARLOTTE. — Elle a un tic des épaules ; moi j'en ai l'habitude et je ne me rends pas compte que les autres s'en aperçoivent. Comme elle y voit mal et qu'elle est un peu sourde, l'ouvreuse l'avait mise dans l'avant-scène.

ESTHER. — Je comprends maintenant pourquoi vous étiez si à votre aise.

CHARLOTTE. — Mon Dieu ! C'est toujours la même chose. Je voudrais vous plaire. J'adore maman et les circonstances se liguent contre moi.

Elle pleurniche.

ESTHER. — Ne pleurez pas, surtout. Ne pleurez pas. Mais, quand on a une mère malade, ma petite Charlotte, on la laisse chez elle. On ne risque pas d'interrompre un spectacle...

CHARLOTTE. — C'est nerveux. Elle vous admire plus que tout et l'émotion lui donne des tics.

ESTHER. — N'en parlons plus. Mais une autre fois prévenez-nous ou placez votre mère dans une baignoire ou convainquez-la de rester chez elle.

CHARLOTTE. — Vous êtes dure, Esther. Très dure...

ESTHER. — Je ne suis pas dure, mais je suis nerveuse. Mes tics à moi, c'est de crier quand j'ai envie de crier. Allez, Charlotte, allez... Et soignez votre maman. Je vous aime bien, mais je déteste qu'on force mes consignes.

CHARLOTTE. — Vous êtes très dure, Esther...

> *Elle sort, un mouchoir sur les yeux.*
> *La porte claque. On entend la voix de Loulou.*

LOULOU. — Je vous l'avais dit. Madame ne voulait voir personne.

SCÈNE V

ESTHER, LIANE

Une fois la porte refermée, Esther est prise d'un fou rire.

ESTHER. — Quelle gaffe ! (*Brusquement elle se souvient et porte les mains sur son cœur.*) Oh !... J'avais oublié.

LIANE. — Je...

ESTHER. — Taisez-vous. (*Elle marche de long en large.*) L'impératrice Elisabeth, quand on l'a assassinée, a senti d'abord comme un coup de poing. Elle a marché longtemps avec le couteau dans le cœur.

On a retiré le couteau et elle est morte. Je marche
avec votre couteau dans le cœur. Lorsqu'on me
l'ôtera je mourrai sans doute. Jusque-là je me sens
légère... légère... Je ne peux même pas dire que je
me sente très mal. Il est vrai qu'on ne commence à
comprendre les deuils que quelques jours après. Ne
me parlez pas. Ne bougez pas. Profitons-en pour
faire le point. Pour comprendre. Parce que, voyez-
vous, Mademoiselle, c'est difficile de comprendre
une chose pareille. Imaginez une femme, un homme
qui s'adorent, qui vivent l'un pour l'autre, l'un par
l'autre, qui ne se quittent que pour le travail, qui ne
se cachent jamais rien, qui s'avouent leurs moindres
faiblesses, qui... (*Elle ferme les yeux.*) Et le visage
du malheur entre chez vous. C'est une ravissante
petite demoiselle qui accuse votre mari d'être un
monstre et qui s'excuse d'être sa complice. C'est
difficile de comprendre des choses pareilles. Ne sanglotez pas. Est-ce que je sanglote, moi ? J'observe.
J'écoute. Je me demande si je dors, si j'existe, si
le monde est le monde. (*Elle s'assoit.*) Je me lève.
(*Elle se lève.*) Je bouge une jambe. je tourne le cou.
J'avance. Je recule. J'existe. C'est vrai, j'existe. Et
je marche avec votre couteau dans le cœur.

LIANE, *exaltée*. — Madame, Madame, c'est impossible de vous voir, vous, dans cet état, de vous
entendre... Je quitterai Florent et vous ferez comme
si je n'existais pas, comme si je n'avais jamais
existé. Madame ! Madame ! Vous m'effrayez ! je
vous en supplie... Madame...

ESTHER. — Et vous savez, ma petite, n'allez pas
croire que je vous en veuille. Il est naturel qu'on
aime Florent, qu'on en soit folle. Moins naturel qu'on
le trompe ou qu'on le quitte.

LIANE. — Vous continuez à ne pas comprendre qui
vous êtes et à vous exprimer comme n'importe quelle
autre femme.

ESTHER, *se polissant les ongles.* — Maintenant...
Il est possible qu'il ne vous aime pas autant que
vous semblez le croire, que vous le pressentiez et
que votre nature d'actrice vous pousse à jouer un
rôle.

LIANE. — Madame !

ESTHER. — Ne vous cabrez pas. Je cherche. Je
cherche. C'est tellement étrange. Et depuis quand
dure votre... liaison ?

LIANE. — C'était au festival d'Orange. Vous deviez le rejoindre à Orange. Vous n'avez pas pu. Il
vous a télégraphié qu'il répétait huit jours au lieu
de trois. Nous sommes restés à Orange.

ESTHER. — Il m'écrivait chaque jour une longue
lettre pleine de nouvelles.

LIANE. — Fausses.

ESTHER. — C'est une gaine. Ce n'est pas une
blessure profonde. C'est une gaine couverte de per-
les. Je ne suis pas une victime. Je suis la gaine de
ce couteau.

LIANE. — Je vous plains.

ESTHER. — Vous me plaignez ? De quoi ? C'est
vous qui êtes à plaindre, ma pauvre petite. Je ne
suis pas de ces femmes de théâtre qui disent : « Tu
m'as menti » et qui disparaissent. Je suis une bonne
femme bien lâche et bien amoureuse qui sera morte,
mais dont le fantôme sera encore l'esclave de son
mari. Et qui donc est à plaindre ? Vous. Vous qui
aurez approché la chance d'un tel amour et qui la
perdrez parce que le bonheur existe et sait attendre.

LIANE. — Au fond, il vous adore...

ESTHER. — Vous en doutez ? Naturellement il
m'adore et vous n'êtes rien dans sa vie — même s'il
vous offre de me tuer à l'arsenic et de vous donner
ma place. Mais il est rentré à la maison avec des
mensonges. *Il m'a joué la comédie.* Or, ce que
j'adorais chez Florent, c'est qu'il jouait la comédie

au théâtre et que je l'en croyais incapable à la maison. Ne plus croire un être, c'est la fin du monde. Ce n'est pas notre amour qui est en ruines ; un amour résiste à d'autres chocs. C'est notre bonheur. Je me disais « Florent joue Néron, c'est cocasse », un peu comme Loulou. Maintenant je me dirai : « Florent joue Néron. C'est son rôle. Il est normal que ce rôle le tente. Il peut dissimuler, tromper, tuer. » Je n'ai pas perdu Florent et son amour. J'ai perdu la sécurité, le calme, la paix de l'âme. Il va falloir aimer comme dans toutes ces affreuses pièces que je joue et qu'il joue, au lieu de s'aimer sans intrigue, sans sujet, sans péripéties — au lieu de s'aimer bêtement et merveilleusement. Voilà le couteau que vous m'avez enfoncé dans le cœur, ma petite Liane, un couteau de théâtre, un couteau de magasin d'accessoires, le pire de tous.

Liane, *sophistiquée*. — Et ne savez-vous pas si ce bonheur trop calme, trop sûr, ne l'a pas écarté et poussé vers les intrigues ? Vous voulez admirer des œuvres qui, si une fée les transformait en actes, seraient du désordre et des trahisons et votre idéal de vie, transformé en œuvre par cette même fée, vous montrerait une mauvaise carte postale.

Esther. — Méfiez-vous du théâtre dans la vie. Un grand acteur fait son métier sur les planches. Un mauvais acteur joue dans la vie. Savez-vous quel est le plus mauvais acteur qui existe ? C'est le chef qui, pour jouer un rôle et tenir la vedette du monde, n'hésite pas à faire tuer des millions d'hommes. La grandeur du théâtre, c'est que ses morts se relèvent à la fin. Mais les victimes du théâtre de la vie ne se relèvent pas à la fin. Vous me trouvez une grande actrice ? Dieu me garde d'en être une dans mon ménage. Et mon bonheur est mort parce que je viens d'apprendre que Florent n'est pas un acteur que sur les planches.

LIANE. — Quelle heure est-il?

ESTHER. — Tard. Votre Florent avait une réunion chez l'Administrateur après le spectacle. Je l'attendais.

LIANE. — Il ne faut à aucun prix qu'il me rencontre et qu'il sache que nous avons parlé ensemble. Jurez-moi de ne rien lui dire, moi je vous jure de rompre et de ne plus jamais me mettre entre vous.

ESTHER, *elle entr'ouvre la porte.* — Il monte.

LIANE. — Cachez-moi, Madame... cachez-moi.

ESTHER. — Passez derrière le paravent, sous la penderie. Vous entendrez que je peux aussi, *quand je veux,* être une de ces mauvaises actrices dont je parle. Vous descendrez après nous. Je préviendrai le concierge.

LIANE. — Vous êtes un ange.

Elle se cache.

SCÈNE VI

ESTHER, FLORENT, LIANE *cachée*

La porte s'ouvre. Paraît Florent. Il a les cheveux gris, un manteau, un foulard, son chapeau sur la tête. Il l'ôtera vers la dixième réplique et le jettera sur le fauteuil.

FLORENT. — Ouf!

ESTHER. — Néron, arrêtez-vous. J'ai deux mots à vous dire.

FLORENT, *rectifiant.* — Arrêtez, Néron ; j'ai deux mots à vous dire.

ESTHER. — Oh! moi... le classique...

FLORENT. — Tout a bien marché ce soir? Vous aviez du monde?

ESTHER. — Comble, comme d'habitude. Mais je supprime les avant-scènes. C'est décidé. Je ne travaillerai plus avec un jeu de massacre à droite et à gauche.

FLORENT. — Bravo ! Il y a longtemps que la chose devrait être faite.

ESTHER. — Triomphe ?

FLORENT. — Triomphe. Il y a même des specta-teurs qui ont demandé l'auteur. Sic.

ESTHER. — Loulou me l'avait raconté. Mais, comme elle m'avait aussi raconté BRITANNICUS...

FLORENT. — Non, non, on criait : l'auteur ! Après tout j'aurais tort de me plaindre. C'est notre public du haut. Le public de guignol, le vrai public.

ESTHER. — Tu as claqué des doigts après « Néron, arrêtez-vous... » ?

FLORENT. — Non. Et je n'ai pas fait tourner ma couronne comme de Max. Je m'étais préparé une foule de détails curieux. Il faut se rendre à l'évidence. Les détails, les fignolages, on en est très fier et on s'aperçoit toujours qu'on avait tort.

ESTHER. — Comment était votre conseil ?

FLORENT. — Insipide. Des questions de sous, de parts entières, de doyen, de doyenne, de loges. Madame Sacoche voulait qu'on lui remît la loge de Rachel en état. Elle criait : « Je suis la doyenne ! » Rentrons chez nous.

ESTHER. — Je m'apprête. Je me demande encore ce qui a pu te tenter dans ce rôle de Néron.

FLORENT. — Néron... C'est Néron !

ESTHER. — C'est si loin de toi.

FLORENT. — Tu regardes mes cheveux. La perru-que était grotesque. Je me suis donné un coup de fer. J'ai joué avec mes cheveux.

ESTHER. — Je ne regardais pas tes cheveux. Je regardais tes yeux. Néron exige une telle ruse, une telle cruauté mielleuse...

FLORENT. — C'est ta méthode, Esther. Chaque homme porte en lui des germes atroces, de mauvaises pentes. Je me délivre en scène de tous ces miasmes impurs. Je .'imite. Je traite le théâtre comme une désintoxication.

ESTHER. — Et, dans la vie, jamais, jamais tu ne laisses ton démon libre ? Jamais tu n'es tenté de tromper... de mentir... même pour arranger les choses, pour simplifier, pour éviter de faire de la peine...

FLORENT. — En voilà des idées !

ESTHER. — C'est ce rôle de Néron qui m'a mis la puce à l'oreille. Florent, t'est-il arrivé de me mentir ?

FLORENT. — Cela dépend de ce que tu appelles des mensonges.

ESTHER. — Pardon, pardon. Pour moi, il n'existe pas plusieurs sortes de mensonges. On ment ou on ne ment pas. M'as-tu menti, Florent ?

FLORENT. — Ecoute, Esther, je déteste à tel point le mensonge que j'hésite à te répondre. Il n'existe personne qui ne mente pas un peu, de temps en temps...

ESTHER. — Si, moi.

FLORENT. — Toi... toi... tu es unique, tu es...

ESTHER. — Idiote.

FLORENT. — Oh !

ESTHER. — Si, si. Alors, Florent, il t'est donc arrivé de me mentir.

FLORENT. — C'est un interrogatoire.

ESTHER. — Et ces... mensonges étaient, à tes yeux, des mensonges sans importance. Des mensonges de politesse, dirons-nous.

FLORENT. — Si je cherche la petite bête (et avec toi c'est indispensable, tu ne vous passes rien) j'avouerai — ne disons pas des mensonges — quelques minuscules inexactitudes.

ESTHER. — Regarde-moi dans les yeux.

FLORENT. — Tu m'inquiètes...

ESTHER. — Regarde-moi dans les yeux...

FLORENT. — Tu as les yeux rouges... Esther !...

ESTHER. — Explique.

> *Elle écarte le paravent et découvre
> Liane, terrifiée, écrasée contre les robes
> de la penderie.*

FLORENT, *stupéfait*. — La petite Liane. Qu'est-ce
que vous faites là ?

LIANE, *tendue*. — Florent, pardonnez-moi. J'ai
tout dit.

FLORENT. — Tout dit ?

ESTHER. — Ne sois pas ridicule, Florent. Avoue.

FLORENT. — Avouer quoi ?

LIANE. — J'étais dans la salle. L'émotion m'a
soulevée, m'a fait perdre le contrôle de moi-même.
J'ai couru dans cette loge. J'ai tout dit.

FLORENT. — Excusez-moi, ma petite, mais il faut
d'abord que je sache de quoi on parle. Vous avez
tout dit. Tout quoi ? Esther ?

ESTHER. — Je te croyais plus brave.

FLORENT. — Mais, à la fin expliquez-vous. Nous
jouons une charade.

ESTHER. — Sortons de cette mare. Florent, cette
petite est ta maîtresse.

FLORENT, *stupéfait*. — Liane ?

ESTHER. — Oui, Liane. Et elle a été plus courageuse que toi. Elle ne m'a pas ménagée. Je ne mérite
pas qu'on me ménage, Florent. On m'aime ou on
me tue.

FLORENT. — Mais je deviens fou. Mais je rêve.
Mais c'est un cauchemar. Ma petite Liane, dites à
ma femme qu'elle déraille, qu'elle délire...

ESTHER. — Pourquoi nier, mon pauvre vieux ?

FLORENT. — Pourquoi nier ? Mais parce que c'est
faux. Parce que je connais à peine cette gosse. Que

je lui ai adressé la parole cinq ou six fois au théâtre...

ESTHER. — Comment oses-tu...

FLORENT. — A moins... Et pourtant non. Vous
ne me ferez jamais croire qu'une petite pensionnaire
de chez nous se livre au chantage.

ESTHER. — Alors ?

FLORENT. — Alors rien. Je renonce. Nous allons
nous réveiller à Chatou. C'est un cauchemar.

ESTHER. — Voulez-vous rappeler à cet homme
votre séjour à Orange.

FLORENT. — Orange ? Cette gosse n'y était pas.

ESTHER. — Tu mens !

FLORENT. — Esther, je te jure qu'elle n'y était
pas. Je te jure que je n'y comprends rien. Je te
jure que je la connais à peine. Je te jure que je n'ai
aucune maîtresse, que je t'adore, que je n'adore que
toi.

ESTHER. — Parlez Liane.

LIANE, *effondrée*. — Oh ! Madame ! Madame ! Il a
raison ! Je ne me doutais pas de ce que j'allais faire.
Je crève de honte. Je n'ai jamais été sa maîtresse.
Je n'ai jamais été à Orange. J'ai menti.

ESTHER. — Et voilà. Un élan de propreté, de pureté. Le mâle apparaît et l'élan retombe. Vous n'osez
plus être propre. Quelle misère !

FLORENT. — Ecoute-moi...

ESTHER. — C'était si simple. Tu n'avais qu'à me
dire « Esther, pardonne-moi » et je te pardonnais.
J'aime être lâche en amour — mais votre genre de
lâcheté me répugne.

LIANE. — Croyez-le, Madame, croyez-le. Il faut
que je parle, que je vous explique...

ESTHER. — Inutile....

FLORENT. — Laisse-la parler.

ESTHER. — Enfin, tu te découvres !...

FLORENT. — Chère idiote ! Je te demande de la
laisser parler — parce qu'il y a un secret et qu'il

faut qu'il sorte — qu'il faut que cet abcès crève.
Liane, ma petite, (*comme à une malade*) pourquoi
êtes-vous venue faire ce mensonge absurde.

LIANE. — Je pouvais la tuer. C'est ma faute. Re-
gardez-moi, Madame. Croyez-moi. Je vous affirme
que je me repens, que je ne mentirai plus, que je ne
vous cacherai rien !

ESTHER. — Vous n'êtes pas la maîtresse de Florent ?

LIANE. — Je vous le jure.

ESTHER. — Je ne vous crois pas.

FLORENT. — Esther... Esther. Si moi, je te le jure
sur notre Jeannot... me croiras-tu ?

ESTHER. — Tu es capable de tout.

FLORENT. — Esther, je te jure sur Jeannot et sur
notre amour que c'est un mensonge...

LIANE. — Un mensonge. Un sale mensonge. Ecoutez, Madame. Je mourais d'envie de vous connaître,
de me mêler à votre vie, d'y jouer un rôle. J'ai inventé toute cette histoire. Après le spectacle, vous
m'aviez mise hors de moi. Il fallait que je m'exalte,
que j'agisse, que j'éclate. J'ai une vie très médiocre
de camarades et de cocktails. Je ne me doutais pas
qu'il y a des vies comme la vôtre. Je ne me doutais
pas qu'il y a des êtres qu'on ravage, qu'on blesse
à mort. Sur moi, tout glisse. J'ai imaginé les choses
de toutes pièces. Pardonnez-moi. Essayez de comprendre. Vous êtes si bonne, si grande. Au théâtre,
je ne joue presque jamais et je joue des pannes. J'ai
voulu jouer un grand rôle, vous imiter, vous étonner
à mon tour.

FLORENT. — Je vous félicite. C'est du beau travail.

ESTHER. — Est-ce possible ?... Ce serait un tel
prodige...

FLORENT. — Il n'y a pas l'ombre de prodige. Il y
a une petite fille qui a failli te tuer et qui mérite
qu'on la gifle.

ESTHER. — Si c'est vrai, si c'est un mensonge...
Je serais tellement heureuse que je ne pourrais pas
lui en vouloir. Je ne penserais qu'à ce qui aurait
pu être et à ce qui n'est pas.

LIANE. — Détestez-moi et aimez votre mari. Je ne
mérite pas qu'on me pardonne.

FLORENT. — C'est inimaginable.

ESTHER. — Jure-moi encore que cette petite men-
tait. Sur Jeannot et sur sa femme. Jure-le.

FLORENT. — Sur Jeannot et sur sa femme, je le
jure.

LIANE. — Vous le croyez?

ESTHER. — Oui. Je le crois... Je le crois et je ne
retrouve pas mon bonheur. Je ne suis plus jeune,
vous savez. Le coup a été rude.

FLORENT. — Liane, ma petite, vous n'avez plus
rien à faire ici. Vous devez être fière de vous. Filez.
Laissez-nous seuls. Je vous parlerai demain, au
théâtre.

LIANE. — Oui, maître...

FLORENT. — Et ne m'appelez pas maître, ni pa-
tron. C'est un style que je déteste.

LIANE. — Madame... me pardonnerez-vous?

ESTHER. — Vous m'avez plongée en enfer et sortie de l'enfer. Je ne sais pas si je vous en veux. Je
n'y vois pas très clair. Mais vous avez atteint votre
but. Je n'oublierai jamais votre visage.

LIANE. — Je ne sais plus au juste ce que j'avais
cru. J'avais cru que vous vous tairiez... que vous
me trouveriez sublime de renoncer à votre mari —
que vous seriez reconnaissante à votre mari de ne
montrer aucune mauvaise humeur de notre rupture...
que mon ombre flotterait entre vous et lui... que je
jouerais un rôle.

FLORENT. — Nous y revenons.

ESTHER. — Le théâtre de la vie. Vous comprenez
pourquoi je le redoute.

LIANE. — Madame... Vous, vous pouvez vous payer le luxe d'être simple. Laissez-moi vous baiser les mains.

FLORENT. — Allez... Réveillez le concierge. Il dort debout. Ouste ! (*Il ouvre la porte. Liane se glisse dehors.*) Et que ce mélodrame vous serve de leçon.

Il ferme la porte.

SCÈNE VII

ESTHER, FLORENT

FLORENT. — Peu de choses m'épatent. Mais ça !

ESTHER. — Pardonne-moi d'avoir été si crédule...

FLORENT. — Comment aurais-tu pu ne pas marcher ?

ESTHER. — C'est extraordinaire, l'instinct. Au lieu de tomber raide, j'écoutais, je répondais, je discutais, je pérorais. Quelque chose en moi devait être averti qu'il ne s'agissait pas du malheur. Maintenant que j'y pense, elle était bizarre. Je la crois folle.

FLORENT. — Notre génération vivait sur Tolstoï, sur Dostoïewski. La leur vit sur Freud, les romans policiers, les films. En voilà une preuve. Pourquoi voulais-tu, je te le demande, si c'était vrai, qu'une fille dure comme elle, aille avouer tout à sa rivale.

ESTHER. — Remarque, Florent, que ce n'était pas si fou. Elle assiste au spectacle. Elle ne m'avait jamais vue jouer avant. Je la bouleverse. Elle a honte. Elle se précipite...

Florent, *il l'embrasse.* — Cabotine !

Esther. — Moi ?

Florent. — Oui, cabotins... toi et moi et elle. Et c'est pour cela que nous pouvons admettre cette scène incroyable et lui trouver des excuses.

Esther. — Je dois avouer qu'elle m'a eue.

Florent. — Et en scène, elle ne t'aurait pas eue.

Esther. — C'est une gosse. Elle doit avoir des dons. Il faut qu'elle travaille...

Florent. — Te voilà remise.

Esther. — Oui, Florent. *(Un silence.)* Ecoutemoi, Florent... Tu ne te fâcheras pas. Je vais te poser une question brutale.

Florent. — Pose.

Esther. — M'as-tu trompée, Florent, depuis notre mariage ?

Florent — Trompée... trompée...

Esther. — Tais-toi. N'en dis pas plus. Je sais ce que je voulais savoir.

Florent. — Qu'est-ce que tu sais ?

Esther. — Rien. Je vivais en veilleuse, je le répète. Cette petite a changé l'éclairage. Sous cet éclairage nouveau, je ne vois plus les choses comme je les voyais...

Florent. — Mon ange, tu es terrible. Pour un homme, ce n'est pas comme pour une femme. J'aimerais que tu comprennes...

Esther. — J'ai compris. Tout est là. Je vivais sans me poser aucune question. Sans te poser aucune question. Je me laissais vivre. Je croyais que la vie ressemblait à certaines cartes postales. Je viens de comprendre que je me trompais. Je ne comprenais rien. J'ai compris.

Florent. — Cette jeune personne a bien travaillé.

Esther. — Elle m'a rendu service. Florent, tu la revois demain au théâtre ?

Florent. — Tu ne vas pas devenir jalouse,

ESTHER. — Non, stupide... mais je désirerais que tu lui parles. Je viens de prendre une décision.

FLORENT. — Laquelle?

ESTHER. — Je cherchais une élève. Une élève qui me ferait travailler et que j'installerais à Chatou. J'ai beaucoup à apprendre d'une élève. Surtout de Liane.

FLORENT, *il sursaute*. — Tu veux installer Liane à Chatou?

ESTHER. — Dès cette semaine.

FLORENT. — Esther! C'est imbécile de jouer avec le feu.

ESTHER. — Jouer avec le feu? Mais, Florent, si tu estimes que la présence d'une petite actrice à la maison, d'une petite actrice romanesque et arriviste, représente un danger, c'est que notre bonheur n'est pas le bonheur. Et je refuse un faux bonheur. Je saurai à quoi m'en tenir. Elle a réussi son coup. Annonce-lui que je l'adopte.

FLORENT. — Esther! Esther! tu fonces... tu fonces...

ESTHER. — Je te le répète, je ne suis pas moderne. J'ai beaucoup à apprendre. J'apprendrai.

FLORENT. — Nous en reparlerons. Il est une heure impossible. Le concierge doit nous croire assassinés. Ta cape...

ESTHER. — C'est vrai, je parle, je parle, et il faut que tu dormes.

FLORENT. — Que « tu »! Et toi?... tu ne vas pas dormir?

ESTHER. — Oh! moi...

FLORENT, *avec tendresse*. — Esther.

Il veut l'enlacer.

ESTHER, *elle s'écarte*. — Ne me bouscule pas, mon chéri. Prends garde... J'ai un couteau dans le cœur.

FLORENT. — Tu ne l'as plus, j'espère.

Esther. — Si, Florent, je l'ai encore...

Florent. — Eh bien je vais l'enlever, ce couteau...

> *Il éteint la loge et ouvre la porte.*
> *Esther et lui ne sont éclairés que par la*
> *lumière lugubre du couloir.*

Esther. — Non. Ne l'enlève pas. Si on l'enlevait,
je mourrais. Et je veux vivre...

> *Ils sortent et referment la porte.*
> *Nuit.*

Rideau.

ACTE II

Décor

*Salon rouge de la villa d'Esther et de Florent à Chatou.
Luxe d'acteurs. Coupe en triangle dont l'angle aigu serait
le centre. Tous les rouges s'y accordent et s'y heurtent.
A droite, au fond, serre en triangle et porte dans le vitrage
sur le jardin. A gauche, au fond, triangle surélevé avec
balustrade au-dessus d'un divan, petit escalier et porte de
face en haut des marches.*
*Au premier plan, à gauche, près du divan, appareil de
T. S. F. Dans la serre, grand portrait d'Esther en robe
d'amazone.*
*Plantes vertes. Au premier plan à droite, table avec cartes
où Charlotte de Cauville fait une réussite au lever du
rideau.*
Après-midi de soleil.
Devant la table et prête à monter l'escalier, Loulou.

SCÈNE I

CHARLOTTE, LOULOU

CHARLOTTE. — Je voudrais savoir ce qui s'est
passé au juste.

Loulou. — Rien, Madame. Madame a crié. Elle appelait Monsieur. Monsieur est descendu. Je me suis levée. Madame m'a mise à la porte. Après, Monsieur est sorti de chez Madame...

Charlotte. — Il est remonté chez Mademoiselle ?

Loulou. — Oui, Madame.

Charlotte. — Vous êtes retournée chez Madame. Dans quel état était-elle ?

Loulou. — Madame avait cru qu'elle était malade et c'était une crampe. Madame m'a dit que je pouvais aller dormir. Elle a mis ses *cuisses* dans ses oreilles et je suis partie.

Charlotte. — Comment ses cuisses ?

Loulou. — Ses boules *cuisses.*

Charlotte. — Pas cuisses, Loulou. *Quiès.*
              Elle prononce en appuyant.

Loulou. — C'était Madame. Je l'ai dit à Madame.

Charlotte. — Je ne vous ai pas dit « Qui est-ce ? » Je vous ai dit « *Quiès* ». Repos. Re-pos.

Loulou *s'assied sur le divan.* — Je ne suis pas fatiguée, Madame. Merci.

Charlotte. — Bien. Bien. Donc c'était une crampe. (*Loulou se lève.*) Madame ne souffrait pas trop ?

Loulou. — Je ne sais pas, Madame. J'ai quitté Madame.

Charlotte. — Oui... Enfin... Vous ne voulez pas répondre.

Loulou. — Pas répondre ?

Charlotte. — Vous faites l'idiote, pour ne pas répondre...

Loulou. — Madame me traite d'idiote ?

Charlotte. — Au contraire, Loulou. Au contraire. Je vous soupçonne de jouer la comédie, pour ne dire que ce que vous avez décidé de dire. Vous êtes à bonne école.

Loulou. — Oh ! Madame se trompe, je n'ai jamais été à l'école. On était trop pauvres.

Charlotte. — Continuez. Continuez...

Loulou. — Madame veut que je continue ?

Charlotte. — Voyons, Loulou. Ma brave Loulou. Je ne suis pas aussi bête que j'en ai l'air...

Loulou. — Ah oui ?

Charlotte. — Ah oui... Figurez-vous. Et j'aimerais vous poser une petite question.

Loulou. — Madame m'excuse... J'ai une robe de Mademoiselle qu'il faut que je repasse.

Charlotte. — Une minute... Vous repassez les robes de Mademoiselle ?

Loulou. — Oui, Madame.

Charlotte. — Et vous aimez repasser les robes de Mademoiselle ?

Loulou. — Comme ça...

Charlotte. — Comme ça... Et vous aimez bien Mademoiselle ?

Loulou. — Comme ça...

Charlotte. — Et... elle est gentille avec vous, Mademoiselle ?

Loulou. — Comme ça...

Charlotte. — Et cette nuit, Madame ne vous a pas parlé de Mademoiselle ? Monsieur n'a pas parlé de Mademoiselle à Madame ?... Vous n'avez rien entendu, chez Mademoiselle ?

> *Esther est entrée par le jardin sur cette dernière réplique. Loulou l'a vue et a déguerpi, par l'escalier.*

SCÈNE II

CHARLOTTE, ESTHER

ESTHER. — Alors, Charlotte, vous interrogez les domestiques ?

CHARLOTTE. — J'interrogeais Loulou sur votre santé. Après la crise de cette nuit, j'avais le droit d'être inquiète.

ESTHER. — Il n'y avait pas la moindre crise. J'avais une crampe.

CHARLOTTE. — Elle me parlait de vos boules Quiès, qu'elle appelle : vos *cuisses*.

ESTHER. — Ah oui. J'avais mis des boules dans mes oreilles pour ne pas...

Elle s'interrompt.

CHARLOTTE. — Pour ne pas *les* entendre.

ESTHER. — Ecoutez, Charlotte. Je ne veux plus qu'on me juge. La situation est déjà assez compliquée.

CHARLOTTE. — Je ne vous le fais pas dire, Esther ! J'ai beau tourner et retourner les choses dans ma tête, je n'arriverai jamais à comprendre pourquoi vous avez introduit le diable chez vous.

ESTHER. — Ma bonne Charlotte, Dieu s'est débarrassé un jour de tous ses défauts, il en a fait le diable, et il l'a envoyé en enfer. C'est très commode. Ce qui m'arrive est moins commode à résoudre. Beaucoup moins commode, je vous l'affirme...

CHARLOTTE. — Il vous manquait de piétiner la religion.

ESTHER. — Fichez-moi la paix ! Vous faites les quatre cents coups...

CHARLOTTE. — Moi !

ESTHER. — Et vous allez à la messe. J'ai ma manière à moi d'envisager la religion et je n'accepte pas qu'on me juge. Il est normal qu'il m'arrive un événement exceptionnel, parce que je suis un être exceptionnel. (*Geste de Charlotte.*) Oh ! ne croyez pas que je me vante. J'ai voulu dire que j'étais, hélas, un être exceptionnel, et que, hélas, je ne peux pas m'en tenir aux principes. Il faut que je me trouve les miens. Et ce n'est pas facile, je vous le jure.

CHARLOTTE. — Si tout le monde s'exprimait comme vous, ce serait du propre.

ESTHER. — Je ne suis pas tout le monde, Charlotte — et je le regrette. La propreté des autres serait de la saleté pour moi. Et je veux être propre, entendez-vous ! J'étais bête à manger du foin et heureuse d'un bonheur stupide. Je ne veux plus être bête. Je veux penser, regarder, juger, admettre, oui, oui, admettre. Et, surtout, je ne me reposerai pas sur plusieurs siècles de mauvaises habitudes, et je n'imiterai pas de vieilles sottises, sous prétexte que c'est la règle et que cela se fait. Que voulez-vous que j'y change. J'adore Florent et j'adore cette petite... je l'adore !...

CHARLOTTE. — Vous ne me le ferez jamais croire.

ESTHER. — Croyez-le ou ne le croyez pas. C'est un fait. Elle adore mon mari, mon mari l'adore et je l'adore. Je n'y peux rien.

CHARLOTTE. — Ce que vous êtes choquante, Esther !

ESTHER. — Je vous choque, parce que je me pro-

mène, l'âme toute nue, dans cette maison, et que cela
ne se fait pas. Je continuerai, je vous en avertis.

CHARLOTTE. — Mais avant, avant, vous ne la
connaissiez pas. Vous ne l'adoriez pas. Pourquoi
l'avoir attirée chez vous, jetée dans les bras de Florent ? Voilà ce que je n'arrive pas à comprendre.

ESTHER. — C'était irrésistible. Il y a des forces
qui nous poussent vers la catastrophe, qui nous atti-
rent vers la catastrophe...

CHARLOTTE. — Ah, vous convenez que c'est une
catastrophe ?

ESTHER. — Oui, c'est une catastrophe. Mais je
ferai l'impossible pour que cette catastrophe n'en
soit plus une. Pour y vivre, pour la rendre habitable,
pour l'apprivoiser.

CHARLOTTE. — Une catastrophe domestique...

ESTHER. — Pourquoi pas ? Je ne peux pas me for-
cer à détester Florent, ou à détester cette petite... Je
mentirais. Je les aime. J'aime aimer, Charlotte. J'ai
la fureur d'aimer, comme Verlaine. Et vous détestez
l'amour. Tout le monde déteste l'amour, essaye de
l'abîmer, de l'empêcher de vivre. Tout le monde se
ligue contre l'amour, s'acharne contre l'amour.

CHARLOTTE. — Personne ne vous comprendra, ne
vous croira.

ESTHER. — Le public n'existe pour moi qu'au
théâtre. Nous ne sommes pas au théâtre.

CHARLOTTE. — Esther ! Esther ! Vous vous débat-
tez contre vous-même. Vous essayez de transformer
en courage une faiblesse indigne de vous.

ESTHER. — Vous croyez qu'il ne me faut pas de
courage ?

CHARLOTTE. — S'il vous faut du courage, c'est que
vous luttez, que vous souffrez...

ESTHER. — Naturellement, je lutte, naturellement,

je souffre. Ce serait trop simple. Cette nuit, je n'avais pas une crampe. J'ai crié de souffrance. J'ai appelé Florent. Florent est venu. Il m'a dorlotée. Il voulait rester chez moi. C'est moi qui l'ai obligé à me quitter, à remonter chez Liane.

CHARLOTTE. — Vous n'avez plus l'ombre de sens moral.

ESTHER. — Dieu m'en préserve. Si j'avais retenu Florent, j'aurais pensé qu'il me restait à contre-cœur et Liane m'en aurait gardé rancune.

CHARLOTTE. — C'est un comble !

ESTHER. — Un amour immense, un amour comme l'amour de Florent et le mien, ressemble à une amitié sublime. L'amitié exige des sacrifices.

CHARLOTTE. — Florent les fait-il ?

ESTHER. — Il est le plus faible, Charlotte. C'est à moi de lui passer des caprices, à moi de l'aider. L'image de certaines choses me révolte encore. Ce sont là des symptômes de toquade, pas d'un amour pareil au nôtre. J'arriverai à les vaincre, à tuer en moi cette sale jalousie ridicule. Cette nuit j'étais morte de honte de mon cri. En vieillissant, je ne voudrais pas devenir une petite femme.

CHARLOTTE. — Mais, ma pauvre Esther, tout cela serait sublime si Liane vous aimait...

ESTHER. — Et elle ne m'aime pas ?

CHARLOTTE. — Elle vous déteste.

ESTHER. — Vous ne voyez que des choses laides, Charlotte.

CHARLOTTE. — Je suis normale. Où sont-ils ?

ESTHER. — Dans le kiosque. Ils répètent. Il y a encore cinq minutes, je les aidais à répéter. Liane m'embrassait les mains, me remerciait. Liane m'aime.

CHARLOTTE. — Elle avait besoin de vous, ce n'est pas pareil.

ESTHER. — Et, en admettant qu'elle ait besoin de moi, elle en aura encore besoin. Elle a...

CHARLOTTE. — Elle a ce qu'elle voulait. A cinq heures, elle joue *La Nuit d'Octobre* aux samedis poétiques, avec Florent. On radiodiffuse. Elle croit que c'est arrivé. Qu'elle n'a plus besoin de vous. Elle ne sera pas longue à jeter le masque.

ESTHER. — Quel masque ? Elle m'aime.

CHARLOTTE. — C'est impossible.

ESTHER. — Ma bonne Charlotte, une petite fille qui a travaillé une foule de rôles au Conservatoire a l'esprit beaucoup plus large, plus compréhensif qu'une jeune fille du même âge qu'elle. Une autre jeune fille me détesterait peut-être. Liane pas.

CHARLOTTE. — Une aveugle ! Vous êtes une aveugle ! Vous verrez, un jour ! Vous verrez !

ESTHER. — Il y a trente-cinq ans qu'on me répète à propos de tout : vous verrez... vous verrez. Je n'ai rien vu.

CHARLOTTE. — C'est ce que je disais. Vous avez cependant vu votre mari vous tromper, ma chère...

ESTHER. — Florent ne me trompe pas. Les choses se sont faites peu à peu. J'aimais Liane. Elle l'aimait. Il l'aime. Aucun de nous ne se cache.

CHARLOTTE. — Vous rendez-vous compte de ce que pourraient croire les gens qui ne connaissent pas la pureté de votre vie ?

ESTHER. — Je vous répète que rien n'existe à mes yeux rien, sauf le bonheur de Florent, sous n'importe quelle forme qu'il se présente.

CHARLOTTE. — Je tire l'échelle.

Florent paraît, venant du jardin.

SCÈNE III

LES MÊMES, FLORENT

FLORENT. — Esther, on te demande. On m'a chassé. J'indique mal. On ne veut que la Prima Donna, comme dit Liane. Vas-y.

ESTHER, *riant*. — J'y vais.

FLORENT. — Et que Liane se dépêche. Il nous reste un quart d'heure avant d'entrer en scène. Elle n'a pas sa robe.

Esther sort par le jardin.

SCÈNE IV

FLORENT, CHARLOTTE

CHARLOTTE. — Florent, je profite d'une minute où nous sommes seuls. Esther m'a raconté la scène de cette nuit.

FLORENT. — Ah !...

CHARLOTTE. — C'est atroce.

FLORENT. — Oui, c'est atroce. J'ai l'air d'un assassin. Je ne sais plus quoi faire.

CHARLOTTE, *gourmande*. — Racontez-moi la scène. Je verrai si vos versions concordent.

FLORENT. — Esther ne ment jamais. Sa version est exacte. Elle a crié. Elle a appelé. Elle souffrait. Je voulais rester, passer la nuit près d'elle. Il n'y a pas eu moyen. Elle m'a dit qu'elle allait dormir et qu'elle exigeait que je remonte chez Liane.

CHARLOTTE. — Et vous l'avez écoutée.

FLORENT. — Liane aurait fait un scandale...

CHARLOTTE. — Liane aime Esther...

FLORENT. — Elle a les défauts de ses qualités. Elle est très dure, très violente...

CHARLOTTE. — Très égoïste.

FLORENT. — Non, Charlotte. Elle est jeune. Elle ne se rend pas compte. Et Esther fait l'impossible pour qu'elle ne se rende pas compte. Pourquoi m'a-t-elle jeté dans ses bras ?

CHARLOTTE. — Elle voulait être sûre que vous ne vous y laisseriez point choir.

FLORENT. — Enfin, voilà une petite fille, une my-thomane qui arrive dans la loge d'Esther avec un mensonge enfantin. Esther, au lieu de l'éviter comme le lui dictait une prudence élémentaire, tombe dans son piège et l'installe à Chatou. Je ne suis pas un saint, Charlotte. Et ensuite, elle a eu l'air de m'approuver, de nous pousser l'un vers l'autre.

CHARLOTTE. — C'est le vertige du malheur. Rien de plus célèbre, mon cher ami.

FLORENT. — Vous la croyez très malheureuse ?

CHARLOTTE. — Je crois qu'elle crâne et qu'elle préfère n'importe quoi à une rupture.

FLORENT. — D'après vous, elle ferait semblant d'aimer Liane ?

CHARLOTTE. — Non. Si singulier que cela pa-raisse, elle adore cette petite.

FLORENT. — C'est infernal ! Nous n'en sortirons jamais...

CHARLOTTE. — Comment voulez-vous qu'on en sorte avec vous, Florent ? Le mystère est votre mé-

thode de charme. Vous employez le silence comme
d'autres les paroles. Sait-on jamais au juste ce que
vous pensez. Vous vous taisez, vous vous taisez, vous
vous taisez, comme on parle. Aimez-vous cette petite,
parce qu'elle vous excite, parce qu'elle vous flatte?
L'aimez-vous au point d'empoisonner, d'assassiner
Esther, de la brûler à petit feu? Videz votre sac,
mon cher. Videz-le une fois pour toutes. Je voudrais
comprendre votre attitude. Vous allez dire que je me
mêle de ce qui ne me regarde pas. Je m'en fiche...
J'ai la manie de comprendre. Cette manie n'est pas
de notre époque! Mais laissez-moi vous dire, Florent, que si vous avez l'air prodigieusement jeune,
vous n'en êtes pas moins davantage de mon époque
que de l'époque de Liane.

FLORENT. — Oui, oui, Charlotte. Bien sûr. J'ai
peut-être été d'une faiblesse révoltante, mais la faiblesse d'Esther dépassait tout!

CHARLOTTE. — Faible Esther! Ah! là!... Florent...
permettez... permettez... Je vous arrête... Si vous
êtes un grand acteur, flatté, ensorcelé, entortillé
par une petite fille, n'oubliez pas qu'Esther est une
grande actrice et qu'elle est capable de triompher
dans un rôle de victime, de victime héroïque...

FLORENT. — Que feriez-vous à ma place?

CHARLOTTE. — A votre place?... A votre place,
il est probable que j'agirais comme vous, mais je saurais que j'agis mal. Voilà la différence.

FLORENT. — Et... vous croyez que je ne sais pas
que j'agis mal?

CHARLOTTE. — Vous souffrez surtout d'être dans
une situation grotesque.

FLORENT. — Ho!

CHARLOTTE. — Un homme entre deux femmes est
toujours grotesque. Accepteriez-vous de jouer un
rôle de ce genre, au théâtre?

FLORENT. — Alors, placez-vous en dehors de vous et de moi, et donnez-moi un conseil.

CHARLOTTE. — Mon conseil est fort simple. Il n'existe qu'une Esther au monde. Les sens, c'est une autre histoire... Si j'étais vous, j'empoignerais Liane par la peau du cou et je la jetterais par la fenêtre.

FLORENT. — Je ne peux pas, Charlotte...

CHARLOTTE. — Vous êtes pincé! Ce ne sera pas long. Filez avec elle. Florent... filez. Vous serez vite revenu.

FLORENT. — C'est le théâtre qui nous déforme, qui nous fausse, qui nous trompe tous. Tous et toutes...

CHARLOTTE. — Voulez-vous que je vous tire les cartes? Que je vous découvre l'avenir?

FLORENT. — L'avenir!

CHARLOTTE. — L'avenir... est entre vos mains...

SCÈNE V

LES MÊMES, *plus* ESTHER *et* LIANE

Entrent Liane et Esther par le jardin.

LIANE. — Avec Esther, trois minutes et les choses se mettent en place.

ESTHER. — Ce n'est pas difficile...

LIANE. — Pour vous.

FLORENT. — Il faut te dépêcher, mon petit. Nous entrons en scène à cinq heures.

LIANE. — Je me dépêche. Venez m'aider, Charlotte.

> *Liane et Charlotte disparaissent par la porte en haut de l'escalier.*

ESTHER, *criant.* — Il va repasser sa fin.

SCÈNE VI

ESTHER, FLORENT

FLORENT. — Je monte me donner un coup de peigne.

ESTHER. — Reste, Florent. J'ai à te parler.

FLORENT. — Nous avons si peu de temps...

ESTHER. — Ce que j'ai à te dire est très court. Ecoute Florent. Cette nuit j'ai été au-dessous de tout... Je voudrais que tu me pardonnes...

FLORENT. — Esther ! C'est à toi de me pardonner...

ESTHER. — Non, Florent. Ce que j'aurais eu du mal à te pardonner, c'est si, le premier soir, dans ma loge, la confession de Liane avait été véritable. Mais ce n'est pas la même chose. J'ai installé Liane chez nous, entre nous deux. Je l'ai aimée comme ma propre fille. Je t'ai en quelque sorte appris à l'aimer. Tu te souviens, elle t'effrayait, elle t'énervait.

FLORENT. — Ecoute, Esther...

ESTHER. — Ecoute, toi. Je savais que cette petite t'aimait. C'est ma faute. Ce n'est pas la tienne. Tu es un homme et un homme d'un certain âge. Moi, je ne suis plus jeune... C'était fatal...

FLORENT. — Esther, tu me gênes beaucoup. Je t'en supplie...

ESTHER. — Il faut parler, Florent. C'est à force de se taire que le mal arrive. Au théâtre, dans les pièces que je joue, vingt fois je me suis dit : c'est trop bête ! S'ils se parlaient...

FLORENT. — Il n'y aurait plus de pièce...

ESTHER. — Nous ne jouons pas une pièce, mon chéri. Il faut parler, il faut éviter le malaise. Il faut que tu saches que j'aime Liane, que sa présence, sa jeunesse ne m'offensent pas, au contraire, et que j'arriverai très vite à ne plus être encombrante. Enfin, comprends-moi, à ne plus être un spectre du passé, une femme qui souffre et qui se domine. Je ne souffre plus, Florent... J'ai souffert, je l'avoue. J'ai souffert et j'ai réfléchi. A force de ne jamais réfléchir, on a un bonheur stupide. Notre bonheur doit se mettre au-dessus de certaines choses. On y arrive... Essaye. Je te demande en grâce de ne pas me fuir, de ne pas me faire de reproches, de ne pas craindre que je t'en fasse. Moi, je sourirai et mon sourire ne sera pas un sourire de commande. Mon rêve... c'est de rester près de vous... sans vous ennuyer et sans avoir l'air d'une victime. Alors, pour peu que Liane le comprenne, le sente, surtout...

FLORENT. — Esther... Esther...

ESTHER. — Ne nous attendrissons pas. Ce n'est pas l'attendrissement que je recherche. Il nous éloignerait de notre but. Non, ce que je voudrais, ce que je souhaite, c'est de vivre une vie que le monde condamne, parce qu'il déteste l'amour, et de la vivre, cette vie, en toute simplicité. Ce n'est pas un bonheur agressif que je demande. C'est un bonheur calme. Un bonheur...

FLORENT. — Je t'admire, Esther. Mais ce bonheur

ne peut pas être du bonheur. Il ne serait du bonheur ni pour toi, ni pour moi, ni pour Liane.

ESTHER, *à voix basse.* — Elle ne m'aime pas...

FLORENT. — Qu'est-ce que tu racontes ?

ESTHER. — Dis-moi la vérité, Florent. Cette petite me hait ?

FLORENT. — Tu es folle !

ESTHER. — Madame de Cauville en est sûre.

FLORENT. — Madame de Cauville est une peste...

ESTHER. — Parce que ça... ça... ça serait... ça serait...

FLORENT, *la secouant par les épaules.* — Voyons, Esther, mon ange. Comment peux-tu croire que j'aimerais une femme qui ne t'aime pas ? Hein ?

> *Cette dernière phrase a été entendue par Liane qui vient d'ouvrir la porte et d'apparaître en robe blanche de Muse, en haut des marches de l'escalier.*

SCÈNE VII

ESTHER, FLORENT, LIANE

LIANE. — Je crois qu'un règlement de comptes s'impose.

FLORENT. — Liane !

> *Liane descend les marches et parle.*

LIANE. — Tais-toi, Florent. J'ai entendu ta phrase. Il ne nous reste que quelques minutes, mais quelques minutes suffisent. Vous avez raison, Esther. Je vous hais.

ESTHER. — Ma petite Liane ! Ma petite fille !

LIANE. — Je ne suis ni votre Liane, ni votre petite fille. Et puisque Florent est trop lâche pour vous le dire, c'est moi qui m'en charge. Ecoutez bien, Esther. Je ne suis pas de l'époque des ménages à trois. Ma génération est plus sport que la vôtre. Si on trompe une femme on ne l'aime pas. Et si on est trompé par une femme on ne l'aime pas davantage. On la hait. Vous êtes une actrice, Esther, et j'ai été votre dupe.

ESTHER. — Moi !

LIANE. — Vous. Vous me haïssez et vous me jouez la comédie de l'amour. Vous comptez émouvoir Florent, être grande, généreuse, sublime. J'en ai assez de votre sublime et je ne demande pas à l'être. Voilà quatre mois que je supporte le vôtre, que vous cherchez à vous gonfler et à m'aplatir.

ESTHER. — Liane, Liane. Il y a un instant, tu m'embrassais les mains, tu avais les yeux humides, tu me remerciais.

LIANE. — Vous me dominiez, exprès. Là et partout.

FLORENT. — Liane, tu es trop injuste. Esther est la générosité même. La simplicité même. Elle est incapable du moindre calcul. Je ne supporterai pas que ton indignation te pousse à chercher des griefs indignes de toi.

LIANE. — Je ne cherche pas de griefs. J'en trouve. Ce n'est pas difficile. C'est moi qui suis simple et incapable du moindre calcul. Vous êtes extraordinaires...

ESTHER. — Liane a raison, Florent. Liane m'écoutera et me comprendra. Il est naturel que mon attitude l'énerve. Elle est jeune, rapide, pleine de fougue. Elle n'a pas encore souffert et tu lui demandes de démêler un labyrinthe où je me perds, où je n'arrive pas à me retrouver moi-même.

FLORENT. — Alors, que Liane m'écoute, t'écoute et ne t'insulte pas. Pourquoi parler de haine ? Pourquoi des mots excessifs et qu'on regrette ensuite ? Pourquoi dire des mots qu'on aura toutes les peines du monde à oublier après ? J'aimerais mieux vous voir vous griffer, vous battre, que d'entendre des mots qui restent. Liane ne te hait pas, Esther. Liane, tu ne hais pas Esther, tu mens...

LIANE. — Si. Je la hais. N'espère pas arranger les choses. C'est votre manie dégoûtante et c'est précisément ce que je vous reproche.

FLORENT. — Etait-il indispensable de choisir l'inconfort d'un départ en vitesse et de descendre en robe de Muse pour dire à Esther des choses que tu ne penses pas... J'en suis sûr... Que tu ne peux pas penser.

LIANE. — Je ne te les ai pas déjà dites ?

FLORENT. — Jamais !

LIANE. — J'ai peut-être été moins franche... moins catégorique... Mais il n'était pas difficile, il me semble, de lire entre les lignes...

FLORENT. — Oserais-tu dire devant Esther que tu m'as avoué en tête-à-tête que tu la haïssais.

LIANE. — Je m'amusais de voir que tu faisais l'impossible pour comprendre ce qui t'arrange... ce qui te dérange le moins...

FLORENT. — J'étais convaincu, et je demeure convaincu que tu aimes Esther comme elle le mérite et que cette scène monstrueuse est une scène de théâtre...

ESTHER. — Florent, n'énerve pas Liane... Elle se trompe, mais elle est vraie. Elle est toujours vraie. C'est toi qui es injuste...

LIANE. — Bravo. Défendez-moi ! Défendez-moi... Ajoutez du sublime au sublime. Il vous manquait de me défendre et de vous mettre entre Florent et moi.

FLORENT. — C'est abominable !

ESTHER. — Laisse-la parler.

LIANE. — Vous devez être de la race qui se précipite devant la victime et qui reçoit le coup de
revolver... Quand donc finirez-vous de vous croire
sur les planches...

FLORENT. — C'est toi qui dramatises. Toi qui fais
du théâtre.

ESTHER. — Laisse-la tranquille... Florent... laisse-
la... Liane !...

LIANE. — Vous avez décidé de me rendre folle.
Assez, assez, assez... j'en ai assez de votre mélasse.

FLORENT. — Liane, Liane... Interroge ton cœur...

LIANE. — Ne me parlez pas de cœur. Vous confondez le cœur, Esther et toi... avec une vieille sen-
timentalité de théâtre. Sacrifiez-vous... Partagez-
vous. Suicidez-vous. Mais ne me parlez pas de cœur.
Ah ! non... le cœur, c'est une autre histoire. J'ai le
cœur dur, Florent, et je m'en vante. Les cœurs
mous me dégoûtent. Tu voudrais que je t'aime, mon
pauvre Florent, et que je vive entre chien et loup...
que j'assiste au spectacle d'un Florent qui marche
sur des œufs et d'une Esther en train d'attendre...

ESTHER. — Attendre quoi ?

LIANE. — Faites l'innocente. Voulez-vous que je
vous dise de qui vous auriez l'air dans cette maison ?
Prenez garde !

FLORENT. — Liane !...

LIANE. — Vous auriez l'air de ces personnes qui
attendent debout une table libre dans un restaurant
plein de monde. Leur présence empêche les personnes
assises de manger.

FLORENT. — Esther, ne l'écoute pas... Liane, c'est
abject... Esther m'a bouleversé tout à l'heure, en
m'avouant que son rêve serait de vivre calme auprès
de nous deux...

LIANE. — Parce qu'elle est lâche et qu'elle n'ose pas te mettre au pied du mur. Et toi aussi tu es lâche, mon bonhomme. Tu t'arranges, Florent. Esther s'arrange... et je ne m'arrangerai jamais, quoi qu'il arrive.

FLORENT. — Le cœur dur... Le cœur dur ! Le cœur se porte ou il ne se porte pas. Il n'est plus à la mode. Ta génération ne le porte pas.

LIANE. — Le cœur ne se porte pas, en effet. Il ne s'exhibe pas... On est pudique, on le cache...

FLORENT. — Il n'y a pas mille façons d'aimer... Esther t'aime...

LIANE. — C'est de la musique de tziganes. On la supporte très tard, la main dans la main, après avoir beaucoup bu.

ESTHER. — Je ne comprends plus... Je n'en peux plus...

FLORENT, à Liane. — C'est ça que tu appelles avoir du cœur...

LIANE. — Esther est une spécialiste des larmes.

ESTHER. — Elle me hait !... Florent... Florent... C'est trop... c'est trop... Explique-lui... parle-lui... Florent...

FLORENT — Non, Esther, c'est inutile, elle se bute... Je suis effondré.

LIANE. — Tu es effondré ! C'est tout ce qu'il trouve à dire... Tu peux l'être... (Elle voit l'heure.) Oh ! nous allons rater le théâtre. Il faut être en scène dans quinze minutes.

FLORENT. — Quel cauchemar. J'oubliais ce théâtre...

ESTHER. — Va, Florent. On ne rate jamais une entrée en scène. Même si on a perdu quelqu'un...

LIANE. — Nous aurons ce soir et cette nuit, hélas, et demain pour parler de nos affaires... Vite.

Elle court vers le jardin et disparaît.

SCÈNE VIII

ESTHER, FLORENT, CHARLOTTE *qui apparaît en haut
des marches mettant ses gants.*

CHARLOTTE. — Vous partez ? Je vous accompagne.

FLORENT. — Restez, Charlotte. Vous resterez avec
Esther, il ne faut pas qu'elle soit seule une minute...

ESTHER. — Ne crains pas que je me suicide...

VOIX DE LIANE. — Florent, te décideras-tu, oui
ou non ?

FLORENT. — Tu me prêtes ta voiture ? Je revien-
drai plus vite.

ESTHER. — Dis : « Nous arriverons plus vite. »
Non, Florent, je suis à plat et il faut mettre la roue
de secours. Vous arriveriez en retard. Prends la
tienne.

VOIX DE LIANE, *criant.* — Alors ?

FLORENT. — Voilà. (*Il s'élance vers la porte.*) Je
deviendrai fou !

Il sort.

SCÈNE IX

ESTHER, CHARLOTTE

CHARLOTTE. — Qu'est-ce qu'il a ?... Qu'est-ce que
vous avez ?

ESTHER. — Vous aviez raison, Charlotte. Liane me hait.

CHARLOTTE. — C'est humain...

ESTHER. — Je ne sais pas haïr, Charlotte. C'est peut-être une infériorité. Je ne comprends rien à la haine. J'en suis incapable. Il arrive que je me précipite sur des personnes avec lesquelles je me suis brouillée en m'écriant : « Quelle joie de vous voir ! » Je n'y pensais plus. Mais qu'est-ce que je lui ai fait, Charlotte ?

CHARLOTTE. — Qu'est-ce que vous lui avez fait ? Par exemple ? Vous lui avez laissé prendre votre mari. Vous l'avez aimée. Vous avez évité le drame. Vous lui avez retiré son rôle.

ESTHER. — Charlotte, je vais vous surprendre. Mais on ne se change pas. La haine de cette petite me fait plus de mal que l'infidélité de Florent. Florent, je l'ai perdu sans le perdre, vous me comprenez...

CHARLOTTE. — C'est ce qui la rend furieuse...

ESTHER. — Tandis que Liane, je viens de la perdre d'un seul coup. D'une seconde à l'autre...

CHARLOTTE. — Et Florent, il se taisait ?

ESTHER. — Il se taisait. Au moyen âge, on appelait cela un charme. Il est sous un charme. Il venait de me mentir. Il répétait : « Je suis effondré »...

CHARLOTTE. — Les hommes se valent. Quelle engeance ! Voulez-vous savoir comment Jules m'a quittée ? Il était inculte. Moi j'ai toujours aimé les vieilles pierres. Nous étions sur l'Acropole. Je lui expliquais la Grèce. Je le regarde... et je vois une figure hideuse. Il me crie le mot que vous devinez et il se sauve comme une chèvre entre les colonnes. Je ne l'ai jamais revu.

ESTHER. — Ma pauvre Charlotte...

CHARLOTTE. — Trois ans après, j'apprends par

une lettre anonyme qu'il habite un rez-de-chaussée avec une femme. Je me poste sur le trottoir d'en face et je devinais leurs ombres derrière les rideaux. Ma présence a inquiété un sergent de ville. Il m'a demandé ce que je faisais là. Je lui ai expliqué que ces ombres étaient celles de mon mari et d'une femme. Eh bien, ma chère, il y a des gens simples qui sont vraiment admirables. Savez-vous ce qu'il a fait ? Non ? Il a fait le salut militaire.

Esther. — C'est inouï...

Charlotte. — Inouï. Et vous ? Vous n'allez pas rester inactive. Ma petite Esther, ce serait trop absurde. Il faut agir. Que décidez-vous ?

Esther. — C'est tout décidé. Je pars.

Charlotte. — Vous partez. Et moi ?

Esther. — Vous ?

Charlotte. — Oui, moi. Si vous partez...

Esther. — Oh ! pardon. Je ne comprenais pas. Ecoutez, Charlotte, mon départ ne vous oblige pas le moins du monde à partir.

Charlotte. — Parce que les désertions, vous savez, ce n'est pas mon genre. Du reste, ma mère est à Dax...

Esther. — L'hôtel est coûteux...

Charlotte. — L'hôtel est coûteux... (*Se reprenant.*) Ça, ça n'a aucune importance. Non, ce qui importe, c'est que quelqu'un demeure ici pour vous défendre, pour parler de vous, pour surveiller la place.

Esther. — Merci, Charlotte.

Charlotte. — C'est trop naturel... (*Cinq heures sonnent.*) Cinq heures. L'heure où je m'allonge, l'heure de mon mal de tête. Mon mal de tête, c'est une pendule. Vous m'excusez ?

Esther. — Je crois bien.

Charlotte. — Et Florent qui m'avait dit de ne

pas vous abandonner une minute... Pas de bêtises, surtout, ma petite Esther. Je peux compter sur vous ? Je peux me reposer tranquille ?

ESTHER. — Vous n'avez rien à craindre.

CHARLOTTE, *montant l'escalier.* — Les hommes n'en valent pas la peine.

ESTHER. — S'il vous plaît, envoyez-moi Loulou.

Charlotte sort.

SCÈNE X

ESTHER, LOULOU

Esther se couche à plat ventre sur le divan la tête dans les bras. Elle reste immobile. Loulou ouvre la porte, descend les quatre marches.

LOULOU. — Madame m'appelle ?

ESTHER, *elle se redresse.* — Oui, Loulou. Termine en vitesse la valise que j'avais commencée cette nuit. Apporte aussi mon manteau et mon chapeau. Demain je t'enverrai faire les malles.

LOULOU. — Madame quitte Chatou ?

ESTHER. — Je quitte Chatou.

LOULOU. — Où on va ?

ESTHER. — Je ne sais pas. A Paris. Sans doute à l'hôtel en face du théâtre, je serai moins seule.

LOULOU. — Madame ne part pas seule. On part ensemble. Madame est triste.

ESTHER. — Oui, Loulou, je suis triste.

LOULOU. — Madame ne devrait pas partir.

ESTHER. — Je ne suis pas une femme qui s'accroche, Loulou.

LOULOU. — Madame ne devrait pas partir...

ESTHER. — Si Loulou... Ferme le sac... et reviens... (*Loulou sort. On entend Esther murmurer.*) Pas seule... (*Esther fait le tour du salon et embrasse les objets et les meubles un à un, puis elle s'approche de la radio. Elle caresse le fauteuil près de la radio. Elle tourne les boutons. Pendant que l'appareil chauffe, elle se met à genoux et colle sa figure contre l'appareil, côté public. On entend* La Nuit d'Octobre *commencée par Florent et Liane. Elle sanglote. Elle s'abandonne pour la première fois, complètement. La porte de l'escalier s'ouvre. Paraît Loulou avec des affaires et une valise. Esther se redresse et se mouche.*) Tu traînes...

LOULOU, *descendant.* — C'est lourd.

ESTHER, *pendant que Loulou l'aide à mettre son manteau.* — Très lourd. (*Elle contemple tout en détail et elles sortent.* La Nuit d'Octobre *continue dans le décor vide.*)

Rideau.

ACTE III

Même décor qu'au deuxième acte.
Quelques changements « modernes » apportés par Liane
C'est l'hiver. Il neige. Eclairages et radiateurs électriques
On a enlevé le portrait d'Esther.

SCÈNE I

LIANE, CHARLOTTE, LE SPEAKER

Un microphone est en scène, au premier plan. Le
reporter va et vient entre le micro, Liane, Charlotte
et l'extérieur où l'on devine ses aides, la camionnette
du son.

LE SPEAKER, *criant en coulisse.* — Là. Vous y
êtes ? Je compterai. (*Aux femmes.*) Nous y sommes.
Je m'excuse. D'un côté, il est préférable d'enregis-
trer chez soi, sur disque... mais nous avons toujours
peur d'envahir les maisons, d'être indiscrets...

LIANE. — Vous n'envahissez rien. Chaque fois que
je sors je roule sur la pelouse. Votre camion est-il où
il faut ?

LE SPEAKER. — Nous n'avons pas toujours de pelouse pour nous y mettre, hélas! Les concierges nous refusent de stationner dans les cours. Nous enregistrons dans la rue avec une foule autour de nous, ce n'est pas commode. Chez vous, c'est le rêve.

CHARLOTTE. — Chez moi, il fallait monter le fil au cinquième étage et traverser la chambre de ma mère. C'était un supplice!

LIANE. — Mon Dieu! J'ai oublié de vous présenter à Charlotte de Cauville... Vous vous connaissez?

LE SPEAKER. — Oh! Madame, je suis charmé!... Non... je n'avais pas encore eu la chance d'interviewer Madame de Cauville.

CHARLOTTE. — C'était une jeune femme qui venait chez moi. Cher Monsieur, si c'est votre tour, ne craignez plus mon cinquième. J'habite une villa des environs. Il y a un petit parc et un seul étage...

LIANE. — Madame de Cauville séjournait chez moi... chez nous... je devrais dire chez Florent. Elle nous a quittés il y a quelques jours. Sa mère était souffrante... Votre mère se porte mieux, Charlotte?

CHARLOTTE. — Elle commence à sortir et... il est possible... à la fin de l'après-midi que je vous fasse une grosse surprise...

LIANE. — Vous me quittez déjà?

CHARLOTTE. — Je crains de vous déranger, Liane. Je passais...

LIANE. — Je ne vous laisse pas partir. Monsieur... dites à Madame de Cauville que vous avez besoin d'elle et que vous profiterez de sa présence pour qu'elle prononce quelques mots...

LE SPEAKER. — Voilà une idée excellente!

CHARLOTTE. — Liane! vous n'y pensez pas! Je suis une campagnarde! Je suis laide à faire peur!

J'ai un vieux manteau, un vieux chapeau, le nez rouge !...

LIANE. — C'est la radio, Charlotte !

CHARLOTTE. — C'est juste ! Que je suis bête. J'ai la phobie des photographes. J'oublie toujours que le public ne peut pas nous voir.

LE SPEAKER. — Vous n'avez pas d'excuse.

CHARLOTTE. — Si j'aide Liane...

LIANE. — Vous m'aidez d'autant mieux, ma bonne Charlotte, que le poste venait interviewer Florent et comptait sur une sorte de duo. Florent n'est pas à Chatou et si je parlais seule ce serait un peu sec... d'autant plus que le micro me terrorise.

CHARLOTTE. — Et moi donc ! cher Monsieur. Je peux dire que j'ai joué une centaine de rôles devant des ministres, des grands-ducs, des têtes couronnées. Je n'ai jamais eu le trac. Et, devant votre cage à mouches, je meurs.

LE SPEAKER. — Vous devez en avoir une si grande habitude...

CHARLOTTE. — Naturellement, j'ai l'habitude. Et pourtant, je ne m'habitue jamais. Je ressemble à Florent. Je crains les machines...

LE SPEAKER. — M. Florent craint les machines ? Vous nous le direz. C'est une touche amusante...

CHARLOTTE. — Figurez-vous qu'un soir... c'était... (*Elle cherche.*) C'était... voyons... voyons... en 1907...

LIANE. — Charlotte ! Charlotte ! Monsieur n'a pas une minute à perdre et ses camarades attendent. Vous raconterez vos histoires au micro. Hein ? Nous y sommes ?

LE SPEAKER *à la porte, criant.* — Vous y êtes ?... Je compte... (*Il sort sa montre et compte. Criant de nouveau.*) Un essai de voix d'abord. Un essai de voix. Vous y êtes, Mademoiselle ?

LIANE, *au micro*. — Deux pigeons s'aimaient d'amour tendre. L'un d'eux s'ennuyant au logis...

LE SPEAKER. — Bien... Ça va... Madame de Cauville ?...

CHARLOTTE, *au micro*. — Deux pigeons s'aimaient d'amour tendre. L'un d'eux s'ennuyant au logis. Point. Réduite à ces deux vers, cette fable a quelque chose de terrible. Chères auditrices, ne trouvez-vous pas ?

LE SPEAKER. — Charmant ! (*Criant.*) Ça va ?... C'est parfait. Allez-y. Nous commençons. Je compte. (*Il compte et fait signe qu'il parle.*) Mes chers auditeurs, nous sommes dans une somptueuse villa de Chatou. La villa de Florent. Nous sommes reçus par son élève favorite, mademoiselle Liane, une des plus jeunes et des plus exquises pensionnaires de la Comédie-Française. Mademoiselle Liane porte une tenue des plus modernes. Une véritable tenue de star.

Mademoiselle Liane, la tenue que vous portez ne causerait-elle pas une certaine... surprise parmi les bustes et les velours de la Maison de Molière.

LIANE, *au micro*. — Ne croyez pas, cher Monsieur, que la Comédie-Française se montre hostile aux audaces. La maison d'aujourd'hui n'est pas la maison d'hier et je suis certaine que notre administrateur ne blâmerait pas ma tenue. Je vous confierai même que mon pantalon a été coupé sur le modèle d'un des pantalons de sa femme.

LE SPEAKER. — Voilà qui ravira nos auditrices. Et monsieur Florent, qu'en pense-t-il ?

LIANE. — Florent est plus jeune que la jeunesse. Et... il me passe tous mes caprices... car (sans doute le saviez-vous déjà) nous comptons nous marier bientôt et faire notre voyage de noces à Hollywood.

CHARLOTTE. — Oh !

LE SPEAKER, *geste pour imposer silence*. — Chut...

Eh bien, Mademoiselle, voilà une nouvelle qui cir-
culait et que nous sommes heureux d'apprendre de
votre bouche. Irez-vous à Hollywood en simples
touristes ou comptez-vous y tourner un film ?

LIANE. — Je n'ai pas le droit de vous répondre
avec certitude. Mais je peux déjà vous dire que je
compte tourner un film et que Florent vous réserve
de grandes surprises...

LE SPEAKER. — Je ne veux pas être indiscret. Mais
Charlotte de Cauville, que j'ai eu la chance de trouver en visite chez vous, pourra peut-être nous répondre. Madame de Cauville...

CHARLOTTE, *très à l'aise.* — Présent !

LE SPEAKER. — Saviez-vous que Florent et Liane
partaient pour la ville des étoiles et devaient tourner
ensemble...

CHARLOTTE. — Florent m'en voudrait de divulguer
ses secrets... et, bien que je sois sa confidente... je
n'ose pas vous donner de précisions. Par contre je
suis en mesure de vous dire qu'on me sollicite pour
un grand film et que je suis sur le point d'accepter
la proposition qui m'est faite. Ma mère est presque
aveugle et un peu dure d'oreille. Le cinéma l'épou-
vante. Elle m'a souvent raconté les premiers films.
Les frères Lumière ! *Le train qui passe. L'arroseur
arrosé.* Tout cela ne nous rajeunit pas ! Elle était
petite fille et quand elle m'y menait.. enfin... je veux
dire... beaucoup plus tard !... Je m'embrouille...

LE SPEAKER. — Enfin, bref, nous allons bientôt
avoir la chance de vous applaudir à l'écran...

CHARLOTTE. — Oui. Je dois reprendre LA CURÉE
avec notre grande Esther dans quelques jours. LA
CURÉE devait être reprise en octobre, mais Esther a
décidé d'enlever les avant-scènes. Le théâtre est rem-
pli d'échafaudages. (*Liane fait, derrière Charlotte,
toute une pantomime au reporter pour arrêter Charlotte.*) Je reprendrai donc LA CURÉE et ensuite, en

jouant le soir, je consacrerai mes journées au cinématographe. Mon rêve...

Le speaker. — Votre rêve est le nôtre, chère Madame de Cauville. Vous voir à l'écran.

Il pousse Liane à la place de Charlotte.

Liane. — Paraître à l'écran est notre rêve à toutes. Et je suis fière d'aider le cinéma en décidant Florent à vaincre ses scrupules et à mettre son génie au service de l'art du film.

Charlotte, *rapproche sa tête de celle de Liane.* — Bravo !

Le speaker. — Madame de Cauville partage notre enthousiasme et l'exprime par un chaleureux bravo...

Charlotte, *prenant le micro.* — Oui, bravo ! Bravo mille fois pour l'homme qui n'hésite pas, à la fin d'une longue carrière (*Liane lui fait des gestes, elle continue.*) à se renouveler et à s'élancer sur des chemins inconnus. Bravo pour lui, bravo pour moi... je n'hésite pas à le dire. Bravo pour la France, la France qui...

Le speaker. — Merci, madame de Cauville. Merci. Vous avez su dire à merveille ce que nous pensions tous. (*Charlotte veut parler. Il lève le micro à sa hauteur.*) Bonsoir Mesdames, bonsoir Mesdemoiselles, bonsoir Messieurs.

Charlotte. — Ouf ! (*On lui fait signe de se taire.*) Oh !

Le speaker. — Voilà. Ne vous inquiétez pas. Nous couperons le Ouf ! Il me reste, Mesdames, à vous remercier et à m'excuser des ennuis que je vous cause.

Charlotte. — Vous ne nous avez pas causé le moindre ennui... C'est moi... Je ne croyais pas que j'arriverais à en sortir. (*D'un air détaché.*) C'est amusant à faire...

Liane lève les yeux au ciel.

Le speaker. — Ne vous dérangez pas, Mademoiselle. Il neige. Je sors mon micro et je referme la porte. Merci encore.

Liane. — Merci ! merci ! ne glissez pas sur les marches — et vous savez (*Légère bourrade.*) si le disque n'est pas bon, téléphonez-moi. J'en enregistrerai un autre.

Charlotte. — Vous me ferez signe, j'espère !

Liane. — Bien sûr ! Au revoir ! Au revoir !

> *Le reporter disparaît par la serre.*

SCÈNE II

LIANE, CHARLOTTE

Charlotte. — C'était très amusant. Les choses vous viennent sans qu'on sache d'où. Je m'étonnais moi-même.

Liane. — Il y avait de quoi.

Charlotte. — Vous n'avez pas l'air contente.

Liane. — Vous savez, Charlotte... Florent était là, dans sa chambre. Il se cachait.

Charlotte. — Florent !

Liane. — Florent. Il déteste la radio. Je ne voudrais pas qu'il sache que vous étiez là et que nous avons parlé un peu à tort et à travers.

Charlotte. — Je ne trouve pas que vous ayez parlé à tort et à travers...

Liane. — Enfin, je ne suis pas certaine qu'il approuverait notre sketch.

Charlotte. — Je me sauve. Du reste, je devrais

déjà être à la villa. Ma pauvre maman me croit toujours sous un autobus.

Liane. — Méfiez-vous des marches. On glisse.

Charlotte. — Il est possible que je repasse en fin de journée, que je vous réserve une surprise...

Liane. — Quelle surprise ?

Charlotte. — Si je vous le disais, ce n'en serait plus une. Ne m'accompagnez pas. Il y a une tempête de neige. Je me sauve. Je suis ravie d'avoir pu vous être utile.

> *Elle ouvre la porte et disparaît.*

Liane, *les bras au ciel*. — Hooooooooo ! (*Elle appelle.*) Florent ! Florent ! Florent !...

SCÈNE III

LIANE, FLORENT

Florent, *il apparaît à la porte de l'escalier*. — Ils sont partis, j'espère. Je peux descendre ?

Liane. — Tu peux descendre. C'étaient de braves types qui viennent avec le camion et les appareils sous la neige. Ils ne méritent pas qu'on les reçoive mal.

Florent. — C'est pour ne pas les recevoir mal que je m'enferme.

Liane. — Ils te réclamaient, comme de juste.

Florent. — Tu leur as dit que je détestais la radio, les journalistes, les reporters.

Liane. — Pourquoi les blesser ? J'ai dit que tu n'étais pas à Chatou.

FLORENT. — C'était une interview?

LIANE. — Ils voulaient savoir mes projets... enfin les nôtres.

FLORENT. — Et qu'est-ce que tu as répondu?

LIANE. — Le micro m'intimide. Je n'ai pas dit exactement ce que j'aurais voulu dire. J'ai peur que tu te fâches...

FLORENT. — Tu as parlé de moi?

LIANE. — C'est toi qui intéresses le public. Je ne me fais pas d'illusions. J'ai dit que tu m'accompagnais à Hollywood.

FLORENT. — Liane!

LIANE. — Et je suis gentille de te l'avouer, car tu n'écoutes pas la radio. Tu ne l'aurais jamais su.

FLORENT. — Et les journaux? Tu te rends compte du danger de parler trop vite, de dire certaines choses...

LIANE. — Toujours cette horreur de la réclame. Tu aimes la réclame, Florent. C'est notre métier...

FLORENT. — La réclame m'aime; c'est différent. Je ne repousse pas la réclame qui couronne le travail, la réclame faite à la longue, malgré nous. Elle prouve que le public ne nous oublie pas. Ce qui me révolte, c'est la réclame qu'on cherche et qu'on provoque. La réclame moderne. La réclame à la machine.

LIANE. — Tu en es resté au vieux système. La réclame faite à la main.

FLORENT. — Oui. Le travail fait à la main me rassure. Les machines me déplaisent, je l'avoue. Travail à la main, réclame à la main, tout ce travail naturel me réchauffe. Vos machines me glacent.

LIANE. — Ce n'est pas ma faute si le monde marche, si les films existent, si le gramophone et la radio existent. Moi je trouve merveilleux ces hommes qui viennent, qui m'interrogent et qui emportent ma voix dans une boîte.

FLORENT. — C'est drôle ce que votre génération aime l'art en conserve.

LIANE. — Et toi... et Esther... C'est la vieille cuisine française ?

FLORENT. — Possible. Ne me demande pas de changer à mon âge. A mon âge, on ne change plus.

LIANE. — C'est triste. Très triste. Quand on pense à ce qu'un homme de ton génie apporterait au cinéma.

FLORENT. — Tu te trompes, Liane. Le théâtre et le cinéma se tournent le dos. La beauté au théâtre, son miracle, c'est ce que nous pouvons y être enthousiasmés par un gros Tristan et par une vieille Yseult. A l'écran, Tristan doit avoir l'âge de Tristan et Yseult, l'âge d'Yseult. On découpe et on recolle leurs jeunesses jusqu'à ce qu'elles donnent le change. Au théâtre, il faut jouer, vivre, mourir ; les Œdipe, les Oreste, les Ruy Blas, les Roméo, les Juliette, les Célimène exigent une longue habitude des planches. Esther et moi nous commençons à être capables de jouer les jeunes premiers. Hélas ! Par contre, la jeunesse, qui est dure, féroce, devrait jouer les vieillards. Il est donc tout naturel que le cinématographe te tente.

LIANE. — C'est un paradoxe.

FLORENT. — Paradoxe ! Quand la vérité sort, c'est le nom qu'elle porte.

LIANE. — Note-le.

FLORENT. — Noter quoi ?

LIANE. — Les mots d'auteur manquaient au programme.

FLORENT. — Je suis démodé, Liane, tu dois en prendre ton parti.

LIANE. — Non, tu le fais exprès.

FLORENT. — Ne nous disputons pas, ma petite fille. Je t'expliquais sans la moindre amertume pourquoi je refuse le contrat d'Amérique. Un point c'est tout.

LIANE. — Tu brises ma carrière.

FLORENT. — Ta carrière, c'est de rester à la Comédie-Française, de t'ennuyer, de te sacrifier, de jouer le répertoire...

LIANE. — Et d'attendre cent ans le droit d'interpréter Agrippine.

FLORENT. — Je n'ai pas attendu cent ans le droit d'interpréter Néron.

LIANE. — Toi, c'est toi. N'empêche que j'aimerais mieux voir Néron joué par un jeune homme de son âge...

FLORENT. — Esther t'expliquerait mieux que moi la difficulté de résoudre cet éternel problème...

LIANE. — Alors, Florent, ta réponse est définitive. Tu repousses les millions de Hollywood? Tu refuses de partir? Tu m'empêches de partir...

FLORENT. — Vas-y seule... Je t'attendrai.

LIANE. — C'est pour t'avoir qu'ils me veulent. Sans toi, je ne vaux pas un sou.

FLORENT. — Ils adorent les découvertes.

LIANE. — Tu m'as rendue trop célèbre pour qu'on me découvre.

FLORENT. — C'est un reproche?

LIANE. — Ce ne serait pas un reproche si tu acceptais, si tu me donnais la chance de ce voyage — c'est un reproche si tu me condamnes...

FLORENT. — A quoi? A travailler? A devenir digne qu'on te supplie, qu'on te paye une fortune?

LIANE. — A pourrir dans votre sale Maison.

FLORENT. — Liane!

LIANE. — Dans ce piège en vieux velours où j'ai été assez sotte, assez niaise de me laisser prendre.

FLORENT. — On y donne Racine, Corneille, Molière...

LIANE. — Je m'en fiche. Je veux tourner. Je tour-
nerai.

FLORENT. — Tu veux devenir une ombre...

LIANE. — C'est vous qui êtes des ombres.

FLORENT, *il l'embrasse.* — Je suis absurde. Pardonne-moi. La jeunesse flambe. J'oublie toujours ce
qui nous sépare...

LIANE. — Rien ne nous séparerait si tu avais confiance en toi, en moi. Si tu ne t'entêtais pas, si tu
sortais de ce fauteuil auquel tu t'accroches. Voyons,
Florent... tu plaisantes. Imagine que je te prenne
au mot. Tu me laisserais filer en Amérique ? Traîner
toute seule à Hollywood ? Réponds... Tu en crè-
verais.

FLORENT. — Si tu devais y trouver le bonheur...
la gloire.

LIANE. — Le bonheur ? Sans toi ? Je resterai. Je
travaillerai. Mais je m'obstinerai... j'arriverai à te
convaincre.

FLORENT. — J'en doute.

LIANE, *elle écoute.* — La grille...

FLORENT. — Tu attendais d'autres robots ?

LIANE. — Oui. Cache-toi.

FLORENT. — Qui ?

LIANE. — Une personne qui te crispe...

FLORENT. — Ton agent de films ?

LIANE. — Elle-même. Sauve-toi, vite, vite, vite.

FLORENT, *monte les marches quatre à quatre. En
haut des marches.* — Ne lui laisse pas croire qu'il
reste une chance.

LIANE. — Elle approche. Fuyez, Alceste, voilà les
Marquis.

FLORENT. — C'étaient les journalistes de l'époque.

LIANE. — Tu vois que tu le fais exprès.

FLORENT. — Adieu Garbo.

> *Ils se tirent la langue.*

SCÈNE IV

LIANE, ESTHER

Liane se hâte vers le vitrage du jardin. Elle ouvre.
Esther entre dans une rafale blanche.

LIANE. — Entrez vite...

ESTHER. — Florent est malade?

LIANE. — Vous êtes couverte de neige. Approchez-
vous du radiateur. Le calorifère était un objet de
musée. Je l'ai démoli. Je chauffe avec des radiateurs
électriques... J'ai enlevé les plantes vertes... Je
trouve qu'elles faisaient un peu bric-à-brac, comme
le calorifère...

ESTHER. — Je vous demande si Florent est malade ?

LIANE. — Non. Il se porte à merveille...

ESTHER. — Quand l'hôtel m'a passé votre commu-
nication, j'ai eu peur. Je croyais Florent malade.
« M. Florent vous demande d'urgence à Chatou. »
Pourquoi d'urgence? Que veut-il? Où est-il ?

LIANE. — Florent ne vous a jamais fait téléphoner.
C'est moi. J'ai menti.

ESTHER. — Encore ?

LIANE. — Comment ! Encore ?

ESTHER. — Je pensais à votre mensonge, dans ma
loge, le premier soir...

LIANE. — Esther ! Vous me rappelez ce type qui
achète un chapeau chez « Léon » à l'exposition de

89, qui retourne chez « Léon » à l'exposition de 1900 et qui entre dans la boutique en criant : « C'est encore moi. »

ESTHER. — Pour vous, Liane, c'est si loin ?...

LIANE. — C'est de l'histoire ancienne. Tout va si vite à notre époque.

ESTHER. — Le cœur bat au même rythme, ma petite Liane... Et... Florent ignore ma démarche ?

LIANE. — Chut... Je vous expliquerai. Il ne se doute pas que c'est vous. Il se barricade. Il croit que je parle avec une Américaine qui l'horripile, un agent de cinéma...

ESTHER. — Liane, les cachotteries me déplaisent. (*Elle se lève.*) Je ne resterai pas une minute de plus.

LIANE, *la forçant à se rasseoir, les mains sur les épaules.* — Sous cette neige ? Esther, ne soyez pas absurde. Florent saura que vous êtes venue et il vous verra. Mais d'abord, il était indispensable que je vous avertisse...

ESTHER. — Ne m'attirez pas dans un complot contre Florent. Je dois vous prévenir...

LIANE. — C'est justement du contraire qu'il s'agit — il s'agit de lui venir en aide.

ESTHER. — Donnez-m'en la preuve.

LIANE. — Pourquoi me parlez-vous sur ce ton ?... Esther ?

ESTHER. — Mais enfin, Liane, vous êtes formidable... C'est la première fois que je mets les pieds à Chatou depuis...

LIANE. — Depuis votre fuite...

ESTHER. — Ma fuite...

LIANE. — Vous imaginez-vous ce qu'a été notre retour de la *Matinée* ? Florent conduisait comme un ivrogne. En trouvant la villa vide, il a couru dans la chambre de la mère de Cauville. Il hurlait : « Vous l'avez laissée seule ? Je vous avais demandé de ne

pas la laisser seule ? Où est-elle ? Où est Loulou ? »
Et il la secouait. Elle voulait appeler la police. Flo-
rent a couru au garage. Il a eu des crises de larmes.
Il se cognait la tête contre les murs...

ESTHER. — Et vous ?

LIANE. — Moi ? Moi je n'ai pas été longue à comprendre que ce que j'aimais, ce n'était pas unique-
ment Florent, mais votre atmosphère, la chose magnifique formée par votre ménage.

ESTHER. — Il fallait que je parte. Nous aurions
traîné, lavé du linge sale... Florent est faible, faible
et têtu...

LIANE. — Voilà, Esther ! Voilà. J'ai été ignoble.
Je le reconnais. Je m'en accuse. Ma robe allait mal.
Et je ne suis pas si bête. Je me savais mauvaise dans
LA NUIT D'OCTOBRE, incapable de vous arriver à la che-
ville. Cette explosion de rage... Cette bombe... C'était
contre moi, contre moi et contre Florent. Je le
trouvais mou. Il vous devait une scène ou il m'en
devait une. Et il éludait, il se sauvait, il trichait, il
se taisait. Ce n'est pas contre vous que j'en avais,
Esther. C'était contre lui, contre moi, contre ce
silence, contre ce rouge, contre cette villa de crime...

ESTHER. — Avouez qu'il m'était difficile de m'en
rendre compte.

LIANE. — Je dois toujours vous apparaître dans
cette robe de muse, sur cet escalier.

ESTHER. — Le passé Liane, c'est du présent devenu vieux. Et quand on est vieux on perd la mémoire...

LIANE. — Si vous vous rappelez le moindre détail
de notre première rencontre...

ESTHER. — C'était notre première rencontre. Et
puis vous ne m'aviez pas fait du vrai mal... Tandis
que là... Et, vous me connaissez, Liane. Je ne sais
pas en vouloir. Chez moi l'oubli des offenses n'est pas
une vertu. C'est maladif.

LIANE. — Alors, Esther... Si je m'agenouille... Si je vous demande mon pardon, m'aimerez-vous... un peu?

ESTHER. — Je n'aime pas un peu. J'aime ou je n'aime pas. J'ai appris à vous aimer. Ensuite, j'ai appris à ne plus vous aimer. S'il fallait recommencer, ce serait une gymnastique bien lourde pour mon âge. Je préfère ne pas en courir le risque.

LIANE. — Vous êtes terrible, Esther...

ESTHER. — Et vous, vous êtes désarmante. Parlons d'autre chose.

LIANE. — Vous allez rejouer?

ESTHER. — J'ai arrêté la pièce en plein succès à cause des chaleurs. Je la reprends seulement dans trois semaines, à cause des travaux. Pauvre vieux théâtre. Les avant-scènes étaient solides. Il a fallu les arracher comme des dents de sagesse. Et vous, qu'est-ce que vous faites?

LIANE. — C'est pour cela que je vous ai donné ce coup de fil. Pour vous demander un conseil.

ESTHER. — Pas possible.

LIANE. — Florent n'a de confiance qu'en vous. Il n'estime que vous...

ESTHER. — Oh!...

LIANE. — Si, si. Toutes les cinq minutes, il dit : Esther t'expliquerait... Esther nous dirait... Votre opinion est la seule qui compte. Je ne m'illusionne pas... Vous êtes de la même famille.

ESTHER. — Du même âge...

LIANE. — C'est cette fameuse question d'âge qui se trouve en jeu. Esther, feriez-vous du cinéma, si on vous le proposait?

ESTHER. — On me le propose. Et je refuse. Non, Liane, non. J'ai mis trop de temps à apprendre mon métier. Je n'ai ni l'âge ni la force d'en apprendre un autre. Et puis la radio pénètre dans les chambres, dans les cabinets de toilette, dans les lits. Le cinéma entre dans la salle... Les grosses têtes, Brrrrr. Moi, ce que j'aime au théâtre, c'est le recul, le mystère. J'aime tout ce qui lui donne de la solennité, tout ce qui nous sépare du public. J'aime les trois coups, le rideau rouge, la rampe, les voitures calfeutrées qui vous amènent et qui vous emmènent vite. C'est la raison pour laquelle j'ai supprimé les avant-scènes.

Liane. — Et vous trouvez que tous ces fantômes du cinéma manquent de mystère?...

Esther. — C'est autre chose. Je reconnais que le cinéma exige une belle âme. Les yeux deviennent des fenêtres. On voit ce qui se passe dans la maison...

Liane. — Trouvez-vous que Florent ait tort de refuser les offres d'Amérique ?

Esther. — Il a une belle âme. Seulement, ma petite Liane, ici je m'efface. Florent est un faible, sauf au théâtre. Il connaît ses forces. Dans son métier il n'hésite jamais. Il sait ce qu'il veut.

Liane. — Il veut ma réussite. Et il me refuse cette chance d'aller à Hollywood.

Esther. — Voyons, voyons... Alors, si je comprends bien, vous m'auriez attirée à Chatou pour que je tâche de convaincre Florent de vous suivre à Hollywood.

Liane. — Juste.

Esther. — C'est un monde...

Liane, *avec feu*. — Faites-le Esther. Faites-le. Faites-le pour lui... Il renouvellerait le cinéma. Il les éblouirait. Il...

Esther. — Il vous servirait de piédestal.

Liane. — Que vous êtes méchante.

Esther. — Je finirai par être à la mode...

Liane. — Soyez gentille. Aidez-le. Poussez-le. Et, aidez-moi.

ESTHER. — Si vous y tenez, je veux bien. Mais je crois que vous vous trompez. Je doute beaucoup du succès de ma démarche.

LIANE. — Juré ?

ESTHER. — Promis.

LIANE. — Je cours le prévenir. Vous êtes venue sur ma demande.

ESTHER. — Je vous promets de faire mon possible. C'est peu.

LIANE. — Vous êtes un ange.

ESTHER. — Il me semble avoir déjà entendu ça.

LIANE. — Aujourd'hui, je le pense. Attendez-le.

> *Elle saute les marches et disparaît par la petite porte du haut. Esther reste seule et regarde la place vide de son portrait.*

SCÈNE V

ESTHER, FLORENT, LIANE, *un instant*

LIANE, *elle ouvre la petite porte de l'escalier et s'efface.* — Puisque je te répète que ce n'était pas elle, que c'est une surprise, une grande surprise.

FLORENT. — Toi !

LIANE. — Je vous laisse...

> *Elle disparaît. La porte se referme.*

FLORENT. — Toi...

ESTHER. — Moi. Ma visite t'étonne...

FLORENT. — Je n'y comprends rien. Liane attendait une Américaine...

Esther. — C'était moi.

Florent. — C'est toi qui...

Esther. — Non, Florent, ce n'est pas « moi qui ». Je suis venue à cause d'un coup de téléphone de la petite. Elle m'appelait d'urgence à Chatou.

Florent. — Et tu es venue ?...

Esther. — Je te croyais malade.

Florent. — Esther !

Esther. — Par bonheur tu te portes bien. C'est le principal.

Florent. — Mais pourquoi Liane t'a-t-elle téléphoné ?

Esther. — Je me le demande.

Florent. — Elle ne te l'a pas dit ?

> *Esther, un doigt sur la bouche, désigne la petite porte.*

Florent. — Liane n'est pas de la race qui écoute aux portes. Elle peut faire pire — mais pas ça. Qu'est-ce qu'elle t'a dit ?

Esther. — Elle a trouvé un prétexte...

Florent. — Lequel ?

Esther. — Te convaincre de l'accompagner à Hollywood.

Florent. — C'est fou.

Esther. — Oui, c'est fou. Mais, je te le répète. C'est un prétexte.

Florent. — Quel peut être son vrai motif ?

Esther. — Ah ça... Elle est très compliquée, Liane. Très bizarre. Je ne t'apprends rien...

Florent. — Non, Esther, je la connais.

Esther. — Tu es heureux ?

Florent. — Ne parlons pas de moi, veux-tu ? J'aimerais comprendre pourquoi Liane t'a dérangée...

Esther. — Oh ! dérangée...

FLORENT. — Si, Esther. Pourquoi elle a pris sur elle de provoquer une démarche que je devais seul prendre sur moi de... enfin...

Il s'embrouille.

ESTHER. — Laisse, laisse. Je crois comprendre.

FLORENT. — Tu es plus forte que moi.

ESTHER. — J'ai été longtemps seule. J'ai beaucoup ressassé certaines choses, beaucoup pensé à elle...

FLORENT. — Chauffe-toi, Esther. Tu es glacée. Veux-tu prendre un grog ?

ESTHER. — Je ne veux rien. Ecoute Florent. Je devine (et dans le temps jamais je ne l'aurais deviné) je devine le pourquoi de ce coup de téléphone.

FLORENT. — Elle regrettait...

ESTHER. — Non, Florent. Elle ne regrette rien. Et il vaut mieux que je me taise. Je ne voudrais pas te faire de la peine.

FLORENT. — Parle, je ne t'interromprai plus.

ESTHER. — Eh bien, Florent, je suis à peu près sûre d'y voir clair. Je la dérange.

FLORENT. — Comment, tu la déranges ? Tu n'as jamais donné signe de vie depuis ton départ.

ESTHER. — Florent, je sais ce que je représente pour toi. Je le sais. Nous avons de vieilles habitudes. Alors tu dois souvent parler de moi, me citer, te demander tout haut ce que je penserais de telle ou telle chose, ce que je déciderais en telle ou telle circonstance. Elle a enlevé mon portrait. Elle n'a pas pu enlever mon fantôme. J'habite cette maison, je hante ce bric-à-brac, comme elle l'appelle. Et elle s'est dit que, de loin, je grandissais, je rajeunissais, je m'idéalisais, j'encombrais.

FLORENT. — Oh !

ESTHER. — Si, si, et elle a voulu exorciser cette villa, te désenchanter, t'ouvrir les yeux, te mettre, sous un prétexte quelconque, en face de mes décombres.

FLORENT, *rêveur.* — Ce n'est pas impossible. Pauvre Liane. En ce cas elle a fait un mauvais calcul.

ESTHER. — Comme tous les calculs...

FLORENT. — Parce que... Esther... Jamais je ne t'ai vue aussi jeune ! Tu es prodigieuse.

ESTHER. — Tu me croyais un pied dans la tombe ?

FLORENT. — Esther ! Non. Mais Charlotte de Cauville m'avait inquiété. Elle disait : « Florent, croyez-moi, c'est une morte. Une morte qui marche !... »

ESTHER. — Charmante nature. Il est vrai que quand elle m'a rencontrée, je traversais une mauvaise phase...

FLORENT. — Tu ne peux pas imaginer ma joie de te voir dans une forme pareille...

ESTHER. — Que veux-tu, Florent, je ne crois pas plus à la chirurgie esthétique, à l'électricité, que toi aux machines. Il n'existe qu'un seul secret de beauté qui accomplisse des miracles. C'est l'amour.

FLORENT, *saisi.* — Tu es amoureuse ?

ESTHER. — Je suis amoureuse. Cela te choque ?

FLORENT. — Moi. Non, non. Mais... Je ne m'y attendais pas. Je ne m'y attendais pas. Je le mérite, Esther.

ESTHER. — On ne peut pas tout avoir, mon chéri.

FLORENT. — Dieu me garde Esther, de te faire des reproches. Non, mais... enfin !... Et... tu rouvres ?

ESTHER. — Je voulais ouvrir en octobre. Seulement le théâtre est plein d'échafaudages. Et toi, quels sont tes projets ?

FLORENT. — Mes projets ?... Liane a des projets, moi pas. Elle veut m'entraîner en Amérique...

ESTHER. — Pourquoi n'irais-tu pas en Amérique ?

FLORENT. — Je n'irai pas en Amérique. C'est-à-dire, je refusais d'aller en Amérique. Mais, maintenant...

ESTHER. — Fais-lui ce plaisir.

FLORENT. — Écoute. Esther. J'avais moi aussi formé un projet. Le projet est à l'eau. Et il n'y a plus aucune raison pour que je me taise. Esther... Je ne suis pas heureux..

ESTHER. — Je m'en doute.

FLORENT. — Et comme je connais ton âme, ton cœur, ta bonté sans limites, je formais le projet de te donner, moi, ce coup de téléphone. De trouver, moi, un prétexte, moi, de t'attirer, à Chatou et de te dire : « Esther, j'étais un imbécile. Pardonne-moi. Expédions cette petite à Hollywood où elle sera mille fois plus heureuse. Finissons notre vie tous les deux. »

ESTHER. — Seulement, voilà, je suis amoureuse.

FLORENT. — Voilà...

ESTHER. — Et tu ne m'as même pas demandé de qui j'étais amoureuse ?

FLORENT. — Non, Esther... Je ne tiens pas à le savoir. Je l'avoue... Non... Le vague est supportable... Ce qui n'est pas supportable, c'est de donner un contour à son mal... de nommer son mal...

ESTHER. — Le contraire peut se défendre. Il arrive qu'on souffre du vague, qu'on aime préciser son mal, toucher son mal... se dire : j'ai pris mal à telle date. Je souffre là.

FLORENT. — Esther... Ce doit être un jeune homme...

ESTHER. — Un homme jeune.

FLORENT. — Oui. Eh bien... Esther... ce qui m'étonne, vois-tu, c'est que mon erreur ne te serve pas de leçon...

ESTHER. — Ton erreur ?

FLORENT. — Ne jouons pas sur les mots. Liane est l'erreur de ma vie. Et je m'étonne de te voir tomber dans une erreur pareille... dans une erreur aussi grosse.

ESTHER. — Tu as mis tout de même quelque
temps à comprendre que Liane était une erreur...

FLORENT. — Tu te trompes. Je le savais dès la
première minute. Mais notre bonheur à nous avait
quelque chose d'invisible à force d'être sans ombre.
Je ne le constatais plus. J'y glissais. Cette petite
folle apportait du relief, de l'accidentel, du neuf, des
ombres. Et tu me poussais, tu me chauffais, tu
t'obstinais à provoquer le malheur...

ESTHER. — Un homme fidèle peut avoir la maladie, comme les chiens. Le mensonge de Liane, le
mensonge de la loge m'a ouvert les yeux. En une
seconde j'ai deviné ce qui nous menaçait et que ce
serait inévitable. Alors je me suis dit que, crise pour
crise, je préférais la provoquer vite, cette crise,
souffrir vite et profiter vite de ta guérison.

FLORENT. — Et tu veux, toi aussi, passer ta
crise...

ESTHER. — Il y a des chiens qui n'ont pas la
maladie... Peut-être ne suis-je pas un chien de race.

FLORENT. — Si tu n'es pas un chien de race, qui
le serait ?

ESTHER. — Rachel et Réjane étaient des chiens
perdus.

FLORENT. — Et ce jeune homme... t'aime ?

ESTHER. — J'ai la faiblesse de le croire.

FLORENT. — Quand je pense que nous tenions le
bonheur, que nous avions gagné le gros lot... et
que nous nous sommes laissé endormir par l'habitude qui efface tout avec sa gomme. Il fallait constater chaque minute : Quelle chance... Quelle chance...
Quelle chance ! Esther aime Florent, Florent aime
Esther... Le public les aime... Mais voilà... un prodige qui se prolonge cesse d'être un prodige... Qu'un
prodige dure et l'homme imbécile ne s'en émerveille
plus et le trouve normal... Comment mon escapade

ne t'ouvre-t-elle pas les yeux... ne t'aveugle-t-elle
pas ? Ne te découvre-t-elle pas un avenir lugubre, un
avenir de risques et de déboires ?

Esther. — Il est possible qu'elle m'ouvre les
yeux... qu'elle me les ait ouverts.

Florent. — Et malgré cela tu veux ta crise. Tu
veux m'imiter, perdre ton temps et faire de la
peine...

Esther. — Si on pensait à la peine des autres...

Florent. — Tu as le triomphe facile, Esther... ta
crise sera courte comme la mienne. C'est un tunnel.
Donne-moi la chance de t'attendre au bout.

Esther. — Florent, je crains, je te le répète; que
ma crise à moi n'en soit pas une et qu'elle soit longue — très, très longue... interminable.

Florent. — Est-ce possible... Je ne te reconnais
plus...

Esther. — Tant mieux. Florent. Tu me vois. Tu
ne me voyais plus à cause de l'habitude. Je change
mes habitudes, tu changes les tiennes et tu me vois.

Florent. — Je donnerais tout l'or du monde pour
que tu ne disparaisses plus... Pour ne plus cesser
de te voir.

Esther. — Je connais un moyen.

Florent. — Esther !... lequel ?

Esther. — Un moyen magique. Je ne plaisante
pas. Quelque chose comme le Sésame du conte.

Florent. — Vite, vite... dis-le ?

Esther. — Il est très simple, ce moyen, simple
comme les miracles...

Florent. — Je me soumettrais à n'importe quelle
épreuve...

Esther. — Ferme les yeux et demande-moi qui est
l'homme que j'aime.

Florent. — Esther... Esther...

Esther. — Allons... Demande.

FLORENT, *les yeux fermés.* — Esther. Qui est l'homme que tu aimes?

ESTHER, *riant doucement.* — Mais c'est toi, espèce d'idiot.

FLORENT. — Répète-le!...

ESTHER. — Je t'aime. Le bonheur est une longue patience... Et puis, avant, je t'aimais mal, je t'embellissais, dans le mauvais sens du terme. Je t'aimais, retouché par les photographes.

FLORENT. — C'est injuste! Je ne mérite pas une chance pareille. Je méritais de croire...

ESTHER. — Tu aurais été aussi ridicule de croire que j'étais amoureuse d'un autre que j'ai été imbécile de croire cette petite le premier soir.

FLORENT. — Esther, j'organise le voyage de Liane à Hollywood, je lui offre une réclame à tout casser, je quitte la Comédie-Française et nous jouons ensemble...

ESTHER. — Ça non. (*Elle l'imite au premier acte.*) Tu fonces... tu fonces... Reste à ta place et moi à la mienne. Après notre mort, nous demanderons à Shakespeare de nous faire une pièce, et nous la jouerons ensemble.

FLORENT. — Je rêve, pour sûr.

ESTHER. — Tu rêvais. Tu te réveilles.

FLORENT. — Et Liane? Comment lui apprendre... Elle est féroce.

ESTHER. — Je m'en charge.

FLORENT. — Toi? Je te connais...

ESTHER. — Je ne ferais pas de mal à une mouche, mais ce n'est pas une mouche. Ta vie est en jeu.

> *La porte du haut de l'escalier s'ouvre.*
> *Paraît Liane.*

SCÈNE VI

Les Mêmes, LIANE

LIANE. — Alors ?

ESTHER. — J'ai réussi. Vous irez à Hollywood.

LIANE, *folle de joie.* — Non ?

ESTHER, *à sec.* — Vous irez, ma petite Liane.
Mais vous irez seule.

LIANE. — Vous dites ?

> *Elle est en bas, stoppe et marche sur*
> *Esther.*

ESTHER. — Je dis que Florent accepte de vous
envoyer à Hollywood et qu'il reste. Il reste avec
moi. Il épouse sa femme. Nous sommes trop âgés
pour découvrir l'Amérique.

LIANE. — Florent, c'est vrai ?

FLORENT. — C'est vrai. Il y avait maldonne. Ce
sont nos vanités de comédiens qui vivaient ensemble.
Pas nous. Sois tranquille, j'organiserai ton voyage.

LIANE. — Et je vous croyais loyale.

ESTHER. — J'ai beaucoup appris.

LIANE. — C'est ton dernier mot, Florent ?

FLORENT. — C'est mon dernier mot. Tu pars. Je
reste.

LIANE, *elle court vers l'escalier et, sur les pre-*
mières marches se retourne. Elle le montera à recu-
lons en parlant jusqu'à la porte. — Parfait. Aucune
solution ne pouvait m'arranger mieux. Je vous souhaite bonne chance. Le cabot retourne au cabot.

Ténor et Prima Donna. C'est logique. Je respire. Allez terminer votre vie à Pont-aux-Dames. En Europe on étouffe. Il me fallait du neuf, de l'espace, de l'air, du soleil.

Esther. — Des sunlights...

Liane. — Merde.

> *Elle disparaît et claque la porte.*
> *Long silence.*

SCÈNE VII

ESTHER, FLORENT

Esther. — Eh bien... si c'est le genre de Hollywood, je te félicite de ne pas t'y rendre.

Florent. — Esther. Laisse-la courir. C'est toi, toi, toi. Je te regagne. (*Il la presse contre lui.*) Et ce couteau, ce sale couteau, il n'existe plus ?

Esther. — Il y a des gens qui vivent avec une balle dans le cœur. Il existe, ce sale couteau, mon chéri. Il existe, mais il s'est ossifié à la longue. Il fait corps avec moi. C'est à peine si je le sens. C'est presque agréable. Jadis je ne pensais jamais que j'avais un cœur. Je trouvais tout naturel d'avoir un cœur et je n'y pensais pas. Grâce à ce couteau, j'y pense. C'est très doux.

Florent. — Je ne te lâche plus.

Esther. — Je ne suis pas folle. Loulou attendait dans la voiture, dehors, avec mes malles.

Florent. — Extra-lucide ! Tireuse de cartes ! Sorcière !

ESTHER. — Parce que, Florent, je ne me serais jamais dérangée sur un simple signe d'elle, et je n'aurais pas risqué le coup des malles, si je n'avais eu, moi, une raison puissante de te voir.

FLORENT. — Laquelle ?

ESTHER. — Une dépêche de Jeannot. Une dépêche d'Ecosse. (*Elle la tire de son sac et la lui tend.*) Lis.

FLORENT, *après avoir lu.* — Un petit-fils !

ESTHER. — Nous sommes mûrs pour jouer PELLÉAS ET MÉLISANDE...

FLORENT, *il la contemple.* — Une grand'mère... toi !

> Elle rit. A ce moment la voix de
> Charlotte de Cauville éclate en coulisse.

VOIX DE CHARLOTTE. — Houhou ! Flo-rent... Li-ane... Li-ane... Lia-non !

SCÈNE VIII

LES MÊMES, CHARLOTTE

CHARLOTTE. — Vous êtes-là ? Cette neige m'aveugle. Liane, Florent, je passais en auto. Je me suis dit... (*Elle voit le couple et s'arrête net.*) Esther !

ESTHER. — Moi, Charlotte, moi-même. J'épouse mon mari.

CHARLOTTE. — En voilà une nouvelle ! Et... l'autre ?...

ESTHER. — L'autre fait ses malles pour l'Amérique.

CHARLOTTE. — Eh bien...

FLORENT. — Asseyez-vous...

CHARLOTTE. — Non. Parce que cette fois, Esther, vous n'y couperez pas.

ESTHER, *sans comprendre.* — Je n'y couperai pas... ?

CHARLOTTE. — A maman ! Je vous la présente ! Elle est dans la voiture. Je la cherche !

FLORENT. — Mais il neige... Je vous accompagne...

CHARLOTTE. — Inutile. Esther réfléchirait ! Je vous l'amène !

ESTHER, *criant.* — Amenez-la vite. Bravo ! Vite ! Au contraire... Je vous le demande...

Charlotte se sauve par la porte du jardin.

FLORENT. — Quelle scie.

ESTHER. — Non. Non. Tu vas voir. (*Il veut parler, elle met sa main sur sa bouche.*) Laisse. J'insiste. C'est une expérience...

ESTHER. — Une expérience ?

ESTHER. — Et après, je t'enlève. Nous partons demain pour l'Ecosse.

Entrent, très empêtrées, à cause de la neige, Charlotte de Cauville et une très vieille dame en noir.

CHARLOTTE, *radieuse.* — Maman, je te présente nos chères étoiles.

La vieille dame se trouve de dos, à droite au premier plan.

ESTHER, *pendant que Florent s'incline, hurle pour se faire entendre.* — Madame. Il faut que j'annonce tout de suite à la maman de Charlotte une bonne nouvelle qui lui fera plaisir. Je suis grand'mère.

La vieille dame, saisie, hausse les épaules de toutes ses forces et hoche la tête comme si elle disait : non, non, non.

FLORENT, *à Esther.* — Tu vois, Esther, Madame

ne veut pas le croire. Je disais à Esther, il y a une minute...

> *Il est interrompu par le fou rire d'Esther. Le fou rire d'Esther gagne Charlotte. Le fou rire de Charlotte gagne la vieille dame qui rit comme une folle en haussant les épaules, Florent, sans rien comprendre, éclate de rire. Loulou entre, par le jardin, avec des valises. Elle les pose et rit avec les autres. Le rire fou d'Esther et de Florent domine. C'est la détente d'une farce de théâtre après cinq mois d'énervement.*

Rideau.

LA MACHINE A ÉCRIRE

Pièce en trois actes

à *ALBERT WILLEMETZ*

PRÉFACE

Lorsque nous arrivâmes au théâtre, le théâtre dit « du Boulevard » achevait sa courbe. Il fallait donc passer à d'autres exercices. Nous les fîmes. ANTIGONE, ROMÉO ET JULIETTE, ORPHÉE, LE BŒUF SUR LE TOIT, PARADE, LES MARIÉS DE LA TOUR EIFFEL, LA MACHINE INFERNALE, LES CHEVALIERS DE LA TABLE RONDE *en témoignent.*

Aujourd'hui, c'est notre effort de contradiction qui commence sa fin de courbe. Car la nouveauté, selon le mot de Strawinsky, ne saurait être que la recherche d'une place fraîche sur l'oreiller. *La place fraîche se réchauffe vite et la place chaude retrouve sa fraîcheur.*

Racine, Corneille, Molière, furent les auteurs du Boulevard de l'époque. Ne vous y trompez pas : Boulevard veut dire gros public. C'est au gros public que le théâtre s'adresse.

Le gros public se compose d'innombrables unités, lesquelles, prises à part et une à une, n'agissant plus coude à coude, ne subissant plus un phénomène d'hypnose collective, ne représentent pas le public.

En bloc, le public est, à peu près, un enfant de douze ans qu'il est bien difficile d'intéresser et qu'on ne dompte que par le rire et par les larmes.

Le problème du théâtre consiste, comme me le

confiait Charlie Chaplin, à créer un malentendu : *Ne renoncer à aucune de nos prérogatives, et atteindre cette masse mystérieuse.*

Puissé-je retrouver l'équilibre perdu entre la salle et la scène, écrire de grosses pièces subtiles et tenter les grands acteurs avec de grands rôles.

En écrivant LES PARENTS TERRIBLES, j'écrivais une tragédie, mais j'atteignais la masse par une attaque contre les désordres d'une bourgeoisie décadente.

Avec LA MACHINE A ÉCRIRE, une fausse intrigue policière me permet de peindre la terrible province féodale d'avant la débâcle, province dont les vices et l'hypocrisie poussent les uns à se défendre mal, les autres (la jeunesse romanesque) à devenir mythomanes.

LA MACHINE A ÉCRIRE est de tous mes ouvrages celui qui m'a donné le plus de travail. Douze fois, j'ai dû dénouer et renouer le fil de l'intrigue. Albert Willemetz m'a donné le moyen de dénouer le dernier nœud. C'est pourquoi je lui demande d'accepter une dédicace reconnaissante.

JEAN COCTEAU.

15 janvier 1941.

LA MACHINE A ÉCRIRE

a été représentée pour la première fois au Théâtre Hébertot, *le 29 avril* 1941.

PERSONNAGES

FRED, 50 ans	Jacques Baumer
DIDIER, 46 ans	Louis Salou
PASCAL ⎰ 23 ans	Jean Marais
MAXIME ⎱	
SOLANGE, 43 ans	Gabrielle Dorziat
MARGOT, 28 ans	Michèle Alfa
LA DEMOISELLE DES POSTES, 24 ans	Jandeline

Décors de Jean Marais.

ACTE I

*Un salon dans le petit hôtel de Didier. Un salon cossu et
provincial. Porte au fond donnant sur l'escalier qui monte
du rez-de-chaussée. Porte à gauche. Porte de la chambre de
Fred. A droite, cheminée. Au fond, à droite, petite porte qui
ouvre sur l'escalier à pic de l'atelier. Devant la cheminée,
fauteuils, chaises, table, sur laquelle on voit les cartes d'une
réussite. Bibliothèque. Tapis. Feu.*

SCÈNE I

MARGOT *seule, puis* DIDIER *et* FRED

*Margot est seule en scène, en costume de gym-
nastique. Elle est étendue par terre, au milieu du
salon, et fait des exercices. Au lieu de compter, elle
crie à tue-tête :*

MARGOT. — Voyous ! Cochons ! Crétins ! Saligauds ! Imbéciles ! Voyous ! Cochons ! Crétins ! Sa-

ligauds ! Imbéciles ! Voyous ! Cochons ! Crétins !
Saligauds ! Imbéciles !

                                          ad libit.
          *La porte du fond s'entr'ouvre. Mur-
          mure de voix.*

Qui est là ? On n'entre pas ! On n'entre pas ! Qui
est-ce ?

Voix de Didier. — C'est nous.

Margot. — Qui nous ?

Voix de Didier. — Moi, Didier !

Margot. — Avec qui es-tu ? Avec l'oncle Fred ?

Voix de Didier. — C'est Fred et moi. Qu'est-ce
que tu fais ?

Margot. — Je fais ma culture physique. C'est le
seul tapis de la maison.

          *La porte du fond s'ouvre. Entrent
          Didier et Fred.*

Fred. — Je vous écoute, chère Madame.

Margot, *criant.* — Voyous ! Crétins ! Cochons !
Saligauds ! Imbéciles ! Je déteste faire mes exercices. Cette manière de compter me donne du cœur !

Didier. — Tu es folle. Il suffirait que la femme
de ménage t'entende...

Margot. — Mais elle ne m'entendra pas. Il est
même peu probable qu'elle remette les pieds chez
nous.

          *Fred s'installe à la table et continue
          la réussite.*

Didier. — Qu'est-ce que tu racontes ?

Margot. — La vérité. Je lui ai cassé la figure
d'un seul coup de porte.

Fred. — Diable !

Didier. — Qu'est-ce que c'est encore que cette
histoire ?

Margot. — Je déteste qu'on m'espionne. Cet
après-midi, je tapais mon drame, j'ai senti qu'on

écoutait à *ma* porte, qu'on essayait de surprendre *mes* mystères...

FRED. — Dans cette ville, tout ce qui tape à la machine est suspect, méfiez-vous !

MARGOT. — J'ai bien pris mon temps... et, comme par chance, cette porte s'ouvre à l'extérieur, j'ai donné un coup de porte à tuer un bœuf.

DIDIER. — Mais, ma pauvre Margot, est-ce que tu te rends compte de l'imprudence que tu as commise ? Fred te l'a dit... dans une ville où tout le monde est suspect...

MARGOT. — Ce coup de porte me soulageait.

J'oubliais le plus drôle ! Quelquefois, pour travailler, là-haut, je mets les vieux costumes de théâtre de Judith. Si vous aviez vu la tête de la victime !

DIDIER. — Je t'ai répété cent fois qu'il m'était très pénible qu'on touche à ces costumes.

MARGOT. — Tu préférerais les laisser manger aux mites, et pendus dans l'atelier comme les femmes de Barbe-Bleue...

DIDIER. — Judith soignait ses vieux costumes. Elle nous les cachait et je la laissais dans cet atelier avec ses souvenirs. Cet atelier, ces costumes, c'est Judith pour moi. J'ai déjà été très lâche de te permettre d'y vivre.

MARGOT. — Eh ! bien, moi, j'estime que c'est une chance que j'y vive, et que j'aime y vivre. Je respecte autant que vous la mémoire de Judith, mais jamais je n'admettrai le deuil de province. Ce deuil qui empaille les morts, qui ajoute de la mort à la mort. Moi, je suis sûre que Judith serait heureuse que je fasse vivre ses robes et son atelier. Elle n'aimait que s'y cacher avec ses souvenirs de théâtre ! Elle n'aimait que ses souvenirs de théâtre ! Et moi, j'écris des drames, et je les récite, et j'empêche cet **atelier de mourir** comme elle, de mourir d'ennui !

Didier. — Margot, je ne permettrai pas...

Margot. — Didier, tu es un amour quand tu te fâches ! Fâche-toi encore...

Didier. — Elle est impossible !

Margot. — Soyons impossibles, oncle Fred, soyons impossibles ! Et tâchons de convertir Didier à l'anarchie !

Fred. — D'accord. Vivent les scandales, les pieds dans le plat. Il n'y a rien de tel pour changer l'air.

Margot. — Bravo, oncle Fred !

Didier. — Dans une minute, vous allez me dire que le scandale des lettres anonymes nous tombe du ciel, que cette ville étouffait sous le convenable et n'attendait qu'un scandale pour casser les vitres et changer d'air.

Fred. — Pourquoi pas ?

Margot. — Je monte. Je vous laisse. Pascal est revenu ?

Didier. — Non.

Margot. — Quel serin. Sa première sortie après cinq semaines de chambre. Il n'y a rien de plus long qu'une otite. Pourquoi n'a-t-il pas dîné en bas ?

Didier. — Pour sa première petite fête, je suppose que la cuisine de nounou ne le tentait pas.

Margot. — Ne me demandez pas de faire la cuisine, par exemple ! A tout à l'heure. Je n'apparaîtrai plus qu'en costume de Lucrèce Borgia : « Messeigneurs, vous êtes tous empoisonnés ! » C'est ce qui arriverait si j'avais à faire la cuisine. (*Elle sort par la petite porte de l'escalier et revient dans le cadre de la porte, en haut des marches.*) Oncle Fred !

Fred. — Quoi encore, poison ?

Margot. — Je vous ai-me.

Elle disparaît.

SCÈNE II

DIDIER, FRED

Fred. — Et voilà. Je plais aux femmes.

Didier. — Je ne sais pas si tu plais aux femmes, mais tu as ensorcelé ces deux-là.

Fred. — Quels deux-là ?

Didier. — Margot et Pascal. Ils ne jurent plus que par toi, eux qui détestent tout le monde. Tu n'as eu qu'à paraître. Ça n'a pas été long.

Fred. — Et toi ?

Didier. — Qu'est-ce que tu veux dire ?

Fred. — Je veux dire : et toi, est-ce que je t'ai aussi ensorcelé ?

Didier. — Oh ! moi, c'était chose faite. Je t'aime, Fred, tu es mon plus vieil ami. Tu m'avais ensorcelé au collège, et je me demande comment j'ai pu vivre des années et des années sans te voir.

Fred. — Je n'habitais pas en France, Didier. Je pensais souvent à toi.

Didier. — Et tu ne m'as jamais écrit une ligne. Je te croyais mort.

Fred. — Je déteste écrire. Pour le service, je me force à écrire. Je suis désordre.

Didier. — Désordre !...

Fred. — Oui, désordre. J'aime ces enfants, parce qu'ils sont maladroits, gaffeurs, insupportables. Je t'aime parce que ta routine est un vernis sous lequel tu es resté enfant comme eux.

Didier. — Permets... permets...

Fred. — Ce « permets... permets » est encore
une routine. Tiens, je t'adore. Et c'est parce que je
t'adore, parce que j'adore ta petite famille, parce
que cette affaire de lettres anonymes sera ma dernière affaire, parce que je me frotte les mains d'envoyer ma démission après et de devenir ton associé,
parce que je me félicite de vivre dans cette ville
comme un des vôtres, que je dois en finir de jouer
cette comédie honteuse.

Didier. — Fred, je t'en conjure, ne parle pas.

Fred. — Je parlerai !

Didier. — Tu es complètement fou !

Fred. — Il est possible que je sois fou, mais je
ne suis pas ignoble. Or, il est ignoble de prolonger
cette comédie et de tromper les gosses qui m'aiment
et qui ne se doutent de rien.

Didier. — Te rends-tu compte de ce qui va se
passer ? Tu les connais. Tout est en volte-face. Et
ils n'admettent aucune nuance. Un criminel a toujours raison. La police a toujours tort. Ils ne ver-
ront qu'une seule chose : Police. Tu seras « *la Police* », et toute ma chance de t'avoir vu réappa-
raître, tous nos projets d'avenir tomberont à l'eau.

Fred. — Mais, je suis la Police... mon brave Didier.

Didier, *ému.* — On t'a renvoyé de Chine, parce
que tu avais le cœur trop tendre.

Fred. — Et voilà ! Je voulais quitter une carrière
où j'étais entré par hasard, par goût de l'aventure.
J'allais tirer ma révérence, lorsque cette sale affaire
de lettres anonymes éclate. Quai des Orfèvres, on
me demande si je veux la prendre en main. C'était
une espèce d'exil. Là-dessus, je me rappelle que tu
habites en province, sur les lieux. Tu me loges. Je
passe pour le vieil ami d'enfance, l'oncle de Chine,
l'oncle Fred... Je m'attache à vous, Margot et Pas-

cal m'adoptent et... tu voudrais que je ne les avertisse pas, que je m'enfonce de plus en plus dans ce
pétrin ? Non, mon vieux. Non, non. Ne me le demande pas.

Didier. — C'est fait, c'est fait ! Qu'est-ce que cela
te coûte d'attendre ? De te démasquer une fois l'affaire finie, quand tu auras découvert le criminel ?

Fred. — Si je le découvre !... Chaque jour rend
mon rôle plus difficile et l'aveu plus pénible.

Didier. — Ne parle pas encore, je t'en conjure.

Fred. — Pourquoi tarder ?

Didier. — Parce que Fred... il risque d'arriver de
l'imprévu, quelque chose qui te démasque à ton
avantage. Tandis que là... c'est courir au-devant
d'une catastrophe. Tu les connais mal ; ils ne se
sentent à l'aise que dans l'extravagance. A froid,
ton aveu produira un effet sinistre. Depuis que tu
habites chez nous, il me semble que je rêve. Tout
est simple, facile, agréable. C'est moi qui fais la
bonne affaire, Fred, en te priant d'être mon associé.
Ne dérange pas ce rêve. Je te demande cette preuve
d'amitié.

Fred. — Puisqu'il faut, tôt ou tard... j'estime...

Didier. — N'oublions pas que Margot a été prise
par ma femme, avant de me connaître, à l'Assistance publique. Si elle était une fille de criminels ?
Si ses révoltes, sa haine de la police, lui venaient
d'atavisme, étaient irréductibles ? Quant à Pascal,
il est amoureux fou de Margot, et elle le mène par
le bout du nez. Alors, prends garde.

Fred. — Soit. Mais laisse-moi libre de choisir le
moment de sortir d'un rôle qui me convenait tant
que ta maison était une maison quelconque, et qui
me révolte depuis qu'elle est devenue ma maison.

Didier. — A ton aise. Le plus tard sera le mieux.

Fred. — Si cette maudite enquête pouvait aboutir.

Didier. — Y a-t-il du neuf ?

Fred. — Bien sûr qu'il y a du neuf... Il y a toujours du neuf... Trop de neuf, beaucoup trop de neuf...

Didier. — Peut-on savoir ?

Fred. — Non, Didier ; même avec toi, je déteste parler de mon travail.

Didier. — Sale affaire !

Fred. — Sale affaire. Très, très sale affaire.

On entend une porte qui claque.

Didier. — Voilà Pascal !

SCÈNE III

Les Mêmes, *plus* PASCAL

Fred continue sa réussite. Didier s'écarte vers la cheminée, la porte s'ouvre. Pascal entre. Il est pâle.

Pascal. — Bonsoir ! Tu permets ? (*Il s'effondre dans un fauteuil.*) Je suis éreinté.

Didier. — Tu es resté dehors beaucoup trop longtemps pour une première sortie du soir.

Pascal. — Je voulais me rendre compte.

Didier. — De quoi ?

Pascal. — De l'atmosphère charmante de notre ville. C'est honteux !

Didier. — Qu'est-ce qui est honteux ?

Pascal. — La police. Il est honteux que la police ne fasse rien et laisse une ville dans un état pareil !...

DIDIER, *le rappelant à l'ordre.* — Pascal !

PASCAL, *étonné.* — Qu'est-ce que tu as ? On dirait que je fais une gaffe... Personne de nous n'est de la police que je sache, Dieu merci !

DIDIER. — Tu parles de la police sans la connaître. Tu es resté cinq semaines à la chambre, tu sors, et...

PASCAL. — Et je constate que la police, au lieu de se remuer, de chercher, d'envoyer sur place des personnes compétentes, laisse une ville croupir dans la boue et dans la terreur.

DIDIER. — Mais...

FRED. — Pascal a raison.

PASCAL. — Tu vois ! Je ne suis pas le seul.

DIDIER. — La police ne te consulte pas, mon bonhomme. Elle ne travaille pas au grand jour.

PASCAL. — Elle est grotesque. Elle se couvre de ridicule.

FRED. — Exact. (*Il pose des cartes.*) Dame. Dame. Valet. Roi.

DIDIER. — Les journaux de ce matin parlaient d'une nouvelle piste et laissaient prévoir un coup de théâtre...

FRED. — Huit de cœur.

PASCAL. — Les journaux se repaissent de notre boue. Tous les matins, tous les soirs, en première page, ils mettent le lecteur en haleine, et il n'y a pas de raison pour que cela cesse. J'ai dîné au Cercle...

FRED. — Au Cercle ?

PASCAL. — Oh ! bien sûr, notre Cercle n'a rien à voir avec le Jockey-Club ! Oncle Fred, ne m'écrasez pas sous votre supériorité parisienne. Notre Cercle, c'est le café du Commerce...

FRED. — Bon, bon...

PASCAL. — On ne m'a même pas demandé de mes nouvelles. On ne s'est même pas aperçu que je re-

venais après cinq semaines d'absence, que j'avais
évité la mastoïdite, la méningite, que j'avais failli
mourir. Nous étions cinq en tout et pour tout et la
caissière en larmes...

Fred. — Pourquoi la caissière était-elle en larmes ?...

Pascal. — A cause du suicide du colonel...

Fred. — Ce colonel était une vieille canaille...

Pascal. — C'était un très bon joueur d'échecs et
un joueur de billard de premier ordre. Et c'est la
dernière victime, le dernier mort. On attend les
autres. Chacun se demande si c'est soi. Il est inadmissible que, sous prétexte qu'un inconnu décide,
tout d'un coup, d'inonder une ville de lettres anonymes, de brouiller les uns et de pousser les autres
au suicide, les journaux ne parlent plus d'autre
chose, n'hésitent pas à raconter en détail les moindres secrets des familles, et, sous prétexte de mystère et de découvertes sensationnelles, fassent le jeu
d'une police impuissante.

Fred. — Impuissante est le mot.

Il pose une carte.

Didier. — Pascal, laisse donc Fred faire sa réussite. Pourquoi veux-tu que la police l'intéresse? Et
toi, tu ferais mieux de te coucher. Tu as les yeux
jaunes et une mine de chien.

Pascal. — Oui, une mine de chien, et un carac-
tère de chien. Ce doit être la bile...

Didier. — Veux-tu que j'appelle Margot?

Fred. — Montez la surprendre...

Pascal. — Monter surprendre Margot? Cher
oncle Fred ! Comme vous y allez ! On voit que vous
ne connaissez pas encore les usages. Margot m'a
soigné comme un ange parce qu'il lui plaisait de
jouer un rôle d'ange. Monter dans son domaine est
une autre histoire. Du reste, je n'y tiens pas. Je détesterais me sentir dans cet atelier où ma pauvre

maman rangeait et essayait ses vieux costumes. Chaque fois que je traverse le rez-de-chaussée, je me dépêche et je fais un détour. J'évite de passer devant la chambre de maman.

FRED. -- Eh ! bien, voyez-vous, Pascal, là, je ne partage pas votre manière de voir et je trouve celle de Margot plus compréhensible. Je déteste la mort morte. J'aime la mort vivante. J'aime les fantômes. J'aime être hanté par eux.

PASCAL. — Chacun son système. Papa et moi, nous détestons les fantômes et déranger les ombres. Du reste c'est peut-être que Margot n'est pas la fille de maman. Si elle était sa fille au lieu de n'être que sa fille adoptive, sans doute aurait-elle le même malaise que nous, à entrer dans les chambres où maman vivait et où elle est morte.

FRED. — Possible.

DIDIER. — Elle m'avait dit de la prévenir de ton retour. Je vais...

Il se dirige vers la petite porte.

PASCAL. — Une seconde... Papa... J'ai à te parler.

FRED. — Je vous laisse.

PASCAL. — Non, non, oncle Fred. Vous n'êtes pas de trop, au contraire. Il faut que je parle à papa et que je vous parle.

FRED. — Tu ne me dis pas cela par politesse...

PASCAL. — Je ne dis jamais rien par politesse. Non. Je serais très heureux de n'avoir aucun secret pour vous.

FRED, *gêné*. — C'est que...

DIDIER. — Reste. Continue ta réussite. Alors, Pascal ?

PASCAL. — Ce soir, avant d'aller au Cercle (*il se reprend*), au Commerce... je suis entré à la Poste. Écoute bien. Et la demoiselle des Postes m'a dit :

« Bonjour, monsieur Pascal. Vous avez moins bonne mine que samedi dernier. » C'est tout.

FRED, *pose des cartes.* — Valet de trèfle, sept de cœur.

DIDIER. — Je ne comprends pas...

PASCAL. — Tu ne comprends pas. Sur le moment, je n'ai pas compris non plus. C'est après...

FRED, *d'une voix très douce.* — La ressemblance entre vous est si parfaite ?

DIDIER. — La ressemblance...

PASCAL. — Nous sommes jumeaux, oncle Fred. On peut me prendre pour Maxime, et prendre Maxime pour moi.

DIDIER. — Nom de nom !...

PASCAL. — Il est vrai, a-t-elle ajouté — la demoiselle des Postes — que, samedi dernier, vous portiez un chapeau...

FRED. — Un chapeau ?

PASCAL. — Maxime sort de Calvi. Je suppose qu'il doit avoir les cheveux rasés et qu'il les cache.

DIDIER. — Maxime serait ici ?

PASCAL. — Sans aucun doute.

DIDIER. — Mais qu'est-ce que Maxime peut bien faire dans cette ville ?

PASCAL. — Je me le demande. Le fait est là.

FRED. — Depuis combien de temps étiez-vous sans nouvelles ?

DIDIER. — J'ai su que Maxime avait purgé sa peine et qu'il était libre. Je ne savais rien d'autre.

FRED. — Il a peut-être essayé de se rapprocher de vous.

DIDIER. — Impossible. Maxime me connaît. Ce qui est dit est dit. Il sait qu'il n'a rien à attendre. Rien. Il ne remettra jamais les pieds chez moi.

PASCAL. — Tu ne peux t'imaginer mon malaise au Cercle. Ces lumières éteintes ou basses. Ces ombres muettes. Ces journaux lus en silence. Cette caissière en larmes et l'idée de cette ville morte, de cette ville en état de siège, avec ses rues vides et ses volets fermés, où Maxime rôde et prépare peut-être un mauvais coup. Ça me coupe les jambes.

Didier. — Mais qu'est-ce que Maxime peut bien faire dans cette ville ? Qu'est-ce qu'il peut bien faire dans cette ville ?

Fred. — Attendez. Vous aurez probablement de ses nouvelles. Vous allez prévenir Margot.

Pascal, *vivement*. — Non ! C'est pourquoi j'ai voulu vous parler seuls et sans que Margot s'en doute.

Fred. — Pourquoi ne pas prévenir Margot ?

Pascal. — Parce que.

Fred. — Très bien... très bien. Cinq de pique. Valet de carreau.

Didier. — Mais qu'est-ce que Maxime peut avoir à faire dans cette ville ? Je me le demande.

Fred. — Tu as tort de ne pas te mettre aux réussites. C'est indispensable de se calmer les nerfs dans une ville en proie au démon.

Didier. — Le fait est que le moyen âge aurait exorcisé cette pauvre ville ! Quelle horreur ! Tout était si en ordre... tout marchait si bien !

Pascal. — Ça, papa !...

Fred. — Exact, Pascal. Tout ne marchait pas si bien. Encore une phrase de routine. Permets-moi de te dire, mon cher Didier, que cette ville méritait, en quelque sorte, le feu du ciel. Prenons un exemple. Le tien. Tu épouses une femme qui renonce pour te suivre en province, au théâtre et à la gloire. Une. Toute la ville te tourne le dos parce que ta femme est une ancienne actrice. Elle t'apporte une petite fille de l'Assistance publique, adoptée par elle avant ta rencontre, et elle te donne des jumeaux. Deux. Ta femme meurt de tuberculose. Tu es un riche industriel. La ville te fait des grâces. Mais elle garde

ses distances avec Margot. Pensez donc ! On ne sait
pas d'où elle sort. Didier ! Didier ! Ces méchantes
petites villes méritent les pluies de sauterelles ou de
lettres anonymes qui les dévastent, et le mystérieux
criminel qui signe « La Machine à écrire » possède
jusqu'à nouvel ordre, toute ma sympathie.

PASCAL. — Ce qui n'empêche pas la police d'être
au-dessous de tout !

FRED. — Ce qui n'empêche pas la police d'être
au-dessous de tout, et ce qui n'empêche pas qu'il
faudrait mettre la main dessus au plus vite. Je ne
veux pas dire que j'approuve les méthodes de notre
criminel. Mais il fait souvent figure de justicier.

DIDIER. — Attendons notre tour et nous jugerons.

PASCAL. — Et la présence de Maxime fournira
des armes au scandale...

FRED. — Quel scandale ? Observez la méthode du
criminel. Ruines, brouilles, suicides. Où travaille-
t-il ? Dans les familles qui cachent une tare ou un
explosif. Tu n'as rien à craindre, mon cher Didier.
Pour que la « Machine à écrire » se mette au travail, il lui faut un prétexte. Or, tout le monde sait
tes histoires, tout le monde sait que Maxime s'est
engagé dans la marine, et qu'il a été pincé par
erreur pendant la mutinerie de l'*Ernest-Renan*.

PASCAL. — Par erreur !... enfin...

FRED. — Tu peux dormir tranquille. La « Machine à écrire » ne s'occupe que de ce que tout le
monde ne sait pas.

DIDIER. — Tout le monde ne sait pas que Maxime
est en ville.

FRED. — Je te l'accorde. Et c'est pourquoi nous
allons essayer d'en apprendre plus long.

> *Par la petite porte, Margot paraît.*
> *Elle a une robe de théâtre de Lucrèce*
> *Borgia. Pascal ne l'a pas vue.*

SCÈNE IV

Les Mêmes, *plus* MARGOT

MARGOT, *debout sur les marches.* — Messeigneurs, vous êtes tous... (*Cri de Pascal.*) Eh ! bien,
Pascal !

PASCAL. — Idiote ! Tu m'as fait peur...

MARGOT. — Ma plaisanterie était bien innocente.
Tu n'es guère solide encore !

PASCAL. — Naturellement. Pour ma première
sortie, j'ai dîné au Cercle. C'était lugubre et il ne
faisait pas chaud. J'ai la fièvre !

MARGOT. — C'est bien fait. Je t'avais dit de ne
pas sortir le soir. Mais Monsieur va au Cercle ! On
devait y porter le deuil du colonel ?

PASCAL. — Juste.

MARGOT. — Les imbéciles. Et je soigne Monsieur,
et Monsieur va au café du Commerce pleurer le
colonel ! Tu peux crever ma vieille. Ce n'est pas
moi qui suivrai ton enterrement !

FRED. — Vous êtes superbe, Margot, en Lucrèce
Borgia !

MARGOT. — Si vous croyez que Pascal me regarde. Pascal s'écoute...

PASCAL. — Moi, je m'écoute ?

MARGOT. — Est-ce que tu me regardes ?

PASCAL. — Franchement, Margot, tu le sais, je
n'aime pas que tu te déguises avec les costumes de
maman.

DIDIER. — Je ne le lui fais pas dire.

Margot. — Vous adoptez le style deuil. Le style ville en deuil. Vous confondez le deuil de Judith et le deuil du colonel. Vous me dégoûtez, voilà !

Fred. — Allons... allons, Lucrèce...

Margot. — Non, c'est vrai ! Pascal prétend être un esprit libre et il n'arrive pas à sortir des routines. Je ne veux plus voir les gens qui disent des phrases toutes faites. J'en ai plein le dos.

On sonne en bas.

Didier. — On sonne... Qui cela peut-il être ?

Pascal. — Si c'était...

Il s'arrête.

Margot. — Si c'était qui ?

Pascal. — Non, rien. On resonne...

Sursaut général de crainte.

Margot. — Et vous restez tous comme des piquets. Vous crevez de peur. J'irai, moi !

Elle retrousse sa longue traîne et sort en courant par le fond.

SCÈNE V

Les Mêmes, *moins* MARGOT

Pascal. — J'ai failli dire : Si c'était Maxime !

Didier, *à la porte.* — J'entends des voix de femmes.

Pascal. — Dans cette ville, passé dix heures, personne ne sort.

Fred. — Il m'avait bien semblé entendre une auto.

Didier, *il ouvre la porte.* — Margot !

Voix de margot. — Je monte. C'est une surprise.

Fred. — Une surprise...

Margot, *elle entre.* — Devinez.

Didier. — Qui était-ce ?

Margot. — Solange.

Didier. — Quoi ? ? ?

Margot. — Solange. Elle est en bas. Je lui **dis** qu'elle monte.

Didier. — Mais...

Pascal. — Papa, on ne peut pas la laisser dans le vestibule.

Didier. — Fred... Que faut-il faire ? Que penses-tu ?

Fred. — Oh ! moi...

> *Pendant ce qui précède, Margot a disparu et remonte avec Solange.*

SCÈNE VI

Les Mêmes, *plus* SOLANGE

Margot. — Entrez, Madame, entrez vite... Ma robe vous étonne ? C'est un costume de Judith.

Solange. — Vous êtes ravissante. Ne vous excusez pas. Bonjour, Didier. (*Elle lui tend la main, qu'il serre avec gêne. Même jeu avec Pascal.*) Pascal... comme vous avez l'air mal à l'aise. C'est sans doute l'heure de ma visite. Une heure inhabituelle, en province. Mon Dieu, Didier, remettez-vous. Est-ce que je vous dérange ?

Didier. — Du tout, du tout...

Solange. — Tant mieux, j'en serais navrée.

Elle se trouve devant la table de Fred.

Didier. — Oh ! pardon... Permettez-moi de vous présenter un vieil ami... Monsieur...

Solange. — Inutile, Didier. Nous nous connaissons. (*Elle serre la main de Fred.*) Bonjour, Fred.

Didier. — Vous vous connaissez ?

Fred. — Mais oui, mais oui. Cette ville n'est pas très gaie. Alors on regarde le château... on le visite... on rencontre la châtelaine...

Solange. — Fred est souvent venu à Malemort.

Didier. — Fred, pourquoi ne me l'avais-tu pas dit ?

Fred. — Tu ne me l'avais pas demandé. En outre, c'est mon genre. Le genre de Margot. Le genre mystérieux. J'ai le genre mystérieux.

Margot pouffe.

Pascal, *bas à son père.* — Ils se moquent de nous.

Didier, *même jeu.* — Tu crois ? (*Haut.*) Tout cela est très bien, très bien, très neuf pour moi, et très bien. (*A Solange.*) Asseyez-vous. Vous me pardonnez ma surprise, ma chère Solange... Je m'attendais si peu à vous voir...

Solange. — Écoutez, Didier. Avant « l'affaire », je vivais avec mon fils Claude la vie étriquée de province. Claude est allé à Paris poursuivre ses études ; moi, je devais rester et gérer Malemort. Depuis « l'affaire » la sottise de nos habitudes de province m'a sauté aux yeux. (*Elle sort un étui de son sac.*) Vous voyez cet étui ? Oui, Didier, je fume. J'ai découvert que j'aimais fumer du caporal et que je m'en privais. Le caporal a été mon premier geste de femme libre ; et le reste a suivi. Je me demandais, ce soir, pourquoi un homme et une femme qui ont dû s'épouser et qui ne l'ont pas fait, doivent renoncer à l'amitié et à des rapports agréables. Et puisque vous vous en teniez à une attitude et à une réserve de province, j'ai décidé de faire les premiers pas.

FRED. — Combien de fois n'ai-je pas exprimé mon regret de cette rupture.

DIDIER. — Solange, si je n'ai pas donné suite...

MARGOT. — C'est la faute de Pascal, Madame !

SOLANGE. — Ce n'est la faute de personne...

PASCAL, *dressé*. — Ma faute ? Par exemple ! C'est elle... c'est elle qui...

MARGOT. — Moi ? Il est fou !

PASCAL. — Ce n'est pas toi qui m'as monté la tête, qui m'as répété mille fois que je ne devais sous aucun prétexte, laisser une femme entrer dans la maison de ma propre mère ?...

DIDIER. — Ne les écoutez pas, Solange ! Ils ne savent pas ce qu'ils disent !... C'est moi, moi seul...

MARGOT. — Toi seul ? Ce n'est pas Pascal qui t'a défendu : dé-fen-du ! de laisser une femme pénétrer dans la maison de Judith !

PASCAL. — La menteuse ! Elle crevait de jalousie de voir une vraie femme diriger la maison et l'éclipser...

MARGOT. — Ah ! la sale bête ! la sale bête !

PASCAL. — Elle crevait de jalousie, vous dis-je, et elle m'a poussé, énervé, talonné, exaspéré, jusqu'à ce que je conseille à papa de ne pas vous prendre pour femme...

                              Ils se secouent.

SOLANGE. — Laissez-les, Didier, ils sont adorables. Les mariages de raison, rien n'existe de plus absurde et de plus dangereux. C'est une chance qui nous a éloignés l'un de l'autre.

DIDIER. — Vous ne m'en voulez pas, Solange ?

SOLANGE. — Je vous en voudrais de prendre ce malentendu au tragique.

Fred, *posant des cartes*. — Dame de cœur, roi de pique...

Margot. — Crever de jalousie ! Moi ! Voilà une femme !... une femme qui vous met tous dans sa poche !...

Pascal, *entre ses dents*. — Et toi aussi, avec un mouchoir dessus.

> *Margot hausse les épaules.*

Fred. — Chère Madame... il me semble que, dans la bagarre, nous avons perdu le sens de la direction. Il s'agissait, si je ne me trompe...

Solange. — Il s'agissait d'une visite amicale et de choses importantes que j'avais à dire à Didier. (*Groupe.*)

Mon cher Didier, vous connaissez Claude, c'est un garçon de quinze ans, un boy-scout, environné de camarades couverts d'insignes. Ils adorent les mots d'ordre et les conciliabules. Et aussitôt qu'ils ne campent plus en troupe, ils se réunissent à sept ou huit et forment des sociétés secrètes inspirées des films de gangsters. Bref Claude ne quitte ni sa bicyclette, ni la forêt, et là, se déroulent les cérémonies, les serments et les épreuves de la « Main Noire », une société secrète idiote dont il est un des chefs de file. On jure de ne rien dire, en dehors des séances en forêt, seulement à quinze ans, on crève d'envie de raconter ses secrets, et Claude me rebat les oreilles avec la « Main Noire ».

Didier. — Ma chère Solange, je ne vois pas...

Solange. — Un peu de patience. Il y a deux mois, Claude affectait des airs de plus en plus mystérieux, et il finit par m'avouer que la « Main Noire » avait un chef extraordinaire, qu'ils avaient rencontré ce chef en forêt, que ce chef était un « grand » (sic) et que ce grand qui vivait dans la hutte d'un bûcheron comptait les mener vers les aventures et les prodiges. J'étais, je l'avoue, un peu inquiète. Je laisse

Claude très libre, mais il est naïf. Ses camarades
et lui peuvent devenir les victimes de n'importe quel
aventurier. C'est pourquoi, lorsque Claude, un matin, me dit que le « chef » était malade, et qu'il me
suppliait de lui permettre de l'amener à Malemort,
je me suis fait supplier (pour la forme) et j'ai fini
par accepter de recevoir ce « chef ». Mon cher Didier, le chef qui exerce un tel charme était une
loque, cette loque avait une bronchite, un point pul-
monaire et quarante de fièvre ; cette loque portait
un vieil uniforme de marine et cet ensemble lamentable de loques était votre fils Maxime.

DIDIER. — Hein ?

PASCAL. — Maxime !

SOLANGE. — Maxime. Je l'ai logé chez le garde.
Je l'ai soigné. Je lui ai mis des ventouses et des
cataplasmes et comme Claude quittait Malemort
pour une boîte de Paris, où il fait ses études, je lui
ai promis que je laisserais Maxime chez le garde et
que je le soignerais jusqu'à sa complète guérison. Il
y est encore. J'ai donc Maxime chez moi.

DIDIER. — Mais c'est fou ! Je rêve !

SOLANGE. — Vous ne rêvez pas Didier ; votre fils
loge chez moi, ou pour être plus exact, logeait chez
moi, car il circule un peu, le moins possible, et
depuis avant-hier, il n'est pas rentré au château.
J'avoue être assez inquiète, et c'est pourquoi j'ai
négligé les convenances, j'ai envoyé promener le
cérémonial de province et j'ai décidé de vous mettre
au courant.

DIDIER, *à Fred.* — Fred, tu le savais ?

FRED. — Je sais tout ! Six de trèfle, trois de carreau... tout !

SOLANGE. — Fred m'a conseillé de venir vous
voir.

PASCAL. — L'oncle Fred devrait être détective et
rechercher la « Machine à écrire ». Il la trouverait !

Fred. — Hé ! hé !

Pascal. — Où peut-il être ?

Solange, *avec hésitation.* — J'avais pensé...
j'avais espéré... qu'il serait peut-être chez vous...

Didier. — Chez moi ? Jamais. Maxime a tué sa
mère ! Pas une minute il n'a eu pitié de cette malheureuse. Pas une minute, il n'a pensé qu'elle souffrait, qu'elle était malade. Il a été son bourreau.

Solange. — Didier, est-ce que cet enfant n'avait
pas, lui-même, une santé très délicate...

Didier. — Ce n'est pas une excuse...

Fred. — Ta femme souffrait peut-être aussi de
voir cet enfant souffrir. Margot m'a parlé de fu-
gues, de crises d'épilepsie, de somnambulisme...

Didier. — Il en jouait. Il se sauvait, c'était une
crise de fugue. Il se roulait par terre de rage, c'était
épileptique. Il chapardait, la nuit, dans la cuisine, il
était somnambule...

Margot. — Ah ! non, oncle Fred, il faut être
juste...

Pascal. — Naturellement, Margot va le défendre.

Margot. — Oui, je vais le défendre. J'ai vu ses
crises, moi... Et la nuit où il marchait et où Didier
l'a réveillé avec une gifle, j'ai cru qu'il allait mourir sur place...

Didier. — Je l'ai martyrisé ! Je suis un monstre !

Margot. — Je n'ai jamais dit cela. J'ai dit que
Maxime était un malade et qu'il en profitait. On ne
savait jamais s'il avait une crise ou s'il faisait semblant d'en avoir une. Et vous avez fini par croire
qu'il jouait toujours la comédie. Vous avez été in-
justes... (*Mouvement de Didier et de Pascal*) in-
justes !

Fred. — Votre Maxime... je le connais sans le
connaître.

Didier. — Et tu l'excuses ?...

Fred. — Oh! moi... j'excuse tout le monde. En ce qui concerne Maxime, je le devine pareil à beaucoup de garçons de son âge : sombre, nerveux, secret, menteur, comédien, têtu, faible, adorable...

Margot. — Oui, Maxime est adorable!

Pascal. — Margot !

Margot. — Vous ne m'empêcherez pas de dire ce que je pense.

Pascal. — Tu es la première à approuver papa de l'avoir mis à la porte et d'être inflexible.

Margot. — Quand Maxime est à la maison, il m'énerve. Je le déteste ! Quand Maxime est loin, je lui trouve toutes les qualités.

Pascal. — Il suffit d'être là, de se mettre en quatre, pour que tu nous détestes. Je sais ce qui me reste à faire !

Margot. — Eh ! bien, pars, mon garçon, pars. Qui t'en empêche ? Nous verrons si tu te débrouilles aussi bien que Maxime.

Pascal. — Ce n'est pas malin de se débrouiller en mendiant et en vivant aux crochets des autres !

Solange. — Pascal ! Est-ce pour moi ce que vous venez de dire ?

Pascal. — Enfin, il crevait de froid et de faim, et sans vous...

Solange. — J'ai soigné chez moi le fils d'un vieil ami que j'aime, et qui m'a été amené par mon fils.

Pascal. — Vous vous repentirez peut-être d'avoir été trop bonne.

Solange. — En quoi ?

Pascal. — Vous serez volée ou assassinée. Maxime est capable de tout !

Fred. — Pascal... Pascal...

Margot. — Tu es ignoble !

Didier. — Assez! (*Se tournant vers Solange.*) Solange, ma chère, vous avez été très imprudente. Mais vous êtes libre d'agir comme vous l'entendez.

Je ne vous donne aucun conseil. J'aimerais simplement savoir le but exact de votre visite...

Solange. — Le but exact?... C'est très simple,
Didier. Je vous le répète ; cette affreuse affaire m'a
en quelque sorte grisée, secouée, éveillée, libérée.
Je n'en garde pas moins mon bon sens. Malemort
est une petite ferme avec une tour, c'est le seul parc
de la ville. Pour la ville, c'est le *château,* un château où j'habite seule, où je suis la cible de tous les
regards et de toutes les malveillances. On me croit
riche et on me jalouse. D'autre part, si les lettres
de « La Machine à écrire » sont nombreuses, mille
fois plus nombreuses sont les lettres anonymes,
écrites à la police, où chacun accuse les autres,
invente, dénonce, se venge, essaye de perdre ou de
noircir.

Fred, *posant des cartes.* — Il paraît que ces lettres sont innombrables...

Solange. — La haine en profite. Dans cette ville
dangereuse, la présence cachée d'un jeune homme
de vingt-trois ans, chez une femme seule, et qu'on
suspecte, sans doute...

Fred. — N'en doutez pas...

Solange. — ... représente un danger très grave.
Maxime se cache et mes gardes se feraient tuer plutôt que de répéter quoi que ce soit qui me concerne.
Seulement, Maxime circule en cachette. Le soir, la
nuit, il sort du parc et il risque de commettre des
imprudences.

Pascal. — Il en a commises. On l'a vu. On l'a
pris pour moi.

Solange. — Vous voyez. J'ai donc réfléchi et j'estime qu'il est de mon devoir de vous prévenir. S'il
arrivait n'importe quoi...

Didier. — Mais, Solange, vous ne comptez pas
le garder chez vous ?

SOLANGE. — Où voulez-vous qu'il aille ? Il est encore très faible...

DIDIER. — Votre démarche a-t-elle, oui ou non, été inspirée par lui ?

SOLANGE. — Mon Dieu ! Didier ! Il serait furieux... (*Elle se reprend.*) il serait navré s'il savait...

DIDIER. — Cette démarche vient entièrement de vous ?

SOLANGE. — Entièrement.

DIDIER. — Il me reste, ma chère Solange, à vous remercier de votre franchise, à vous mettre en garde contre un être déséquilibré et en quelque sorte irresponsable, et à vous déclarer que toute démarche faite dans le sens de la conciliation, du pardon, me trouverait comme un mur.

FRED. — Tu parles souvent de ce mur. Tu es très fier de ce mur. Il y a de quoi... (*Il pose des cartes.*) Cœur, cœur, cœur.

DIDIER. — Je n'ai de conseil à recevoir de personne.

> *Fred se soulève de sa chaise et s'incline.*

SOLANGE, *regardant sa montre, elle se lève.* — Voilà ; je regrette de vous avoir dérangés à une heure pareille. Je rentre. Peut-être aurai-je des nouvelles de notre fugitif...

PASCAL, *il fait un bond et pousse un cri.* — Mais !...

MARGOT. — Qu'est-ce que tu as ? Tu as une crise ?

PASCAL. — Pardonnez-moi, Solange, une minute...

SOLANGE. — Qu'y a-t-il ?

PASCAL. — Votre fils Claude porte encore des culottes courtes ?

> *Tout le monde le regarde ahuri. Fred cesse de poser des cartes.*

SOLANGE, *riant*. — Oui, pourquoi ?

PASCAL. — Et quand Claude l'a ramené chez vous, Maxime était en loques ? Il portait un vieil uniforme de marine, en loques ?

SOLANGE. — Mais oui...

PASCAL. — Et le costume qu'il porte, avec lequel la demoiselle des Postes l'a pris pour moi... le costume qu'il porte à l'heure actuelle n'est-il pas un costume d'une étoffe dite « prince de Galles » ?

SOLANGE. — Si. Je croyais même...

PASCAL, *tourné vers son père*. — Vous croyiez même ? Continuez... finissez...

SOLANGE, *très gênée*. — Je croyais même que c'était grâce à vous que...

PASCAL, *lui coupant la parole*. — Grâce à moi ! (*Il se tourne vers Margot.*) Margot ! Tu as entendu ?

MARGOT, *se dressant*. — Et alors ?

PASCAL. — Et alors ? Et alors, il me manque un costume « Prince de Galles » et un chapeau mou beige et tu m'as raconté une histoire de fer chaud et de dégraisseur... Et alors, c'est mon costume que Maxime porte et mon chapeau, et c'est toi, qui les lui as donnés. Tu l'as vu !...

MARGOT. — Ne hurle pas, s'il te plaît ! Oui, j'ai vu Maxime. Et je lui ai donné un de tes vieux costumes et un de tes vieux chapeaux.

PASCAL. — C'est un costume neuf.

MARGOT. — Vieux ou neuf, je le lui ai donné, je m'en vante !...

PASCAL. — Ah ! tu t'en vantes. Papa, nous sommes les seuls à ne pas savoir que Maxime habite la ville et à ne pas l'avoir vu. C'est un monde. Les seuls ! Et pendant que nous nous faisions de la bile, Mademoiselle le voyait et lui donnait mes costumes.

MARGOT. — J'ai vu Maxime *une* fois et je lui ai donné un costume.

Solange. — C'est vrai, Didier. J'ai cru que Margot et Pascal le lui avaient fait parvenir secrètement pour ne pas vous mettre en colère.

Pascal, *à son père.* — Interroge-la...

Didier. — Margot, est-il vrai que tu as rencontré Maxime une fois, et où?

Margot. — Quand on m'interroge avec politesse, je réponds. Maxime m'a téléphoné... ici... il y a deux mois... je lui ai donné rendez-vous la nuit, dans mon atelier, par l'escalier de service.

Didier. — Tu ne devais pas recevoir Maxime chez moi, sans me prévenir.

Pascal. — Demande-lui si elle l'a reçu une fois ou plusieurs fois? Je serais curieux de l'apprendre. Nous ne sommes pas au bout de nos surprises...

Fred. — Laissez-la tranquille. Elle a bien agi. Le reste n'a pas la moindre importance...

Pascal. — Bien agi?

Fred. — Pascal! Ton père a sans doute des raisons puissantes pour laisser un de ses fils vivre, sans le sou, à la belle étoile. Du moins, je le présume; mais par exemple, le frère jumeau de ce fils n'a aucune raison de s'acharner contre lui.

Pascal. — Écoutez, oncle Fred...

Margot. — Empoche, ma vieille! Vive l'oncle Fred! (*Un pas vers Solange.*) Et moi, Madame, je profite de ma belle robe à traîne de Lucrèce Borgia, pour vous faire une révérence. Je vous félicite d'être généreuse avec Maxime et de braver tous ces individus infects que je scandalise avec mon rouge à lèvres, avec mes boucles, avec mes robes. Je voudrais qu'ils en crèvent.

Didier. — Tu n'arranges pas les choses...

Margot. — On vous aurait fait payer cher de réunir vos solitudes!

Pascal. — Tu recommences!

Solange. — Chut !... chut !... je ne veux plus qu'on parle de cette vieille histoire.

Fred. — Je passerai demain à Malemort voir si vous avez des nouvelles... et vous donner un coup de main si les choses s'enveniment.

Solange. — J'avoue que cette « Machine à écrire » m'inquiète...

Fred, *il laisse ses cartes.* — Si j'étais détective...

Solange. — Si vous étiez détective...

Fred. — Il y a des indices qui m'intrigueraient...

Solange. — Par exemple ?

Fred. — Par exemple... les *M* majuscules. Avez-vous remarqué les *M* majuscules ? On pourrait croire que la machine est détraquée que l'*m* ne marche pas et qu'on tape des *M* majuscules à la place. Mais je ne le crois pas.

Margot. — Superbe, oncle Fred ! On dirait un livre de Van Dyne... continuez...

Fred. — Je parierais plutôt pour une espèce de signature. Imaginez que le nom du mystérieux criminel, commence par un *M*. Et peu à peu, il signe ses lettres. Il recherche les *M* sans le vouloir et exprès. J'ai étudié quelques-unes de ses lettres. Presque tous les mots commencent par *M* : « Madame, Méfiez-vous de Mes Menaces, ne Mêlez pas les gendarmes et les commissaires à Mes Manœuvres. C'est Mon dernier avertissement, etc. » *M* majuscule ! *M* majuscule ! *M* majuscule ! C'est terrible ! Il y a là quelque chose de terrible. *M* minuscule serait anonyme, parfaitement anonyme ; mais cet *M* majuscule donne au meurtrier (grand *M*) une physionomie... une marque de fabrique... une *manière*...

Cela évoque quelque chose de diabolique... de malin et de méchant... Vous voyez l'*M* s'attrape. Il se pourrait que cette particularité le fasse prendre, et il s'en doute, et, comme par bravade, il insiste.

A cause de ces *M* j'imagine le coupable qui tape,
qui tape, qui tire, qui « manie sa mitrailleuse ». Je
détesterais mettre la main sur cette machine.

Il me semble entendre le *ding* du bout de la ligne.
Ding ! Je serai pris. *Ding !* Ils m'auront ! *Ding !* On
me cherche ! *Ding !* Je suis X ou Z ! Nul ne s'en
doute.

L'autre nuit, je rentrais. Je suivais une petite rue.
Une fenêtre était ouverte et j'entendais taper, taper
à la machine. Mon cœur cessait de battre. Je me
demandais si ce n'était pas l'assassin.

> *Long silence et gêne.*

DIDIER, *se secouant.* — Eh ! bien ! c'est gai !...

SOLANGE. — Je n'ose plus rentrer à Malemort.

MARGOT. — Vous étiez prodigieux, oncle Fred !
C'était un vrai livre de Van Dyne ! « *Vance regardait un petit Cézanne accroché au mur. Je n'aime
pas cet M, dit-il. Je n'aime pas du tout cet M. Il
me révolte. Je lui trouve quelque chose... d'égyp-
tien...* »

> *Elle éclate de rire.*

PASCAL, *à Fred.* — C'est vous qui devriez aider
cette sale police !

SOLANGE. — Vous finirez par me faire vraiment
peur.

DIDIER. — Fred a raison. Ce n'est plus une vie.
A l'usine tous les ouvriers se regardent de travers.

PASCAL. — N'exagérons rien. Oncle Fred parlait
de meurtrier, d'assassin. Nous n'en sommes pas là...

FRED. — Quatre suicides, mon garçon...

PASCAL. — Meurtres indirects, oncle Fred.

FRED. — Meurtres habiles, mais meurtres. Il faut
en finir. Le plus tôt sera le mieux.

SOLANGE. — Ouf ! Soyons braves. Je rentre. A
demain, Fred. Didier, j'espère que vous ne m'en
voulez pas trop ?

DIDIER. — Je suis ennuyé pour vous, Solange.
C'est tout.

PASCAL. — Je vous accompagne jusqu'à votre
voiture.

SOLANGE. — Bonsoir, Margot. Bonsoir, Didier.
(*Sur le seuil.*) Dites donc Fred... Malemort... encore un *M !* Bonsoir !

> *Elle sort suivie de Pascal.*

SCÈNE VII

LES MÊMES, *moins* SOLANGE

Long silence, Fred pose des cartes.

FRED. — Dame de cœur...

> *Pascal revient.*

PASCAL. — Pa-ta-tras !

MARGOT. — Quoi : pa-ta-tras ?

PASCAL. — Je dis : Patatras !

DIDIER. — Visite... curieuse...

PASCAL. — Et instructive. Solange est la maîtresse de Maxime.

MARGOT. — Il est fou ! Tu es fou !

PASCAL. — Papa ?

DIDIER. — Je me demande...

PASCAL. — Et moi, j'en suis sûr. Solange est la
maîtresse de Maxime.

MARGOT. — Tu es grotesque. Dès qu'une femme
est loyale et se montre généreuse, on la traite de
grue.

PASCAL. — Je ne traite pas Solange de grue. J'af-

firme que Solange et Maxime s'aiment, et que Solange mourait d'angoisse à Malemort en attendant
Maxime, et qu'elle ne pouvait plus tenir et qu'elle a
couru n'importe où pour tâcher de savoir quelque
chose.

FRED. — Ce n'est pas impossible.

PASCAL. — Ça crève les yeux.

DIDIER. — Il y a de quoi devenir fou !

MARGOT, *droit sur Pascal*. — Tu dis que Maxime
aime Solange ?

PASCAL. — Je 'dis que Maxime couche avec Solange, voilà ce que je dis.

MARGOT. — Ça ne tient pas debout.

PASCAL. — Et pourquoi, je te prie ?

MARGOT. — Parce que Solange n'est pas le type
de Maxime...

PASCAL. — Et quel est le « type » de Maxime ?

MARGOT. — Moi.

PASCAL. — Alors, ça ! Ça, c'est formidable !

MARGOT. — Il est possible que ce soit formidable,
mais c'est vrai.

PASCAL. — Et tu oses me le dire en face ?

MARGOT. — Je suis bien ton type. Pourquoi ne
serais-je pas celui de Maxime ?

PASCAL. — Et sans doute, est-il ton type plus que
moi ?

MARGOT. — Autant que toi.

PASCAL. — Elle est complètement inconsciente !
Mais, espèce de petite malheureuse, on n'épouse pas
des jumeaux ! On en épouse un ! Quand un type a
épousé une des sœurs siamoises, il en a épousé une.
Il n'a pas épousé les deux !

MARGOT. — Il jouait la difficulté.

PASCAL. — Et vous pouvez écouter cette folle
sans que les bras vous tombent ?

DIDIER. — Pascal, du calme. Tu devrais être habitué à Margot. Elle te taquine. Elle veut dire

qu'elle vous aimait tous les deux depuis l'enfance.
Mais c'est toi qu'elle aime, toi qu'elle épouse.

PASCAL. — Elle me préfère Maxime, j'en suis
sûr.

MARGOT. — Alors si tu en es sûr, résigne-toi.

PASCAL. — Vous l'entendez ?

FRED. — Il marche comme un seul homme. (*Il
pose une carte.*) Trèfle.

PASCAL. — Vous croyez qu'elle plaisante ? Elle est
sérieuse. Si elle me croyait, si elle savait que
Maxime aime Solange, elle deviendrait folle ! Elle
désobéirait à papa, elle courrait le chercher à Malemort.

DIDIER. — Il n'y est plus.

MARGOT. — Il n'aime pas Solange.

PASCAL. — Comment le sais-tu ? Tu le vois ! Tu
es sa maîtresse.

FRED. — Hooo...

DIDIER. — Pascal, tu perds la tête !

MARGOT. — Laissez-le.

PASCAL. — Oui, je perds la tête et j'ai mal aux
oreilles, et j'ai la fièvre, et je m'en fiche ! Je voudrais avoir une rechute et crever ! Margot est une
folle et me rendra fou.

MARGOT. — Je n'ai pas à te rendre fou. Tu n'as
rien à envier à Maxime. Tu es fou.

PASCAL. — Ah ! c'est ainsi. Eh ! bien, ma petite,
je trouverai Maxime et je lui sortirai les tripes, et
je saurai ce qu'il a dans le ventre, ce que vous fabri-
quez tous les deux ! ((*Margot hausse les épaules.*)
Hausse les épaules ! Hausse les épaules ! Je me con-
trefiche de mes oreilles et de ma fièvre. Je sors.

DIDIER. — Pascal, je te défends de sortir.

PASCAL. — Je sors. Et je trouverai Maxime. Et
j'en aurai le cœur net.

> *Il s'élance vers la porte et disparaît
> en la claquant.*

SCÈNE VIII

Les Mêmes, *moins* PASCAL

Fred, *il se lève.* — Rattrapez-le...

Margot, *elle se met devant la porte.* — Non.

Fred. — Mais, ma petite fille.

Margot. — Écoutez-moi, oncle Fred. Un secret. Papa tu m'excuseras...

> *Elle parle à l'oreille de Fred.*

Fred, *rêveur.* — Oui, au fait... C'est très possible.

Didier. — La journée des secrets.

Fred. — Couche-toi, mon vieux Didier. Si le secret de Margot est juste, rien à craindre pour Pascal, il ne sera pas long.

Didier. — Bonsoir, Fred.

Fred. — Bonsoir, Didier.

Didier. — Margot... (*Il l'embrasse.*) ôte ce costume, veux-tu...

> *Il sort par le fond.*

SCÈNE IX

MARGOT, *puis* FRED *seul*

Margot. — Je monte mettre une robe de chambre. Oncle Fred, puisque vous êtes le seul qui habitiez cet étage, vous n'avez plus qu'à attendre. Si vous constatez ce que je suppose, sauvez-vous, laissez-moi la place libre, rentrez chez vous.

Fred. — Entendu.

Margot. — Je vous laisse avec vos cartes.

Fred. — Bonne chance...

Margot. — Patience. Réussite ! Attendons.

Elle disparaît par la petite porte.

Scène muette. Fred continue sa patience et de temps en temps laisse la main en l'air, lève les yeux et tend l'oreille. Puis, n'y tenant plus, il va jusqu'à la petite porte et écoute. Il retourne à ses cartes et en pose debout. Soudain, il jette ses cartes, s'approche de nouveau de la porte et se sauve vers celle de sa chambre. Il s'y enferme. Aussitôt, on entend une dégringolade d'escalier. Margot en robe de chambre saute dans le salon et va jusqu'au milieu où elle se retourne. Entre derrière elle un jeune homme exactement pareil à Pascal. Il porte un chapeau très enfoncé, un caoutchouc beige. Aux premières répliques de Margot, il s'arrête sur les marches.

SCÈNE X

MARGOT, PASCAL

Margot, *en entrant, voix basse et forte.* — Maxime, vite, vite, arrive. Descends. Je suis folle

de te faire descendre. Maxime, Solange sort d'ici !
>   *Le jeune homme jette son chapeau.*
>   C'est Pascal.

PASCAL. — Ce n'est pas Maxime, c'est moi !
(*Margot éclate de rire.*) Tu oses rire !

MARGOT. — Pascal, mon pauvre vieux !

PASCAL. — Tu es prise la main dans le sac.

MARGOT. — Moi ?

PASCAL. — Tu ne viens pas de me prendre pour
Maxime, de faire descendre Maxime, de prévenir
Maxime que Solange sortait d'ici ?

MARGOT. — Mais, mon pauvre Pascal, je t'ai tout
de suite reconnu. Et comme je déteste qu'on me
tende des pièges, je t'en ai tendu un, moi !

PASCAL, *frappant du pied.* — C'est le diable !

MARGOT. — Si tu avais été Maxime, mon cher
Pascal, je ne t'aurais pas fait descendre, je t'aurais
laissé là-haut.

PASCAL. — C'est là-haut que tu le rencontres ?

MARGOT. — Ceci me regarde.

PASCAL. — C'est là-haut que vous complotez, que
vous me trompez !

MARGOT. — On dirait que tu as des droits sur
moi. C'est le comble !

PASCAL. — Oui, j'ai des droits sur toi. Les droits
de quelqu'un qui aime et à qui on jure qu'on l'aime !

MARGOT. — Je t'aime, Pascal.

PASCAL. — Tu m'aimes et tu te moques de moi !

MARGOT. — Pardon. C'est toi qui te moques de
moi. C'est toi qui fais semblant de sortir et qui te
déguises, et qui essayes de me prendre en faute. Tu
méritais que je te punisse.

PASCAL. — Je ne te crois pas.

MARGOT. — Qu'est-ce que tu ne crois pas ?

PASCAL. — Je ne crois pas que tu m'as reconnu.
Je crois que tu m'as pris pour Maxime, et que ta
malice infernale t'a aidée à te sortir d'affaire.

Margot. — Je t'attendais, mon cher ami. Je t'attendais et l'oncle Fred en témoignera. Je lui ai raconté d'avance ton ingénieux stratagème. Tu n'es pas homme à promener tes oreilles malades et ta fièvre dans les rues de la ville.

Pascal. — Je vais l'interroger tout de suite.

Margot. — Une minute, s'il te plaît. Il y a des choses qu'il faut que tu saches et que je ne t'ai jamais dites. Je profiterai d'être seule avec toi pour te les dire.

Pascal. — Tu ne veux pas que je l'interroge?

Margot. — Laisse-là ces enfantillages. L'oncle Fred dort. Tu l'interrogeras demain. Ce que j'ai à te dire est très sérieux. Je ne plaisante pas. Il ne s'agit plus de farces. Il s'agit de choses graves, très graves.

Pascal. — Il s'agit de Maxime?

Margot. — De Maxime, de toi, de moi, de tout.

Pascal. — Je devine...

Margot. — Non, Pascal, tu ne devines pas. Ce ne sont pas des choses précises. Il faut me comprendre. Ton attitude me déplaît Pascal...

Pascal. — Je...

Margot. — Laisse-moi parler. Ton attitude me déplaît. Tu m'aimes. Je t'aime. Ce n'est pas une raison pour jouer les maris jaloux. Tu me reproches de penser à Maxime, de ne pas partager votre haine de Maxime, d'admirer Maxime...

Pascal. — Maxime est un misérable! Il...

Margot. — Il y a de tout, dans Maxime.

Pascal. — Ma parole! On en parle comme de Shakespeare!

Margot. — Tu es absurde. Maxime a du mauvais et du bon. De loin, il est naturel que le mauvais s'atténue et que le bon augmente. Maxime a le romanesque des personnes qui voyagent... des per-

sonnes mortes. Maxime a du mystère. (*Pascal
hausse les épaules.*) Si, Pascal, du mystère. Il a une
nature mystérieuse.

Pascal. — Ce sont ses mensonges qui te sédui-
sent ?

Margot. — Je ne sais pas. Je suis franche :
Maxime, avec le bénéfice d'être loin, je te le répète,
a de l'ombre, des dessous, des recoins, des surprises. Que veux-tu, on ne se refait pas. Il me faut de
l'ombre, et chez toi, Pascal, tout se passe en plein
jour, en pleine lumière. On a pied tout de suite.
Tiens, je savais... je savais exactement ce que tu
allais faire quand tu es sorti en claquant les portes.
Avec Maxime, je cherche, je tâtonne, j'ai un peu
peur. J'ai peur de lui comme des épileptiques, des
somnambules. (*Geste de Pascal.*) Je ne te demande
pas d'être épileptique, ou somnambule. Mais puisque tu m'aimes, puisque tu veux que je t'aime,
puisque tu veux que je t'épouse, je te demande
d'être un peu plus attentif... un peu plus fin... de ne
pas être toujours d'une seule pièce, d'un seul bloc,
de ne pas être toujours cette lumière blanche qui
m'aveugle, cette trompette qui me rend sourde, ce
mur de marbre contre lequel je me cogne. Comprends-moi, Pascal. Je ne me moque pas. Je te parle
avec tendresse. Je voudrais... j'aimerais ne pas être
à rebrousse-poil à ton approche. Ne pas t'en vouloir
de mille petites choses, ne pas entendre tes phrases
avant que tu les prononces, ne pas connaître tes
réactions avant qu'elles se produisent... enfin, j'aimerais t'aimer, quoi !...

Pascal. — Tu ne m'aimes plus !

Margot. — Allons, bon ! Voilà ce que j'attendais.
Mais écoute-moi donc, imbécile ! Si, je t'aime... et
cinquante fois par jour, je suis furieuse de t'aimer.
Et à ces moments-là, je rage, et Maxime gagne. Je
me répète qu'il possède toutes les qualités et je les

lui donne d'office. Mais, rassure-toi, j'y vois clair, et je sais ce qu'il vaut et ce que tu vaux.

PASCAL. — Alors, marions-nous.

MARGOT. — Pascal, tu es pur, tu es naïf, et je ne suis ni pure, ni naïve...

PASCAL. — Tu joues des rôles...

MARGOT. — C'est possible. Ma vérité consiste peut-être à jouer des rôles. J'ai été élevée par une actrice...

PASCAL. — Moi aussi.

MARGOT. — Toi, tu échappes à ce genre d'influence. Maxime en porte la marque, comme moi.

PASCAL. — Encore Maxime ! Tu ne t'occupes que de lui.

MARGOT. — Tu es injuste. Je te parlais de toi. Je te disais qu'il y a en moi des foules de choses qui te paraîtraient monstrueuses... une foule de choses qui m'obligent à te demander d'attendre... d'attendre des circonstances qui changeront peut-être ta manière de me voir et qui t'obligeront peut-être à me haïr.

PASCAL. — Maintenant, j'en suis certain, c'est à Maxime que tu penses et à votre amour.

MARGOT. — Inutile de parler, Pascal. C'est triste. Voilà le mur de marbre dont je parlais, voilà la trompette.

PASCAL. — Tu appelles trompette et mur de marbre la franchise, la droiture, la propreté.

MARGOT. — Nous n'arriverons jamais à nous entendre. C'est dommage.

PASCAL, *criant.* — Tu as décidé de me rendre fou !

MARGOT, *elle se bouche les oreilles.* — Trompette !

PASCAL, *bas.* — Tu as décidé de me rendre fou ! fou ! fou ! fou !

Margot, *riant.* — C'est mieux.

Pascal, *il éclate.* — Tu te payes encore ma tête !
eh ! bien, ma fille, sache que j'en ai assez, et que je
ne crois plus une de tes paroles. Tu m'as pris pour
Maxime, et c'est Maxime que tu as prévenu que
Solange sortait de chez nous. Et tu vois Maxime et
tu es une menteuse, et tu es faite pour t'entendre
avec Maxime qui est un menteur comme toi.

> *Il a hurlé ces dernières répliques. La
> porte de Fred s'ouvre. Fred paraît, en
> robe de chambre.*

SCÈNE XI

PASCAL, MARGOT, FRED

Margot. — Oncle Fred ! On vous a réveillé !

Fred. — J'ai cru qu'il y avait des voleurs.

Pascal, *hors de lui.* — Il y a des voleurs. Il y en
a. Il y en a qui entrent chez nous et qui volent le
bonheur des autres.

Margot. — Il déménage.

Fred. — Qu'avez-vous, Pascal ?

Pascal. — Ce que j'ai ? J'ai que cette personne
se croit très forte et s'imagine qu'elle nous roule et
que rien ne l'amuse comme de faire souffrir et de
retourner l'arme dans la plaie !

Fred. — Voyons, Pascal...

Margot. — Laissez-le. Il a la fièvre.

Pascal. — Je n'ai pas la fièvre. Elle est furieuse,
parce que je l'ai prise la main dans le sac.

Margot. — Oncle Fred, voulez-vous avoir l'obli-
geance de répéter à ce monsieur ce que je vous ai
dit tout à l'heure, à l'oreille.

Fred. — Margot prévoyait que vous sortiriez, par
une porte, pour rentrer par une autre et que vous
joueriez le rôle de Maxime.

Margot. — Merci, oncle Fred. (*A Pascal.*) Tu es
satisfait ?

Pascal. — Je ne change pas d'opinion. Je le regrette. Bonsoir !

Il sort par le fond et claque la porte.

SCÈNE XII

MARGOT, FRED

*Margot se laisse tomber dans un fauteuil et san-
glote nerveusement, la figure dans les bras.*

Fred, *surpris.* — Ma petite fille, ma petite Margot, qu'est-ce que vous avez ? Qu'est-ce qu'il y a ?

Margot, *relevant la tête.* — Je suis à bout de
nerfs, je n'en peux plus !

Fred. — A cause de votre scène avec Pascal ?

Margot. — Il s'agit bien de Pascal !

Fred. — Il s'agit de Maxime ?

Margot. — Oui et non. C'est pire... Oncle Fred.
Nous sommes seuls à l'étage, je n'y tiens plus,
j'étouffe. Il faut que je vous parle. Il n'y a qu'à
vous que je puisse parler, me confesser.

Fred. — C'est que, Margot, j'ai moi aussi à me confesser, à parler. Il est nécessaire que je vous dise...

Margot. — Oncle Fred, ce soir, quand vous avez parlé de la « Machine à écrire », des *M* majuscules, qui pourraient être une signature, vous n'avez pas remarqué que je riais jaune et que j'avais l'air bizarre...

Fred. — Ma petite Margot, je veux bien vous écouter, mais il est indispensable que d'abord...

Margot. — Non. Taisez-vous. Pardonnez-moi. Il faut que je parle, que je parle d'une traite, que je me délivre. Oncle Fred, la « Machine à écrire » c'est moi.

Fred. — Vous !

Margot. — Mettez vos mains sur votre figure. (*Il les met, et s'asseoit au bord de la table.*) Moi, je fermerai les yeux. J'aurai du courage. A force de me taire, de tromper, de jouer la comédie, je devenais folle. Et quand vous avez prononcé le mot de meurtrier, d'assassin, j'ai été prise de panique. Voilà. Je venais de retrouver Maxime. Je l'avais reçu, la nuit, dans mon atelier, où je ne laisse monter personne. Je tapais à la machine. C'était... (*Elle frappe du pied.*) Non, je me trompe. Je m'embrouille. Je raconte mal. Il vaut mieux que je prenne depuis le commencement. Attendez... Oui, voilà. Je m'y retrouve. C'était le premier janvier. Le premier janvier, le maire donnait un bal à la mairie, un bal ridicule. J'avais une robe neuve, une robe étonnante, et on me regardait beaucoup. Vous vous souvenez de la première alerte ? Le suicide de ce jeune ingénieur ? Il était au bal. Il m'avait fait la cour. Il me plaisait. Nous nous sommes donné rendez-vous. Il a parlé de moi à sa famille, et on l'a mis en demeure de rompre, de ne plus jamais me revoir. J'étais une enfant trouvée... Je sortais on ne sait

d'où... bref, une scène épouvantable. Vous devinez
la suite. Ici, je n'en ai pas ouvert la bouche, mais
je me suis promis de le venger et de me venger.
J'avais une machine à écrire. Un jour...

Rideau.

ACTE II

LA CRISE D'ÉPILEPSIE

*A Malemort, chez Solange. Un petit salon-boudoir en
rotonde; au fond, fenêtre sur le parc. Au premier plan,
à gauche, porte sur les appartements; à droite, porte sur
l'escalier d'entrée. Chaises, fauteuils. Un divan. Un coffre
à bois. Haute cheminée, tisonnier, pincettes. Il est trois
heures. Soleil de Pâques.*

SCÈNE I

SOLANGE, MAXIME

Maxime. — Qu'est-ce qui a pu te pousser à faire
cette visite ?

Solange. — Je te l'ai déjà dit. Je ne vivais plus.
Il fallait que je bouge, que je fasse quelque chose.

Maxime. — Tu aurais pu faire n'importe quoi,
sauf cette visite. Tu te rends compte ?...

Solange. — Je me rends compte que tu avais
passé la nuit dehors, que j'attendais, que j'étais
seule dans cette bâtisse et que je mourais d'inquiétude.

Maxime. — Et qu'est-ce que tu espérais découvrir dans ma charmante famille?

Solange. — Je m'étais demandé si tu n'avais pas
voulu faire une démarche, si tu ne t'étais pas laissé
aller à des menaces, si ces menaces n'avaient pas
fini mal.

Maxime. — Rassure-toi. Du reste, tu m'as rendu
service sans le savoir.

Solange. — Tant mieux.

Maxime. — Ils *savent*. Ils s'interrogent, ils doivent crever de peur.

Solange. — Je n'ai dit que ce que je voulais dire.
Ils ne se doutent pas de la vérité.

Maxime. — Ils sont morts d'inquiétude, c'est le
principal. Je suis le personnage néfaste qui attire
les catastrophes, dont on n'attend que le pire. Ta
visite a dû tomber comme une bombe !

Solange. — Ils étaient assez stupéfaits, je
l'avoue. Pascal se doutait que tu étais en ville. On
t'avait vu... On t'avait pris pour lui... Tu comprends pourquoi je te recommande la prudence.

Maxime. — Maintenant, je m'en moque !

Solange. — Écoute, Maxime. Tu n'es pas seul.
J'ai abandonné toute règle, toute mesure. Mais je
suis une femme, j'ai un fils. Cette ville...

Maxime. — Dis tout de suite que tu en as plein
le dos !

Solange. — Tu es injuste, mon amour. Je ne me
vante pas d'avoir changé d'attitude. Je suis heureuse et je trouve cela tout naturel. Mais jusqu'à
nouvel ordre, je te cache et tu dois m'aider.

Maxime. — Je peux partir !

Solange. — Ma conduite de folle t'a prouvé ce
que provoquerait ton départ. Non, Maxime, je te
garde, je te soigne, je te protège, je t'aime.

Maxime. — Je suis une brute. Pardonne-moi.

Solange, *elle l'embrasse.* — Mon petit... tu n'es

pas une brute. Tu es un pauvre enfant à qui on a fait du mal.

Maxime. — On a dû t'en dire sur moi, à la maison !

Solange. — Ton père était dur. Pascal était dur. Margot te défendait, et l'ami Fred n'a pas l'air d'approuver leur attitude.

Maxime. — Pourquoi reçois-tu cet ami Fred ?

Solange. — C'est le meilleur des hommes. Je trouve utile d'avoir un allié dans la place.

Maxime. — Est-ce un allié ? En es-tu sûre ? Tu es tellement bonne. Tu crois que tout le monde te ressemble...

Solange. — C'est un allié, Maxime. Tu t'imagines que tout le monde est affreux.

Maxime. — Tout le monde est affreux, Solange. Cette ville est affreuse. Et le reste du monde est affreux. Je suis payé pour le savoir.

Solange. — Où as-tu couché cette nuit ?

Maxime. — Pourquoi m'interroges-tu ?

Solange. — Oh ! rassure-toi. Ce n'est pas un interrogatoire de femme jalouse ni de mère inquiète. J'avais peur que tu aies attrapé froid...

Maxime. — J'ai couché à la cabane. J'avais besoin d'être seul, d'être libre...

Solange. — Maxime !...

Maxime. — Comprends-moi, je ne veux pas dire que je ne me sens pas libre. Non... mais il y a des minutes où j'ai honte de vivre à tes crochets, de te faire courir des risques épouvantables, de...

Solange. — Maxime ! Maxime !

Maxime. — Oui, je sais bien que c'est stupide, mais, que veux-tu, c'est plus fort que moi. Quand j'étais gosse, je me sauvais deux jours, trois jours, maman devenait folle, j'adorais maman, et je ne pouvais m'en empêcher. Il ne faut pas m'en vouloir, Solange. Je te le répète, je suis un pauvre type, un sale type, un voyou... (*Un temps.*) Tu es heureuse, Solange ?

Solange. — Oui, Maxime. Je ne savais pas ce que c'était que d'être heureuse. J'étais contente de vivre à cause de Claude. Mais heureuse... heureuse... je ne l'étais pas. Tu es apparu. J'ai tout envoyé promener : prudence, sagesse, inquiétude, pudeur. Et je suis heureuse. Tu n'es pas heureux, Maxime ?

Maxime. — Non.

Solange. — Mon amour ne te suffit pas ?

Maxime. — Ce n'est pas ta faute.

Solange. — Il faut oublier Calvi. Tu y as été envoyé par erreur. Tu y as fini ton service. Ta conduite y a été exemplaire.

Maxime. — Exemplaire ! Sais-tu que des colosses léchaient les souliers du chef par crainte de rempiler, d'attraper un an de plus, de ne jamais sortir de cette Corse. Je me suis usé les nerfs à obéir, à être lâche, à endurer tout.

Solange. — C'est donc une idée fixe ?

Maxime. — Une idée fixe. Je n'arrive pas à la chasser.

Solange. — Maxime, mon Maxime, promets-moi, chaque soir et chaque matin de te répéter : *Calvi n'existe pas. Calvi est un mythe. Je ne penserai plus à Calvi.* Promets-le !

Maxime. — Bonne petite Solange...

Solange. — Petite ! Je pourrais être ta mère.

Maxime. — Veux-tu ! Moi, j'ai le droit d'avoir des idées fixes. Pas toi.

Solange. — C'est fini.

Maxime. — Tu le jures ?

Solange. — Je le jure.

Maxime. — Embrasse-moi.

Solange. — Je t'adore.

Long baiser.

Maxime, *tendant l'oreille.* — La grille !

SOLANGE. — Je vais voir, reste.

> *Elle va jusqu'à la fenêtre.*

MAXIME. — Qui est-ce ?

SOLANGE. — Alfred.

MAXIME. — Oh !

SOLANGE. — Disparais. Je vais le recevoir ici. Monte. Il est possible que je t'appelle, que je te demande de descendre.

MAXIME. — Je ne veux voir personne, personne. Tu entends !

SOLANGE. — J'ai autant d'intérêt que toi à ce que tu te caches. Si je t'appelle, c'est que j'aurai besoin de toi. Tu ne me refuserais pas ton aide?

MAXIME. — Tâche de ne pas avoir à m'appeler et renvoie-le vite.

SOLANGE. — Il arrive. Dépêche-toi...

MAXIME. — Je crache sur le monde entier ! (*Il lui envoie un baiser.*) Je grimpe.

> *Il sort par la gauche.*

SCÈNE II

SOLANGE, FRED

SOLANGE, *par la fenêtre.* — Fred ! Je suis là. Montez directement. Vous savez le chemin.

VOIX DE FRED. — Vous êtes seule ?

SOLANGE, *même jeu.* — Oui.

VOIX DE FRED. — Vous avez des nouvelles du fugitif ?

SOLANGE, *même jeu.* — Non. Dépêchez-vous. (*Elle*

quitte la fenêtre et va ouvrir la porte de droite.)
Bonjour !...

Voix de fred, *en coulisse à droite.* — Bonjour,
dame du donjon !

Il entre et ferme la porte.

Solange. — Posez votre chapeau. Installez-vous.
Vous êtes venu à pied ?

Fred. — Malemort est à quinze minutes à pied,
montre en main. Alors, vous n'avez pas de nouvelles ?

Solange, *bas, un doigt sur la bouche.* — Si. Il
est là. (*Elle désigne le plafond.*) Mais faites comme
s'il n'était pas là.

Fred. — D'où venait-il ?

Solange. — Je suis heureuse de vous voir, Fred,
nous nous connaissons depuis peu, mais j'ai confiance en vous. J'ai la sensation que nous sommes
de vieilles connaissances.

Fred. — C'est réciproque.

Solange. — Fred, je suis heureuse de vous voir
et de vous consulter au sujet de Maxime.

Fred. — Parlez...

Solange. — Je le trouve bizarre... Il m'inquiète
beaucoup.

Fred. — En quoi ?

Solange. — C'est vague. Il est sombre, mystérieux, à fleur de nerfs. Je me demande...

Fred. — Vous vous demandez ? Dites... dites...

Solange. — Eh bien, je me demande s'il ne se
mêle pas de choses dangereuses, de choses qui ne le
regardent pas. S'il ne joue pas les détectives. S'il
ne tente pas de mettre la main sur le coupable. S'il
ne rêve pas de rentrer en grâce, de se poser en
sauveur. Remarquez que rien ne m'autorise à l'af-
firmer, à le suspecter. C'est un malaise que
j'éprouve. Je me demande s'il ne cherche pas à dé-
livrer la ville, à étonner sa famille pour le seul luxe

de l'insulter après. Je vous le répète, c'est une idée
à moi, qui est peut-être idiote, et je ne vous la
donne que pour ce qu'elle vaut.

Fred. — Solange, puisque vous m'honorez de
votre confiance et que vous vous ouvrez à moi, j'estime de mon devoir, franchise pour franchise, de
faire appel à votre confiance et de m'ouvrir à vous.

Solange. — Vous m'intriguez.

Fred. — Solange, il est exact que je suis un vieil
ami de Didier. Mais il est inexact que j'habite cette
ville par hasard et mon séjour chez Didier n'est pas
purement amical. Solange, je suis un humble fonctionnaire de la police. (*Sursaut de Solange.*) Voilà
bien ce que je craignais, et l'effet que ce vilain mot
produit toujours...

J'ai été chargé de l'affaire des lettres anonymes.
Je recherche la « Machine à écrire » et c'est ma dernière enquête. J'ai décidé ensuite, d'envoyer ma démission et de devenir l'associé de Didier, à l'usine.
Voulez-vous que je m'en aille ?

Solange. — Fred, pardonnez-moi ce geste instinc-
tif. Je sortais d'une de ces longues scènes où le
pauvre enfant se débat contre des souvenirs de prison. Au mot police, j'ai reçu un choc. J'oublie toujours qu'il est libre, civil, et que rien ne le menace,
sauf lui-même...

Fred. — Ne vous excusez pas, le réflexe est fort
naturel. Mon métier m'assomme et c'est pourquoi
je le quitte. Mais je me suis attaché profondément à
Didier, à sa famille... à cette ville, à Malemort...
et je veux en finir avec cette sombre histoire.

Solange. — Vous avez une piste ? Êtes-vous sur
le point d'aboutir ?...

Fred. — Je crois, hélas ! que tout sera fini ce
soir.

Solange. — Pourquoi, hélas ?

Fred. — Parce que je n'aime jamais arrêter un

coupable. Surtout quand ce coupable est escorté de
circonstances atténuantes.

SOLANGE. — Qu'est-ce qui s'est passé cette nuit,
après mon départ ?

FRED. — Vous ne vous fâcherez pas ?

SOLANGE. — Allez-y.

FRED. — Pascal a cru comprendre... heu... que
votre intérêt... très vif pour son frère... était dicté...
heu... par un sentiment...

SOLANGE, *riant*. — Ne vous mettez pas dans un
état pareil ! Quel trouble ! Oh ! Fred, mais oui,
Pascal avait raison. J'aime Maxime et Maxime
m'aime.

FRED. — Vous êtes brave.

SOLANGE. — Non, je suis franche. Je ne tenais
pas à venir scandaliser Didier et à lui apprendre
que la femme honnête, la veuve, la châtelaine qu'il
voulait épouser et qu'il aurait épousée sans ses enfants, avait tourné si mal et profité d'être libre pour
devenir la maîtresse d'un de ses fils. Avec vous,
Fred, c'est une autre affaire. J'ouvre mon cœur.
Jugez-moi.

FRED. — Je ne juge jamais personne. Vous,
moins que personne.

SOLANGE. — Fred, mon ami, je vous montre en
liberté un type de femme qui n'est plus de l'époque,
un type de femme démodé au possible, une amoureuse.

FRED. — Je m'incline bien bas.

SOLANGE. — Savez-vous ce que c'est que le coup
de foudre ?

FRED. — Hélas non.

SOLANGE. — Fred, j'étais une mère, une dame
mariée sans amour, veuve, gérant une propriété
vide, contente, triste, calme... et tout à coup, Claude
m'a amené Maxime à la maison. A peine l'ai-je vu
que tout mon bel équilibre était démoli. Cette brave

dame qui se croyait définitivement tranquille, et qui
se disait : « L'amour doit être pour les unes et pas
pour les autres, adieu ! » cette brave dame n'a plus
eu ni bras, ni jambes, ni cervelle. La foudre venait
de tomber sur Malemort.

Fred. — Je serai le dernier à en rire et à trouver
cela étrange.

Solange. — Et d'une seule rafale, tout ce qui
aurait pu m'arriver depuis dix-sept ans, tout ce que
j'avais — croyais-je — évité, tout ce qui me semblait un vieil orage, tout ce que j'avais lu ironique-
ment dans les livres et que je prenais pour légende
de Tristan et Yseult, tout cet effroyable désordre
de Phèdre, de la Princesse de Clèves, de Madame
Bovary, m'est tombé en une minute sur la tête...

Fred. — Solange...

Solange. — Vous pouvez être ému, mon ami. Je
me suis mise à fleurir, d'une floraison tardive et
d'autant plus folle, à fleurir sans réserve, sans prudence, à tour de bras. Et à être heureuse ! heureuse ! heureuse !...

Fred. — Vous m'effrayez un peu, Solange. Où
cet élan vous mènera-t-il ?

Solange. — Nulle part, et peu importe. Je ne
suis pas aveugle, je sais. Je sais que je n'ai rien à
attendre. Je sais que je rayonne dans le vide et dans
le noir. Mais qu'y faire ? Je n'ai pas résisté, je n'ai
pas essayé de résister. Les femmes qui disent
qu'elles aiment, aiment qu'on les aime. Fred, moi,
j'aime aimer et peu m'importe si je ne suis pas payée
de retour.

Fred. — Solange, vous êtes admirable. Voilà ce
que vous êtes. Quel dommage que Maxime...

Solange. — Taisez-vous, Maxime m'aime. Il le
croit. C'est l'essentiel. J'arrive à lui faire oublier
ses angoisses. Ou plutôt, je me trompe : ce sont ses
angoisses qu'il aime. Il aime son drame. Il aime le

drame. C'est la jeunesse. Ils sont tous pareils. Et j'arrive à lui faire confondre son drame avec son amour.

Fred. — Ma pauvre amie...

Solange. — Ne me plaignez pas. Je tire le plus admirable feu d'artifice. Je resterai toujours reconnaissante à Maxime d'en avoir été le prétexte.

Fred. — Et Claude ?

Solange. — Claude ? J'étais une mère jalouse, assommante, mère jusqu'au bout des ongles. Maintenant, Claude aura une mère compréhensive, clairvoyante, et qui trouvera naturel qu'il tombe amoureux.

Fred. — Il est dommage que peu de femmes comme vous existent, Solange, et je regrette d'autant plus d'avoir à coffrer le coupable, que cette ville à l'envers vous a permis de vivre cet enchantement

Solange. — Fred, vous allez me rendre service. Vous allez affronter notre tigre. Vous saurez le prendre. Voyez-le comme si vous trahissiez un peu les siens, comme un allié secret. Je l'ai prévenu. Et tâchez de le chapitrer avec adresse, si par hasard j'ai deviné juste.

Fred. — J'accepte, à une condition : c'est que vous lui direz vous-même, en ma présence, qui je suis, ce que je suis. (*Geste de Solange.*) Il le faut. Je ne veux prendre personne en traître.

Solange. — Il se fermera.

Fred. — Je l'ouvrirai, soyez sans inquiétude.

Solange. — Je ne vais pas vous apprendre votre métier.

Fred. — Oh ! mon métier...

Solange. — Je l'appelle... (*Elle se penche à la fenêtre.*) Ma-xime !... Ma-xime !... Descends.

Voix de maxime. — Je viens, je viens.

SOLANGE. — Il ne voulait pas venir. Ne vous for-
malisez pas du premier choc.

FRED. — J'ai l'habitude.

SCÈNE III

SOLANGE, FRED, MAXIME

SOLANGE, *elle ouvre la porte de gauche et parle à
la cantonade.* — Entre, Maxime, ne boude pas,
entre.

MAXIME, *il paraît sur le seuil.* — Tu m'avais promis...

SOLANGE. — Je ne t'ai rien promis ! J'ai besoin
de ton aide. Tu es un homme. Tu ne me la refuse-
ras pas. Fred, je vous présente mon sauvage.

FRED. — Rassurez-vous, Maxime, je ne viens de
la part de personne et personne au monde ne saura
que je vous ai vu.

SOLANGE. — Mon petit Maxime, Alfred vient de
me confier un grand secret ; il est ici en service
commandé. Il est chargé de l'enquête des lettres
anonymes.

MAXIME. — C'est un flic !...

SOLANGE. — Voyons, Maxime !

MAXIME, *à Fred.* — Etes-vous un flic ?

FRED. — Si vous le voulez.

MAXIME. — Il ne s'agit pas que je le veuille ou
non. Je vous demande si vous êtes un flic...

FRED. — Je suis un fonctionnaire. Un fonctionnaire de la police criminelle.

Maxime. — C'est ce que je disais. (*A Solange.*)
Tu me caches et tu me mets nez à nez avec un
flic !

Solange. — Sois convenable, Max. Fred a un
métier...

Maxime. — Joli métier.

Solange. — ... Qu'il n'aime pas et qu'il exerce
à contre-cœur. C'est du reste sa dernière enquête.
Il va s'associer avec ton père et diriger l'usine.

Maxime. — Félicitations. Il manquait un flic à
l'usine de papa.

Solange. — Maxime, en voilà assez. Fred est un
ami et je te prie de le considérer comme tel.

Maxime. — On aura tout vu. (*Il tend la main à
Fred.*) Monsieur...

Fred, *lui serrant la main.* — Je suis heureux de
vous serrer la main.

Solange. — La paix est faite? Je vous laisse tête
à tête. Je vais écrire à Claude. Je lui écris chaque
jour. A tout à l'heure, Fred.

Elle sort.

SCÈNE IV

FRED, MAXIME

Maxime. — Jusqu'ici, je n'ai eu de rapports
qu'avec des poulets de l'armée, je ne connaissais
pas le poulet civil.

Fred. — Charmé...

Maxime. — Sauf un. Après mon arrestation, à

Toulon, j'ai bousculé mon escorte, et j'ai pu prendre la fuite. Mais j'avais les menottes. J'ai couru, couru, jusque dans la campagne, je me glissais le long des murs. J'ai rencontré des jeunes filles. C'était un dimanche, elles voulaient casser mes menottes à coups de pierre. L'acier était trop solide, j'ai filé. Le soir, je me suis assis à la musique, mon bonnet sur les menottes. La nuit, je suis retourné dans la campagne. Et là, en bas d'un petit chemin à pic, un de vos collègues à bicyclette m'est tombé dessus.

FRED. — Je le déplore.

MAXIME. — Vous admettez que les flics ne me plaisent pas, que je ne les aime pas, a priori.

FRED. — Vous ne devez pas aimer beaucoup de monde.

MAXIME. — Je hais tout le monde.

FRED. — Et Solange, vous l'aimez ?

MAXIME. — Que vous a-t-elle dit ?

FRED. — Elle a déballé devant moi un trésor. Un trésor d'amour. C'est pourquoi je détesterais que ce trésor se dépense en pure perte et devienne la proie d'un fantôme.

MAXIME. — Merci pour le fantôme.

FRED. — Comprenez-moi, Maxime. Vous êtes à l'âge des amourettes. Solange a l'âge de l'amour. Voilà ce que j'entendais par fantôme. Aimez-vous Solange ?

MAXIME. — Naturellement, je l'aime.

FRED. — Naturellement... Aimez-vous l'aimer ou aimez-vous qu'elle vous aime ? Aimez-vous qu'on vous aime ?

MAXIME. — J'aime qu'on m'aime comme tout le monde.

FRED. — Parfait. Vous aimez qu'on vous dorlote.

MAXIME. — Je ne l'ai pas toujours été. On ne dorlote guère d'où je sors.

Fred. — Vous en êtes sorti, c'est le principal. Mon cher Maxime, Solange vous l'a expliqué... elle l'ignorait encore ce matin... je me trouve ici en mission secrète. Je cherche la « Machine à écrire ».

Maxime. — Noble recherche. Et... la trouvez-vous ?

Fred. — C'est l'objet de notre tête-à-tête.

Maxime. — Je comprends mal.

Fred. — Je m'explique. Hier soir, la jeune Margot m'a fait des aveux complets.

Maxime. — Quels aveux ?

Fred. — Elle avoue être la coupable. Etre la « Machine à écrire ».

Maxime. — Et vous avez cru ce qu'elle vous racontait ?

Fred. — Pas un mot.

Maxime. — Vous êtes plus malin que je ne le supposais...

Fred. — Merci. Trop aimable.

Maxime. — C'est tout ce que vous avez découvert ?

Fred. — C'est mon huitième coupable.

Maxime. — Votre huitième coupable ?...

Fred. — Avant elle, sept personnes, sept jeunes coupables des deux sexes étaient déjà venus se constituer prisonniers et faire des aveux.

Maxime. — Et pourquoi ?

Fred. — Ah ! Pourquoi ! Pourquoi ! C'est le problème. Nous sommes, mon cher Maxime, à l'époque des journaux quotidiens, des livres policiers, des films d'aventures. Chacun et chacune rêve de vedette, de crimes et de portraits en première page. Les têtes travaillent. Et on se voudrait coupable... et on se croit même coupable... et comme il importe que le monde entier le sache, on se précipite chez le commissaire de police et on se constitue prisonnier.

Maxime. — Le plus drôle, c'est que Margot, avec son atelier, ses costumes d'héroïne et ses drames en cinq actes, doit croire ce qu'elle raconte.

Fred. — N'en doutez pas. Elle y croit. Et comme elle vous mêle à cette ténébreuse intrigue, j'ai voulu...

Maxime, *dans un cri.* — Jamais au grand jamais, je ne lui ai donné un détail sérieux sur...

Il s'arrête net.

Fred. — ... vous ne lui avez donné aucun détail sérieux sur... ?

Maxime. *très vite.* — Je voulais dire que mon genre de vie assez mystérieux, à cause de Malemort, à cause de papa, à cause de Calvi, à cause de mes crises... excite beaucoup cette pauvre Margot. Elle est très romanesque, vous savez. Alors, je dois devenir dans sa petite cervelle un personnage de roman.

Fred. — Bien sûr... bien sûr. Drôle d'époque !... On ne cherche pas à vivre, on regarde vivre les autres. On lit, on lit, on voit des films...

Margot... et mes sept coupables sont des victimes des livres policiers et des grands quotidiens.

Maxime. — Margot dévorait ce genre de livres...

Fred. — Et les criminels ? Parlez-moi des criminels. Ils doivent vous plaire les criminels ? Je ne parle pas des criminels célèbres. Ce sont les ratés du crime. Puisqu'on les connaît, c'est qu'ils se sont laissé prendre. Je parle des vrais criminels, de ceux qu'on ne prend jamais, des criminels inconnus.

Maxime. — Que prétendez-vous ? Où essayez-vous de me conduire ?

Fred. — Moi ? Mais nulle part. Je ne prétends rien. Je bavarde.

Maxime. — Vous bavardez ? Je connais votre air bonasse ! C'est un de vos systèmes, le pire de tous !

Fred. — Qu'est-ce qui vous prend ?

Maxime. — Vous prétendez jouer au chat et à la souris.

Fred. — Oh! Maxime... figurez-vous... je connaissais un chat et une souris qui jouaient ensemble, qui s'aimaient. C'était à Toulon, dans un bistro. Le chat attendait la souris et la souris sortait et ils jouaient ensemble. Un jour, après plusieurs mois de ce manège, le chat a tué la souris par mégarde, d'un coup de griffe, sans le faire exprès. Le lendemain, il guettait le trou. Il attendait. Il ne mangeait plus. Il est mort de tristesse.

Maxime. — Ce qui signifie que vous porterez mon deuil.

Fred. — Ce qui signifie qu'il existe des mauvaises souris et des mauvais chats. J'entends des souris faibles et des chats faibles. Je crois être un chat de ce genre. Oui... j'aime les coupables. Je joue avec eux, sans malice. Je donnerais cher pour les aider, pour les sauver...

Maxime. — Le style, je le connais : « Entre mon gars... entre... on ne te mangera pas, que diable ! » Je connais les flics bonasses, je les connais.

Fred, *rêveur*. — Vous voyez, Maxime, ce qui rend un coupable invisible, ce qui le protège, ce qui l'écarte de notre rayon visuel... c'est qu'il gravite dans un monde à lui, un monde propre, qu'il se forge de toutes pièces, et qui ne relève pas des lois du nôtre. Par exemple, en avion, je vole plein gaz. Une mouche qui se trouve dans mon avion se décide à traverser tranquillement, lentement, de droite à gauche. Elle traverse, elle ne participe pas de ma vitesse, de mon mécanisme, je ne la remarque pas. Si elle y pensait...

Maxime, *marchant vers lui*. — Vous voulez dire que si elle se laissait déporter, elle s'écraserait contre votre sale gueule, elle se laisserait voir !

Fred. — Maxime !

Maxime. — Sale flic ! N'essayez pas de m'entortiller, de m'approcher par cercles, de me démoraliser avec vos anecdotes !

Fred. — Maxime, prenez garde !

Maxime. — Prendre garde à quoi ? Oui, je sais que je suis un faible ! un misérable ! un imbécile ! Mais n'allez pas croire que vous m'entortillerez, que vous m'aurez par la douceur !

Fred. — Taisez-vous ! Si Solange...

Maxime. — Solange n'est pas de la race qui écoute aux portes. La garde est sourde et le garde est au fond du parc. Nous sommes seuls !... Vous voulez savoir qui est la « Machine à écrire », vous voulez mettre la main dessus ? Eh bien, réjouissez-vous. Je me présente. La « Machine à écrire », ce n'est pas Marguerite, c'est moi !

Fred. — La police n'exige que des preuves. C'est ce que j'ai répondu à Margot.

Maxime. — Continuez votre travail. Mettez du fromage dans le piège, vous ne m'aurez pas. Je vous raconterai tout, de A jusqu'à Z. Tout. Mais de preuves, je ne vous en fournirai aucune. Je continuerai. Je vous échapperai. Je vous harcèlerai. Je rendrai malade ma famille et la ville. Je vous rendrai malade.

Fred. — Vous êtes prévenu. De cette minute, je ferai mon devoir. Je ferai l'impossible pour arrêter le coupable.

Maxime. — Pas de preuves, cher flic ! Mais le récit détaillé de mon entreprise.

Fred. — Je vous écoute.

Il s'installe.

Maxime. — Je venais de sortir du bagne...

Fred. — De la prison militaire.

Maxime. — ... Je n'avais pas le sou. Je crevais

de faim. Je portais un vieil uniforme et ma tête de
condamné à mort. Comment je suis arrivé jusqu'ici,
je vous en fais grâce. Je ne rêvais que vengeance et
que d'empoisonner la maison. Je me rappelai une
cabane de bûcheron abandonnée. J'ai retrouvé la
cabane, j'y ai campé, fait du feu. Pour manger, il
fallait que je chipe. La nuit je me coulais en ville et
je regardais les mille persiennes closes, méchantes.
Par les fentes de ces persiennes, les regards devaient glisser comme des lettres anonymes ; des
menaces de mort. Et peu à peu, j'ai dressé mon
plan. J'employerais les gosses. Employer les gosses
a été mon coup de maître ; ils me rapportaient de
la nourriture et des secrets de famille. Ils me docu-
mentaient. Chez eux, ils gardaient le silence. Chez
moi, ils apportaient toutes les bassesses qui les
révoltaient et qui leur étaient tombées sous la main.

Fred. — Je m'incline.

Maxime. — Claude était de la bande. Il m'aimait.
C'est alors que j'ai eu cette broncho-pneumonie, et
qu'il m'a emmené chez sa mère. Je ne voulais pas.
Mais il me fallait une machine, et puis...

Fred. — Et puis ?

Maxime. — Et puis, en habitant Malemort, je
pensais ennuyer papa.

Fred. — C'est tout ?

Maxime. — Je n'avais pas calculé avec l'amour
de Solange.

Fred. — Mais il vous arrangeait.

Maxime. — D'abord oui. Je jubilais et je feignais
de ne pas comprendre. Après le départ de Claude,
tout a changé.

Fred. — Qu'est-ce qui a changé ?

Maxime. — Je me suis mis à aimer Solange.

Fred. — Et vous avez, malgré cela, continué vos
manœuvres ?

Maxime. — Je haïssais aussi les gens de haïr Solange, de l'envier, de la mettre en quarantaine...

Fred. — Cette quarantaine vous assurait une bonne retraite bien sûre...

Maxime. — Je ne pensais qu'à la haine. Quelquefois, l'amour de Solange m'en distrayait, j'y retombais vite. La haine m'habitait, m'affolait, me minait, me poussait vers cette machine à écrire du régisseur, me...

Fred. — Vous vous serviez de la machine à écrire du régisseur ?

Maxime, *réveillé de son récit, changeant de ton, brutal.* — Vous m'interrogez ! Vous profitez de ce que je déborde, de ce que je me soulage. Vous êtes ignoble ! Interrogez toujours... Je ne dirai plus que ce que je veux...

Fred. — Qui vous interroge, mon garçon ? C'est vous qui parlez. Vous qui racontez. Vous êtes libre.

Maxime. — Et je compte rester libre, à moins...

Fred. — A moins ?

Maxime. — A moins que je n'en puisse plus, que j'éclate, que j'envoie tout promener ! Ne me défiez pas, je suis à la limite d'un scandale !

Fred. — Vous ai-je défié ?

Maxime. — C'est pire ! Vous me guettez. Vous rêvassez. Vous me faites chaque fois un tour de corde. (*Dans un cri.*) Vous me tuez !

Fred. — Vous ne m'avez rien dit, je ne sais rien. Nous redevenons des adversaires qui s'évitent et qui se cherchent.

Maxime. — Vous mentez. Vous êtes d'une adresse diabolique. Vous connaissez toutes les ficelles pour pousser à bout. Et vous y êtes parvenu. Je me moque de la police et des juges. Que tout craque ! Que tout s'écroule ! Qu'on m'arrête ! Qu'on me condamne ! Qu'on m'enferme ! J'ai l'habitude...

Je n'aurai pas la moindre surprise... Mettez-moi dans
l'impossibilité de nuire. Ne suis-je pas une bête nuisible, une sale bête, une bête qui a causé assez de
mal?

Fred. — Et, en vous perdant, avez-vous réfléchi
une seconde que vous entraîneriez à votre suite des
personnes innocentes, des personnes que vous dés-
honorerez?

Maxime. — Hein? quoi?...

Fred. — Avez-vous réfléchi que Margot...

Maxime. — J'ai voulu l'entraîner et la perdre...

Fred. — Et Solange?

Maxime. — Solange? Ah! mon Dieu!

Fred. — Vous commencez à voir plus clair...

Maxime, *la tête dans les mains.* — Mais que devenir? que devenir?... Arrêtez-moi.

Fred. — Diable, Maxime! On n'arrête pas un
homme parce qu'il vous le demande. Savez-vous
qu'il n'est pas commode, quelquefois, de se faire
arrêter? Beaucoup de coupables entassent des alibis,
sans le vouloir, comme des innocents accumulent
des preuves. Vous arrêter! Ce n'est pas si simple.
J'ai connu un coupable qui n'en pouvait plus d'attendre qu'on l'arrête. Il courait au-devant de la police. Il se dénonçait. Il se fâchait. Il suppliait. On
le traitait de fou. On ne voulait pas le croire. Je
me souviens d'avoir arrêté ce pauvre type à l'aube,
à l'endroit même du meurtre. Il y retournait chaque
nuit et y restait jusqu'au matin. J'ai posé la main
sur son épaule, doucement. Il a tourné la tête, et
je n'oublierai jamais son regard. Il s'est évanoui de
bonheur.

Maxime. — Elle est terrible, votre histoire... terrible.

Fred. — Il est terrible d'arrêter et d'être arrêté.
Je voudrais avoir à ne vous arrêter jamais.

SCÈNE V

SOLANGE, FRED, MAXIME

Voix de solange. — On peut entrer ? Vous ne vous dévorez pas ?

> *Elle ouvre la porte de gauche et entre, une lettre à la main.*

Fred. — Nous sommes bons amis.

Maxime. — Ce sont les prodiges de Malemort.

Fred. — Maxime connaît les environs comme sa poche. Le moindre bouquet d'arbres, la moindre borne, la moindre cahute. Il vient de me rendre d'énormes services.

Maxime. — Me voilà passé donneur...

Solange. — J'en doute...

Fred. — Non, Solange, Maxime ne m'a livré personne, mis sur la trace de personne.

Solange. — C'est un sauvage des bois. Si vous tendez des pièges, consultez-le.

Fred. — Quel dommage qu'il existe des hommes qui se haïssent dans un pays pareil ! Votre parc est un rêve. (*Il est à la fenêtre.*) Hoho...

Solange. — Que voyez-vous ?

Fred. — Ne bougez pas, Maxime, une visite. Une visite inattendue... A vrai dire, pas très inattendue pour moi.

Maxime. — Je parierais que c'est Margot !

Fred. — Vous devenez un vrai détective.

Solange. — Margot ?

MAXIME. — Qu'est-ce qu'elle peut bien venir faire ici ?

FRED. — Elle approche. Elle me fait signe.

Il répond.

SOLANGE, *à Maxime.* — Disparais.

MAXIME. — Je passe mon temps à disparaître.

SOLANGE. — Je la recevrai ici. J'étais seule avec Fred. Vite.

Il sort.

SCÈNE VI

SOLANGE, FRED, MARGOT

MARGOT, *entre par la droite.* — J'entre comme chez moi. Excusez, Solange, j'ai vu, de loin, notre ami, à la fenêtre. Je me suis doutée que vous étiez ensemble. Je vous gêne ?

SOLANGE. — Pas le moins du monde. Asseyez-vous.

MARGOT. — Merci. Je me promenais. J'étais éreintée. Je n'ai pas dormi. En passant devant chez vous, je n'ai pas résisté à venir prendre un peu de repos.

FRED. — Mesdames, je vous quitte.

SOLANGE. — Vous partez ?

FRED. — J'ai à faire à la poste. Voulez-vous que je me charge de votre lettre ?

SOLANGE. — Non, Fred, merci. La poste, c'est ma promenade. J'irai tout à l'heure.

FRED. — Il est possible que je repasse. (*A Margot.*) Je vous retrouverai ?

MARGOT. — Soyez tranquille. Nous sommes tous
prisonniers sur parole.

SOLANGE. — Vous êtes chez vous.

FRED. — Ne vous dérangez pas. Je vous salue.

> *Il sort à droite. Solange va jusqu'à*
> *la fenêtre et lui fait des signes d'adieu.*

SCÈNE VII

SOLANGE, MARGOT

MARGOT. — Je suis contente d'être chez vous.

SOLANGE. — Et moi je suis contente de vous y
voir. Je déteste les brouilles. Elles sont toujours un
échec.

MARGOT. — On arrive à se laisser prendre par le
rythme de la province. Tout à coup, on s'éveille et
on s'aperçoit qu'on a perdu bien du temps.

SOLANGE. — Il ne tient qu'à nous de le rattraper.

MARGOT. — Vous avez du neuf?

SOLANGE. — Du neuf?

MARGOT. — Enfin... des nouvelles de Maxime. Il
est revenu?

SOLANGE. — Maxime?... Non, pas de Maxime.

MARGOT. — Vous n'avez plus votre figure d'hier.
Vous avez l'air si calme. Je croyais que vous aviez
des nouvelles.

SOLANGE. — Vous savez, Margot, ma démarche
d'hier avait surtout pour but de me soulager de mes
scrupules. En ce qui concerne Maxime, il est libre.
Je ne l'interroge pas sur ses allées et venues. Je lui

recommande la prudence, mais, à son âge... Il ne doit pas s'amuser à Malemort, en compagnie d'une dame patronnesse.

Margot. — Une dame patronnesse ! Une dame patronnesse ! Vous êtes très belle, Solange. Et même je trouve que vous avez encore rajeuni. On dirait qu'une grande joie vous habite. Vous rayonnez !

Solange. — De quoi, mon Dieu ?

Margot. — Figurez-vous que je mettais ce... rayonnement sur le compte de Maxime.

Solange. — De Maxime ?

Margot. — Eh oui. Vous vivez seule à Malemort. Claude est loin. Je me disais que l'arrivée à l'improviste d'un jeune homme...

Solange. — Comme vous y allez, Margot !

Margot. — Que mal y aurait-il ? Maxime est la séduction en personne et il est tombé chez vous d'une manière si romanesque...

Solange. — Vous oubliez que je pourrais être sa mère...

Margot. — A vrai dire, ce n'est pas moi qui vous suspectais. C'était Pascal. J'ai même dû prendre votre défense.

Solange. — Trop aimable. Je vois que ma visite nocturne a remué l'atmosphère de famille.

Margot. — Vous n'en doutez pas, je suppose. Et, figurez-vous que Pascal était presque arrivé à me convaincre...

Solange. — Presque...

Margot. — Et je venais chez vous en femme. En femme curieuse. En femme jalouse...

Solange. — Allons donc ! Aimeriez-vous Maxime ? Je vous croyais amoureuse de Pascal.

Margot. — On n'est pas amoureuse de Pascal. On aime Pascal... C'est autre chose. Maxime, lui, on peut en être amoureuse. Pascal, c'est l'avenir.

Maxime, c'est le présent, le danger, la foudre. Vous
êtes trop femme pour ne pas me comprendre.

Solange. — Si je vous entends bien, vous vou-
driez être la maîtresse de Maxime ou la femme de
Pascal?

Margot. — Ce n'est pas si simple, Solange. Et,
puisque vous venez de m'ôter un poids, je veux me
confier à vous. Oui, je venais chez vous en femme.
Et maintenant qu'il m'apparaît que Maxime ne vous
représente que des ventouses et des cataplasmes, je
tâcherai d'être une jeune fille qui demande conseil
à sa mère. Enfin, vous me comprenez? Je ne vous
fâche pas?

Solange. — Pas le moins du monde. Allez-y.

Margot. — A force de vivre avec Maxime et avec
Pascal, j'ai fait d'eux une espèce de personnage
légendaire et sans l'ombre de réalité. Voilà ma
triste histoire. Je n'ignore pas que Maxime est impossible, et que Pascal est parfait; que Pascal
m'apportera un bonheur calme et solide. N'empêche
que, pas plus tard qu'hier, j'ai déclaré à Pascal en
toute franchise qu'il fallait réfléchir, que certains
côtés de sa nature me choquaient et qu'il devait
s'attendre à me perdre... Enfin, à me voir bientôt
sous un jour très, très défavorable.

Solange. — Et... que reprochez-vous au juste à
Pascal?

Margot. — C'est difficile à dire. Je lui reproche...
d'être sans aucune ombre, sans aucun mystère...
d'être trop *là*.

Solange, *riant*. — Et Maxime, par contre, n'est
pas assez là?

Margot, *petit silence*. — C'est que... Solange...
l'expérience est faite. Je rencontre Maxime. Je le
vois beaucoup.

Solange, *petit mouvement de surprise*. — Je
l'ignorais...

MARGOT. — Il ne vous en a pas soufflé mot. Je m'en doute. Ce n'est pas un menteur. C'est le mensonge.

SOLANGE, *légèrement altérée.* — Voyons, voyons. Je croyais... il me semblait que vous ne vous étiez rencontrés qu'une ou deux fois, au sujet de ce costume...

MARGOT. — Hier, j'étais pincée. Il me fallait un prétexte. Ce costume tombait à pic. Non, non, Solange. Depuis ce costume, nous n'avons pas cessé de nous voir. Je me demande encore pourquoi il ne vous a pas... à moins...

SOLANGE. — A moins...

MARGOT. — Il est très prétentieux, Maxime... très naïf. Pardonnez-moi d'avance ce que je vais vous dire. Il s'imagine peut-être que votre bonté cache autre chose... que vous êtes jalouse...

SOLANGE. — Jalouse de vous?

MARGOT. — Remarquez que je vous ai prévenue que j'allais dire une bêtise. Je cherche... je cherche...

SOLANGE. — Et même, en admettant que Maxime soit enfant au point de se tromper sur l'affection d'une femme de mon âge et s'imagine des choses ridicules, il faudrait, pour rendre cette femme jalouse que vos rapports avec lui ne soient pas seulement les rapports d'une amitié d'enfance... il faudrait... que Maxime vous aime... Remarquez que cela ne me regarde pas. Mais enfin... j'ai peine à croire...

MARGOT. — Avec Maxime, on a toujours peine à croire. Ah! il n'est pas de tout repos et je sais ce que je perds en renonçant à Pascal, au brave Pascal. Seulement, Maxime et moi, que voulez-vous, nous sommes de la même race...

SOLANGE. — Ce qui suppose que vous n'êtes pas de tout repos.

MARGOT. — Je ne suis pas de tout repos, Solange

Et c'est pourquoi je crains de rendre Pascal malheureux. Et c'est pourquoi, en fin de compte,
Maxime m'aime.

SOLANGE. — Car Maxime vous aime...

MARGOT. — Cela vous étonne...

SOLANGE. — Voulez-vous dire que vous êtes sa
maîtresse ?

MARGOT, *debout*. — C'est un interrogatoire ?

SOLANGE. — Vous m'avez demandé conseil, ma
petite Margot... comme une fille à sa mère. Il me
semble qu'une mère aurait le droit de s'inquiéter un
peu de tout ce que je viens d'apprendre.

MARGOT. — Non, Solange. Rassurez-vous. Je ne
suis pas la maîtresse de Maxime.

SOLANGE. — Et pourquoi ce : rassurez-vous ?

MARGOT. — Parce que, ma chère Solange, vous
avez fait preuve à mon sujet d'une telle sollicitude
que je ne voudrais pour rien au monde vous laisser
supposer le pire. Rassurez-vous. Je suis encore
digne de Pascal, bien qu'il est probable, je vous le
répète, que je ne profiterai pas de cette chance.

SOLANGE. — Je n'y comprends plus rien. Si
Maxime vous aime, si vous aimez Maxime, et si
vous êtes faits l'un pour l'autre... (*Margot éclate
de rire.*) Qu'est-ce que vous avez ?

MARGOT, *de loin*. — Solange ! Solange ! Vous
avez l'air si drôle. Vous avez l'air des personnes qui
font semblant de vous croire par politesse et qui ne
croient pas un mot de ce que vous dites...

SOLANGE. — Très juste, Margot. Je ne crois pas
un mot de tout ce que vous me dites.

MARGOT. — Et vous avez raison. Je voulais me
rendre compte. Je voulais observer vos « réactions ».
Je voulais voir si vous me cachiez quelque chose.

SOLANGE. — Et il résulte de votre enquête ?

MARGOT. — Que j'étais une sotte. Que Pascal est
un mufle et que je suis heureuse d'être votre amie.

Solange. — Alors, c'était vrai... Vous n'avez vu
Maxime que le jour du costume ?

Margot. — Ah ! non... non, non. J'ai revu
Maxime. J'ai menti en vous laissant entendre que
j'étais amoureuse de Maxime. Je n'ai pas menti en
disant que je voyais Maxime en cachette. En ce qui
concerne l'amour de Maxime, je suis certaine que
Maxime est amoureux de moi... sans se rendre
compte... il croit me voir simplement pour affaires.

Solange. — Comment, pour affaires ?

Margot. — Oui, Solange, pour affaires. Il existe
entre Maxime et moi une entente secrète, une colla-
boration en quelque sorte... un secret. (*Très fort.*)
Et je vais vous le dire, moi, le secret de Maxime !

> *La porte s'ouvre avec violence.*
Maxime paraît.

SCÈNE VIII

Les Mêmes, *plus* MAXIME

Maxime, *menaçant.* — Toi !

Margot. — Rassurez-vous, Solange. Il n'y a pas
l'ombre de secret. Mais ce monsieur ne doit pas
avoir la conscience tranquille, et comme il écoute
aux portes...

Solange. — Margot !...

Margot. — Je connais le moyen de le faire paraître.

Maxime. — Tu es contente ?

Margot. — Très. Je voulais te voir et je t'ai vu.

Maxime. — Et maintenant que tu m'as vu, tu vas prendre la porte.

Margot. — Oh! que non. C'est Solange, ici, qui commande. Du moins, je le suppose. Elle, elle m'a dit que j'étais chez moi. Au nom de cette hospitalité, je la prierai donc de nous laisser seuls cinq minutes. J'ai à te parler de la famille et je te parlerai.

Maxime. — Solange, mettez-la à la porte.

Solange. — Maxime!... Je dois porter ma lettre pour Claude à la poste. Je vais et je rentre. Parlez à Margot.

Maxime. — Cinq minutes. Pas davantage.

Margot. — Cinq minutes suffisent.

Solange. — Je vous laisse. A tout à l'heure. (*A Maxime.*) Soyez convenable. Faites le maître de maison.

Elle sort.

SCÈNE IX

MARGOT, MAXIME

Maxime. — De quoi te mêles-tu? De quel droit viens-tu faire des scandales à Malemort?

Margot. — Je me mêle de ce qui me regarde et nous n'avons pas de temps à perdre. Tu sais qui est Fred?

Maxime. — Je sais même ce que tu as été lui dire.

Margot. — Tu pourrais me remercier, imbécile. J'ai pris tout à mon compte.

Maxime. — Tu as voulu jouer le premier rôle et te rendre intéressante.

Margot. — J'ai eu bien tort de ne pas me taire et de ne pas te laisser te débrouiller tout seul.

Maxime. — Tu pouvais parler. Il n'a pas cru un mot de ton histoire.

Margot. — Il te l'a dit. Il te l'a dit pour que tu parles. Et tu as dû marcher comme un seul homme et donner dans le piège.

Maxime. — Je me moque des pièges. J'ai dit la vérité parce que je ne supporte plus de vivre traqué comme un animal.

Margot. — La vérité? Quelle vérité?

Maxime. — J'ai dit que je travaillais seul.

Margot. — Tu oublies que tu es venu te confier à moi, mon bonhomme, et me demander conseil et m'emprunter ma machine...

Maxime. — Ça ne pèse pas lourd dans la balance...

Margot. — Tu te trompes. Je m'arrangerai pour que la balance penche des deux côtés.

Maxime. — Si je n'étais pas intervenu, qu'est-ce que tu allais raconter à Solange?

Margot. — Rien. Je ne suis pas folle. J'ai crié n'importe quoi pour te faire venir.

Maxime. — Ce n'était pas n'importe quoi.

Margot. — Solange doit être à cent lieues d'établir un rapport entre nous et la « Machine à écrire ».

Maxime, *sombre*. — Elle ne se doute de rien.

Margot. — Elle ment très mal, ton amie. C'est une mauvaise élève. Je n'ai pas été longue à comprendre qu'elle était amoureuse folle de toi. Et, tu l'aimes?

Maxime. — J'aime Solange.

Margot. — Par exemple! Tu ne me le feras jamais croire.

Maxime. — Tu peux croire ce que tu veux. Je m'en moque.

Margot. — Et moi ?

Maxime. — Toi ?

Margot. — Oui, moi. Qu'est-ce que je deviens là-dedans ?

Maxime. — Épouse ton Pascal et laisse-moi tranquille.

Margot. — « Ton Pascal. » Tu es jaloux, Maxime.

Maxime. — Es-tu folle ?

Margot. — Et pourquoi es-tu venu me voir et me prendre comme confidente, comme complice...

Maxime. — J'avais besoin d'un costume et je voulais attirer le scandale sur la maison.

Margot. — C'est chose faite... Sois raisonnable, Maxime. Tu vois Pascal avec une femme aux Assises. Tu plaisantes. Non, non, Maxime. Nous purgerons notre peine. Et après nous serons le seul parti possible l'un pour l'autre. Je t'aime. Tu m'aimes. Et je t'épouserai.

Maxime. — N'y compte pas.

Margot. — Je te connais, Maxime.

Maxime. — Tu me connaissais...

Margot. — Oh ! que je suis sotte ! C'est vrai, Maxime est transfiguré par l'amour de Solange ! Lavé par l'amour de Solange ! Un peu tard !

Maxime. — Quand je me suis embarqué dans cette affreuse aventure, je n'aimais pas Solange.

Margot. — Et tu t'imagines que son amour résistera au scandale. Pourquoi ne lui as-tu pas avoué tout ? Tu avais peur de perdre ta place ?

Maxime. — J'avais peur de lui faire de la peine.

Margot. — C'est sublime. Eh bien ! mon cher, Fred cherche des preuves. Il les aura ce soir. Je te conseille de tout dire à Solange. Nous verrons le résultat.

Maxime. — Solange m'aime. Elle souffrira, mais elle comprendra.

Margot. — Elle abandonnera Malemort, son fils. Elle te suivra n'importe où ?

Maxime, *sincère*. — Margot, je ne suis pas coupable !

Margot, *tirant une lettre de son sac et la brandissant*. — Et ça ?

Maxime. — Ça quoi ?

Margot. — Ta lettre !

Maxime. — Quelle lettre ?

Margot. — Fais l'innocent ! Tu aimes Solange, et, hier, tu m'as envoyé cette lettre. Je l'ai trouvée au courrier de ce matin.

Maxime. — Je ne t'ai jamais envoyé de lettre. Montre-moi cette lettre...

Margot. — Tu dois la connaître par cœur, je présume.

Il la lui arrache.

Maxime, *lisant*. — C'est un chantage, un chantage ignoble !

Margot. — Assez ignoble. Je ne te le fais pas dire. On me prie — pourquoi moi ? — de prévenir Solange et de te prévenir que votre liaison sera l'objet du prochain scandale — à moins que Solange ne paye. Et la somme est ronde.

Maxime, *les yeux sur la lettre*. — Un chantage !...

Margot. — Et tu as raffiné la malice jusqu'à te menacer toi-même, et par l'intermédiaire de qui ? De moi. Tu n'as pas poussé l'imprudence jusqu'à te l'envoyer à toi.

Maxime. — Cette lettre n'est pas de moi. Je le jure. Je ne l'ai pas écrite.

Margot. — Qui donc l'a écrite ?

Maxime, *après un recul*. — Toi !

Margot. — Tu perds la tête.

Maxime. — Tout te dénonce. Tu voyais appro-

cher le dénouement et tu sentais que rien ne déta-
cherait Solange de ma personne dans la chance ou
dans la malchance. Et tu as machiné d'écrire cette
lettre qui aura l'air d'être de moi et qui me mon-
trera sous un jour abject.

MARGOT. — Lâche ! Tu sais que cette lettre n'est
pas écrite par moi puisque tu l'as écrite, et tu as
l'audace de m'en charger, de te nettoyer. Tu espérais effrayer Solange, qu'elle payerait· et avec cet
argent tu comptais prendre le large.

MAXIME. — Margot, écoute, cette lettre n'est pas
de moi, et qu'elle soit de toi était notre dernière
chance...

MARGOT. — Si elle n'est ni de toi ni de moi, de
qui est-elle ?

MAXIME. — De la « Machine à écrire ».

MARGOT. — Et la « Machine à écrire » c'est toi
— sors de là, Maxime.

MAXIME. — Margot — je te supplie de me croire.
Je ne suis pas la « Machine à écrire ». Je ne sais
pas qui c'est. J'ai essayé de te faire croire que
c'était moi et j'ai essayé de le faire croire à Fred
parce que ma médiocrité me dégoûte et que je voulais briller n'importe comment, pour n'importe quoi.

MARGOT. — Très facile. Le crime t'arrange jusqu'à ce qu'il te dérange. Fred est un policier. Solange te loge. Aussitôt, tu n'es plus criminel et la
« Machine à écrire » est un mythe.

MAXIME. — Margot ! Margot ! La « Machine à
écrire » n'est pas moi et elle menace Solange. Il
faut agir...

MARGOT. — Si c'était vrai, Maxime, je t'en voudrais plus de m'avoir entraînée dans le ridicule que
de m'avoir prise pour complice.

MAXIME. — Cesse de te monter la tête. Nous sommes des enfants et nous avons agi comme des en-

fants. Je t'aurais laissé marcher si Solange n'était pas en jeu.

Margot. — N'insiste pas. Je refuse de te croire. Solange t'est commode, mais tu m'aimes, moi et personne d'autre. Tu n'es pas fait pour Solange, mon pauvre Maxime... Notre voiture de noces sera un panier à salade. Pascal, Didier, Solange, Fred, c'est la société. Nous, c'est le rebut.

Maxime, *criant*. — Il faudra bien que tu retournes à tes drames en cinq actes et que tu me fiches la paix.

Margot. — Insulte-moi, insulte-moi. Plus tu te fâches, plus je te trouve superbe.

Maxime. — Je n'ai rien de superbe, et tu es une folle. Les cinq minutes passent. Et je t'affirme que je n'ai pas écrit cette maudite lettre.

Margot. — Tu l'as écrite.

Maxime. — C'est toi ou la « Machine... »

Margot. — Ce n'est pas moi. C'est toi.

Maxime. — Ce n'est pas moi.

Margot, *l'évitant*. — C'est toi ! C'est toi ! C'est toi !

Maxime. — Ne me pousse pas à bout, je vais te gifler !

Margot. — Gifle-moi et je te rendrai ta gifle. Ce ne sera pas la première fois que nous échangerons des gifles !

Maxime. — Tu ne te rends pas compte de l'état dans lequel je me trouve.

Margot, *courant à droite et à gauche*. — Attrape-moi. Gifle-moi !

Maxime. — Et si je t'étrangle !

Margot, *elle saisit le tisonnier et le menace*. — N'approche pas. Je te le conseille. J'étais prête à t'aider, à couvrir cette dernière manœuvre tout en m'arrangeant pour empêcher Solange de répondre. Cette manœuvre me prouvait ce que Solange représente pour toi. Mais puisque tu renverses les rôles, je parlerai, j'ameuterai... (*Tout à coup, Margot aperçoit la porte qui s'ouvre. Elle agite son tisonnier et se met en garde.*) En garde, Monsieur le Duc, en garde. Je suis une des meilleures épées de France et nous verrons si vous êtes un lâche !... (*La porte s'ouvre. Solange entre. Maxime, stupéfait, se retourne.*) Ouf !

SOLANGE. — Bravo !

MARGOT. — N'est-ce pas, Solange, que c'est le moment ou jamais d'écrire des drames comme *Le Bossu* ? Maxime ne veut pas me croire.

SOLANGE. — J'entendais un tel vacarme... Je croyais que vous vous disputiez... Margot, vous êtes toute pâle.

MARGOT. — C'est grâce à mon talent d'actrice !

MAXIME. — Solange, Margot ment. Elle a l'esprit plus rapide que moi. Elle a vu la porte.

SOLANGE. — C'était donc un vrai drame ?

MARGOT. — Ne l'écoutez pas, Solange.

MAXIME. — Solange m'écoutera. Margot, remets ce tisonnier en place. (*A Solange.*) Lisez cette lettre.

Il lui donne la lettre, Solange lit.

SOLANGE. — Il fallait s'y attendre. Quand avez-vous reçu cette lettre, Margot ?

MARGOT. — Écoutez-moi, Solange...

MAXIME. — Ce matin. Au courrier de ce matin.

SOLANGE. — Margot, je vous dois des excuses...

MARGOT. — Quelles excuses ? Chacun se défend comme il peut. Et vous mentez très mal. J'ai vite su à quoi m'en tenir.

SOLANGE. — Que me conseillez-vous ?

MARGOT. — Solange, si j'étais vous...

MAXIME, *il l'écarte.* — Tu permets ? (*Il s'approche de Solange.*) Solange, il faut donner cette lettre à votre flic et je m'arrangerai avec lui pour porter une fausse réponse à l'endroit qu'on désigne.

Solange. — C'est cent fois trop dangereux.

Margot. — Ne vous en faites pas pour Maxime...

Maxime. — Margot !

Margot. — Veux-tu m'obliger à reprendre le tisonnier ? Il voulait me battre.

Solange. — Oh ! Maxime...

Maxime. — C'est une garce !

Margot. — Écoutez-le. Ah ! tu le prends sur ce ton ! Eh bien, mon bonhomme, tu l'auras voulu !...

Solange. — Mes enfants ! mes enfants !

Maxime grimace.

Margot, *parlant à Solange.* — Regardez ses tics...

Solange. — Quels tics ?

Margot, *vers Maxime qui titube.* — Maxime ! Je me tairai. Maxime, tiens-toi tranquille ! Maxime !

Solange. — Il était à bout de nerfs. Maxime, couche-toi.

Maxime se couche au milieu du salon.

Margot. — Ne te couche pas par terre. Viens t'étendre...

Solange. — Nous t'aiderons.

Maxime, *il se contracte et se roule.* — Ne me touchez pas ! Ne me touchez pas ! Écartez-vous. Laissez-moi de la place. Vous ne pouvez rien. La crise arrive... La crise monte. Ah ! mon Dieu ! Je m'y attendais... Je ne peux plus lutter ! Je ne peux plus la retenir ! J'étouffe !

Solange. — Il faut l'empoigner. A nous deux aurons-nous la force ?

Margot. — Non, non, Solange. Je connais ses crises. Il faut qu'elles se passent et qu'on ne l'approche même pas, qu'on ne le touche même pas... Venez...

> *Elle l'entraîne. Les deux femmes enlacées, regardent monter cette crise de Maxime, comme la mer.*

SOLANGE. — C'est affreux !

MAXIME. — Je souffre ! Je gèle ! Je brûle !

> *Il se convulse, la crise éclate.*

SCÈNE X

LES MÊMES, *plus* FRED

FRED, *sur la porte de droite qui était restée ouverte.* — Qu'est-ce que c'est ?

MARGOT. — Ne bougez pas, Fred, Maxime a une crise.

SOLANGE. — Il demande qu'on ne le touche pas, qu'on lui laisse la place libre.

FRED. — Je connais... je connais...

MARGOT. — Le mieux est d'attendre...

FRED. — Attendons.

> *Mais au lieu d'attendre, il s'approche vivement de Maxime, se penche sur lui, et lui saisissant la tête lui relève les paupières. Maxime retombe. Fred le redresse.*

LES DEUX FEMMES. — Fred ! Non ! Laissez-le ! Ne le touchez pas ! Venez !

FRED, *secouant le bras de Maxime.* — Allez, Maxime... debout ! N'épouvantez pas ces femmes. Plus vite que ça. Debout. Allez, hop !

> *Brusquement, Maxime se lève droit devant Fred et lui fait face.*

MAXIME, *d'une voix blanche.* — Vous osez pré-

tendre que je suis un simulateur ! Il ose prétendre
que je suis un simulateur !

   Fred crie : Du calme ! du calme !

   Solange crie : Est-ce possible !

   Margot crie : Voilà le personnage, le voilà !...

                    Rideau.

ACTE III

LE COUPABLE

Même décor qu'au deuxième acte, la nuit. Lampes. Au lever du rideau la fenêtre est ouverte sur les ténèbres. Solange s'y penche et parle très fort à Maxime qui s'éloigne. On entend répondre la voix de Maxime, assez violente et distante.

SCÈNE I

SOLANGE, *voix de* MAXIME, *puis* FRED

SOLANGE. — Maxime ! Maxime ! Écoute !

VOIX DE MAXIME. — Quoi encore ?

SOLANGE. — N'y va pas, je t'en supplie !

VOIX DE MAXIME. — Fiche-moi la paix ! J'irai !

SOLANGE. — Laisse cette bicyclette ! Remonte !

VOIX DE MAXIME. — J'irai. N'essaye plus de me retenir.

SOLANGE. — Tu vas commettre des imprudences !

VOIX DE MAXIME. — Qu'est-ce que ça peut bien te faire ?

SOLANGE. — Oh ! Maxime ! Attends encore cinq minutes ! Je vais descendre.

Voix de maxime. — Dans cinq minutes, je serai loin !

Solange, *criant.* — Maxime ! Maxime ! Maxime !
> *Elle quitte la fenêtre et court vers la porte de droite. Fred entre vivement et la repousse.*

Fred. — Vous ne sortirez pas de cette chambre.

Solange. — Par exemple !

Fred. — Vous m'obéirez !

Solange. — Ouvrez cette porte et lâchez-moi !

Fred. — Solange ! Donnez-moi le revolver.

Solange. — Je ne l'ai pas.

Fred. — Vous l'avez. Donnez-le-moi.

Solange. — Eh bien, oui, je l'ai ! J'ai eu la faiblesse de vous croire et de le lui prendre. Ce revolver m'épouvantait. Et maintenant Maxime court à ce rendez-vous, désarmé.

Fred. — Il n'a pas besoin d'être armé. Il ne lui arrivera rien.

Solange. — Laissez-moi sortir !

Fred. — Mais c'est absurde ! Maxime est à bicyclette et vous ne savez même pas où cette cabane se trouve.

Solange. — Vous rendez-vous compte de l'état dans lequel vous m'avez mise ? Je suis capable de n'importe quoi !

Fred. — C'est parce que vous êtes capable de n'importe quoi que j'aurai ce revolver.
> *Il lui arrache son sac.*

Solange. — Brute !

Fred. — Insultez-moi... Je l'ai ! (*De sa main libre, il l'enlève du sac.*) Je ne le confisque pas. Je le mets dans ma poche.
> *Il met le revolver dans sa poche droite.*

Solange. — De quel droit osez-vous prendre ce sac et me donner des ordres ?

FRED. — C'est un droit que je prends.

SOLANGE. — Je m'étais habituée à voir en vous un ami. Dois-je vous considérer comme un fonctionnaire de la police ?

FRED. — Je suis la police pour vous sauver.

SOLANGE. — Et si je ne veux pas qu'on me sauve ! Je n'ai besoin de personne.

FRED. — Peut-être un jour aurez-vous besoin d'un chien de garde.

SOLANGE. — Voilà donc pourquoi vous persécutez Maxime !

FRED. — Je vous répète qu'il ne risque rien. Rien !

SOLANGE. — Alors, vous connaissez le coupable. Nommez-le !

FRED. — Vous l'apprendrez avec les autres, à minuit.

SOLANGE. — Si vous le saviez vous ne refuseriez pas de me le dire.

FRED. — Je refuse parce que j'ai un plan, que vous n'êtes pas dans votre état normal et que si je vous le confiais, vous le feriez manquer. Tout mon travail deviendrait inutile.

SOLANGE. — Et... Si Maxime n'est pas le coupable...

FRED. — Allez... allez... Si Maxime n'est pas le coupable ?

SOLANGE. — S'il n'est pas le coupable, pourquoi vous acharnez-vous à nous désunir ?

FRED. — Vous étiez plus lucide tantôt. Ne m'avez-vous pas avoué vous-même que vous couriez après une ombre, que cette aventure ne pourrait avoir de suite.

SOLANGE. — Je me mentais. Vous connaissez mal les femmes.

FRED. — Vous n'êtes pas une femme comme les autres.

SOLANGE. — Voilà ce qui vous trompe.. Je suis une femme comme les autres. Pire que les autres !

FRED. — Vous aimez un fantôme.

SOLANGE. — Ceci me regarde.

FRED. — Et moi, je vous empêcherai de vous perdre pour un fantôme ! Je vous en empêcherai de force ! J'empêcherai ces enfants de jouer aux fantômes. Si toute la jeunesse se mettait à jouer aux fantômes, la France deviendrait un pays fantôme. La réalité ne tarderait pas à tomber dessus.

SOLANGE. — Je me moque des histoires de fantôme. Mon amour est une réalité. Je suis une pauvre femme qui aime. (*Elle s'effondre en larmes.*) Et qui n'en peut plus...

FRED. — Vous abandonneriez Malemort. Vous abandonneriez votre fils. Solange !... (*Silence.*) Que s'est-il passé entre vous et Maxime après sa fausse crise ? Après mon faux départ ? (*Silence.*) Vous refusez de répondre... Fort bien... Je répondrai à votre place. Je vais vous le dire, moi, ce qui s'est passé entre vous.

Maxime vous a raconté son mensonge. Il sanglotait. Vous le berciez. Et, tout à coup, vous vous êtes aperçue que c'est un enfant que vous teniez dans vos bras.

SOLANGE. — Je voudrais être morte.

FRED. — Vivez, Solange. Mais ne vivez pas avec un énergumène. Réveillez-vous. Reprenez-vous. Vous n'êtes pas une Margot que diable.

SOLANGE. — Vous voulez me laisser entendre que Maxime et Margot sont faits l'un pour l'autre ! Rendez-moi ce revolver.

FRED. — Non ! Vous croyez que je ne souffre pas de voir votre souffrance ? Vous croyez que c'est agréable de jouer le rôle que je joue.

SOLANGE. — Pardonnez-moi, Fred. Je n'ai plus ma tête. Je ne sais plus ce que je fais, ce que je dis... Je ne suis plus de force... Je cède. Agissez comme bon vous semble.

Fred. — Vous serez calme.

Solange. — Je crois que j'essaye...

Fred. — Jurez-moi que vous l'attendrez sans commettre d'extravagances... que vous allez essayer de dormir un peu... Je passe au journal avant le tirage et je reviens. Rendez-vous général à minuit. Cette histoire est une histoire de fantômes. C'est à minuit qu'elle doit finir.

Solange. — Je ne pourrais jamais rester seule. Je vous accompagne.

Fred. — Impossible. Vous ne devez pas me suivre au journal.

Solange. — Alors, je descends avec vous et je marcherai sur la route, à la rencontre de Maxime...

Fred. — Quelques pas !

Solange. — Soyez tranquille. Je ne connais même pas le chemin...

Fred. — Je peux compter sur vous ?

Solange. — Je vous le jure. Je mets une cape. Attendez-moi. (*A la porte de gauche.*) Fred !... Rendez-moi le revolver de Maxime.

Fred. — Ja-mais.

> *Elle claque la porte.*

SCÈNE II

FRED *seul,* puis MARGOT

Fred écoute un moment à la porte. Puis il se dirige vers la fenêtre, la ferme et redescend en scène. Voix de Margot en coulisse à droite.

Voix de margot. — Solange ! On entre chez vous comme dans un moulin !... (*La porte s'ouvre. Margot entre.*) Ho ! Fred... Vous m'avez fait peur. Nous sommes en avance !

Fred. — C'est-à-dire que... je sortais... avec Solange. Elle était montée prendre une cape...

SCÈNE III

Les Mêmes, *plus* SOLANGE

Solange. — Déjà ! Bonjour, Margot.

Margot. — Vous devriez dire : Bonsoir !

Solange. — Je m'apprêtais à sortir. Je reste...

Fred. — Bravo. Je vous laisse ensemble. A tout à l'heure.

Margot. — Ne vous gênez pas, Solange. Je ferai comme chez moi...

Solange, *posant sa cape.* — Non, non, je ne voulais pas être seule. Vous me tiendrez compagnie. Je reste. Où est Pascal ?

Margot. — Pascal ne viendra pas à minuit.

Solange. — Il ne viendra pas au rendez-vous de Fred ?

Margot. — Ni Pascal ni Didier. Je ne crois pas que Fred tienne à ce que les frères se rencontrent. Du reste, Pascal est malade. Il a la fièvre. Je crains une rechute. Papa le soigne. Moi je voulais vous voir d'abord. Maxime va venir ?

Solange. — Il devrait être là. Son retard commence même à m'inquiéter énormément.

MARGOT. — Solange... vous savez tout ?

SOLANGE. — Tout quoi ?

MARGOT. — Vous savez *qui* est Maxime ?

SOLANGE. — Margot, Maxime n'est pas la « Machine à écrire ». Il vous a monté le coup.

MARGOT. — C'est à vous qu'il l'a monté, ma chère Solange !

SOLANGE. — Il n'est pas coupable. J'en ai la certitude.

MARGOT. — S'il n'est pas coupable, Solange, c'est un bien triste individu !

SOLANGE. — Vous rendez-vous compte de ce que vous arrivez à dire et où vous mèneront vos folies !

MARGOT. — Mes folies ! mes folies ! Savez-vous ce que c'est, vous, la dame de Malemort, bien assise dans une existence confortable, savez-vous ce que c'est que d'être de nulle part, que de sortir de la rue, que de jouer des rôles et de mettre des costumes de théâtre pour essayer de se croire quelqu'un ou quelque chose ? Savez-vous ce que c'est que de vivre sans état-civil en face de toute cette province hypocrite qui me méprise et qui me persécute ? Savez-vous ce que c'est que de n'avoir comme arme que ce que vous appelez mes folies ? Savez-vous ce que c'est que d'aimer un homme sans oser l'épouser parce qu'on se demande chaque minute s'il ne vous le reprochera pas un jour ? Savez-vous ce que c'est ?

SOLANGE. — Et qui vous a dit... Qui vous a dit que je ne souffre pas le martyre de me trouver brusquement en face d'un enfant qui s'amusait au lieu de me trouver en face d'un pauvre être révolté, sauvage, seul et privé de tendresse ? Savez-vous si je ne tombe pas au fond de l'abîme ? Savez-vous si je ne pense pas à me tuer ?

MARGOT. — Oh ! Solange !

SOLANGE. — Par une révolte enfantine contre

votre naissance et contre le monde, vous complotez, vous intriguez, sans vous rendre compte qu'il existe des femmes idiotes qui aiment et qui croient, des âmes violentes qui risquent de se trouver prises dans vos intrigues.

MARGOT. — Écoutez, Solange...

SOLANGE. — Écoutez d'abord ! Et regardez une malheureuse qui n'a plus devant elle que des enfants qui jouent — qui jouent et qui la piétinent ! (*Elle sanglote et se laisse tomber assise. Margot, bouleversée, vient s'asseoir auprès d'elle et cherche à lui prendre les mains.*) Oh ! vous ne saurez jamais le mal que vous avez pu me faire...

MARGOT. — Solange ! Solange !...

SOLANGE. — Non. Laissez-moi...

MARGOT. — Solange. je ne savais pas... je ne me doutais pas... Je ne suis pas méchante...

SOLANGE. — Vous n'êtes pas méchante. C'est pire. Vous faites le mal sans vous en rendre compte.

MARGOT. — Moi encore j'avais des excuses, mais Maxime n'en a pas. C'est un fou ! C'est un monstre !

SOLANGE. — Il n'est ni un fou, ni un monstre, Margot. Tout est ma faute. Je n'ai que ce que je mérite !

MARGOT. — Je serais curieuse de savoir ce que l'oncle Fred pense de ce rendez-vous.

SOLANGE. — Il affirme que Maxime ne risque rien, qu'il n'y trouvera personne...

MARGOT. — Et pour cause !

SOLANGE. — Vous faites fausse route, ma petite Margot. Il n'est pas le coupable.

MARGOT. — Oh ! Je payerais cher pour qu'il se montre à vous tel qu'il est ! Pour que vous puissiez le voir tel qu'il est !

SOLANGE. — Je l'aime tel qu'il est, Margot.

MARGOT. — Non, Solange, vous ne l'aimez pas !

Il vous a jeté de la poudre aux yeux, comme à moi, comme à tout le monde. Et c'est trop bête. Parce que, moi, je connais quelqu'un qui vous aime. Quelqu'un qui mérite qu'on l'aime et qu'on vive avec lui. Quelqu'un...

Solange. — Je vous en prie, Margot !...

Margot. — Vous savez à merveille de qui je parle...

Solange. — Taisez-vous !

Margot. — Je ne me tairai pas. Je réparerai le mal que j'ai fait... je...

Solange. — Trop tard, Margot, trop tard. Écoutez-moi et croyez-moi. Vous, vous avez été folle, mais vous êtes digne de Pascal. Moi, j'ai été folle et je le reste. Je ne suis pas digne de la personne dont vous parlez. (*La figure dans les mains elle pleure.*) Tout est fini... fini. Tout est impossible...

Margot, *l'entourant de ses bras.* — Solange ! Solange ! Rien n'est impossible ! Solange !...

> *Tout à coup les deux femmes se redressent. Maxime est sur le seuil. Il a ouvert la porte sans bruit.*

SCÈNE IV

SOLANGE, MARGOT, MAXIME

Pendant toute cette scène, Solange restera muette. Elle ne quitte pas Maxime des yeux.

Maxime. — Tableau !

Solange. — Maxime !

Margot. — Je n'ai pas le droit d'arriver en avance, peut-être, et de parler à Solange.

Maxime. — Vous avez tous les droits, Mesdames. Tous les droits.

Margot, *agressive*. — Solange est mon amie !

Maxime. — Je m'en doute. Dès qu'un homme a le dos tourné, les femmes se liguent et le mettent en pièces.

Margot. — Ce que tu es grotesque !

Maxime. — On complote avec Mademoiselle et sans doute on complotait avec le flic de la famille ! Quel milieu !

Margot. — Il vaut celui d'où tu sors !

Maxime. — Tout juste. Et il vaut l'Assistance publique.

Margot. — Un raté ! Voilà ce que tu es. Un raté !

Maxime. — Un raté sur toute la ligne. Un raté qui avait l'innocence de croire qu'une personne au monde lui voulait du bien.

Margot. — Tu n'as pas le droit de parler de Solange !

Maxime. — Tiens... tiens... Et pourquoi ? Solange est comme les autres. Je ne le croyais pas, je l'avoue. C'est ma dernière surprise. Vous vous valez tous !

Margot. — Et ce fameux rendez-vous ?

Maxime. — Fais l'innocente ! Je devais être la seule personne à croire que j'y rencontrerais le coupable. Rien ne manquait au programme, jusqu'à la scène pathétique de la fenêtre « Maxime, n'y va pas, Maxime ! » Vous m'avez expédié à cette cabane à seule fin de vous moquer de moi, de m'éloigner et de vous réunir.

Margot. — Tu savais fort bien pourquoi tu ne devais y trouver personne à cette cabane !

MAXIME. — Que cherches-tu à insinuer ?

MARGOT. — Je ne cherche pas à insinuer ; j'accuse. Je ne marche plus ! Tu savais n'y trouver personne parce que tu as écrit cette lettre toi-même et que la « Machine à écrire » c'est toi !

MAXIME. — Sale menteuse !

Il veut s'élancer sur Margot. Margot
se presse contre Solange. Entre Fred.

SCÈNE V

Les Mêmes, *plus* FRED

FRED. — J'arrive à temps !

MAXIME, *imitant le cri d'une rafle.* — Police !

FRED. — Minuit juste. Je tiens ma promesse. Vous êtes tous là ?... J'ai autorisé Didier et Pascal à ne pas venir.

MAXIME. — Ils avaient peur de moi ?

MARGOT. — Idiot ! Pascal est malade. Et il aime mieux que je lui raconte les choses que d'y assister.

MAXIME. — C'est un délicat ! C'est une petite nature !

MARGOT. — Tu riras moins dans quelques minutes, mon bonhomme.

MAXIME, *ironique.* — Le dénouement !

MARGOT. — Oui, le dénouement ! Finissez-en vite, Alfred. Arrêtez-nous.

Elle tend ses poignets.

FRED. — Je n'arrête que les coupables. Et, grâce au ciel, ni vous ni Maxime ne l'êtes que je sache.

Il y a là quelqu'un que je voudrais faire entrer dans cette chambre. Vous permettez, Solange ?

SOLANGE. — Quelqu'un...

FRED. — Je vous ai promis des fantômes. (*Il sort droite en disant :*) Monique, entrez, entrez...

SCÈNE VI

LES MÊMES, *plus* MONIQUE

FRED, *il la mène par la main*. — Vous connaissez notre demoiselle des Postes ?

SOLANGE. — Monique Martinet !

MARGOT, — Monique ! (*Elle s'avance la main tendue.*) C'est juste. Fred est malin. Elle doit en savoir plus que tous sur les lettres.

MONIQUE. (*Elle jouera toute la scène debout, en tailleur, masquée de sa voilette, d'une voix blanche.*) — Ne me touchez pas, mademoiselle Margot. (*Elle montre sa main.*) J'ai écrit les lettres. C'est moi la « Machine à écrire ».

TOUS. — Vous ! Elle ! etc.

FRED. — Monique Martinet. M. M.

MARGOT. — Vous, Monique ! Vous ! Mais belle comme vous l'êtes, vous pouviez prétendre à n'importe quel mariage de premier ordre...

MONIQUE. — Ce mariage devait avoir lieu. La famille a refusé. Le jeune homme s'est tué. Je me vengeais.

FRED. — Et ensuite ?

MONIQUE. — Ensuite, j'ai voulu mettre de l'ordre. Il fallait que les choses arrivent,

Maxime. — C'est faux ! Ce n'est pas elle !

Fred. — Hélas ! je possède des preuves, Monique... (*Elle a l'air d'une femme qui parle endormie et que les questions réveillent.*) Monique... Cet après-midi... lorsque j'ai été vous prendre à la poste pour aller chez vous, qui avons-nous rencontré en route ?

Monique. — La baronne.

Fred. — Elle est très grosse, la baronne.

Monique. — Oui, Monsieur l'Inspecteur.

Fred. — Et avec la baronne ?

Monique. — Il y avait la femme de chambre, les chiens.

Fred — Et encore...

Monique. — La victoria qui suivait derrière.

Fred. — Et que s'est-il passé après que nous avons eu croisé ce cortège ?

Monique. — La baronne s'est retournée, surprise de me voir au bras d'un monsieur de la ville...

Fred. — Et qu'avez-vous fait, Monique ?

Monique. — Je lui ai tiré la langue. La baronne s'est trouvée mal.

Fred. — Et pourquoi avez-vous tiré la langue ?

Monique. — Il fallait bien que je signe toutes mes lettres d'un seul coup.

Margot. — Monique ! Monique ! Derrière votre grillage, vous deviez guetter vos sales victimes et être heureuse ! heureuse ! Vous avez dû connaître des minutes d'exaltation extraordinaires !

Monique. — Non. Je détestais mon grillage. Il fallait que les choses arrivent. Suis-je libre de me retirer, Monsieur l'Inspecteur ?

Fred. — Ma petite Monique, vous êtes libre. Vous allez rentrer seule chez vous...

Monique. — J'ai l'habitude. J'ai ma lampe électrique.

Fred. — Vous allez rentrer seule et demain matin,

vers neuf heures, j'irai vous chercher à la Poste...
Si vous n'y êtes pas...

MONIQUE. — J'y serai, Monsieur l'Inspecteur.

FRED. — Comprenez-moi bien. *Si vous n'y êtes
pas....* la nuit est encore longue...

MONIQUE. — Oh ! pardon... je ne comprenais pas.
Non, merci, Monsieur l'Inspecteur. Je serai à la
Poste. Je veux qu'on m'arrête et qu'on me juge. Il
faut que les choses arrivent.

FRED. — Parfait. Alors... à demain...

MONIQUE. — A demain, Monsieur l'Inspecteur.

> *Elle sort sans voir personne au milieu
> d'un silence de mort.*

FRED. — Je vous mets sur la bonne route. Prenez
garde aux marches.

> *Il disparaît un instant et rentre.*

SCÈNE VII

LES MÊMES, *moins* MONIQUE

FRED. — Et voilà.

MAXIME, *montrant son front.* — Elle est complètement folle ! C'est une folle ! !

FRED. — Non. Le chagrin. La solitude. La méchanceté des gens. L'idée fixe. La méchanceté d'une
ville peut rendre fou.

MARGOT. — Fred, croyez-vous qu'elle risque la
peine de mort ?

FRED. — Elle ! Il y a la médecine. Et puis j'entends d'avance son avocat : « Est-ce à des familles

comme les vôtres, Messieurs les Jurés que cette
jeune fille expédiait ses menaces ? Non ! » Elle bénéficiera des circonstances atténuantes.

Margot. — C'est terrible, Fred, terrible.

Fred. — C'est bien pourquoi j'ai tenu à vous
montrer un coupable. Ce n'est pas drôle.

Margot. — J'ai joué avec le feu du ciel !... Et
j'aurais juré que c'était Maxime !

Solange. — Pas moi.

Fred. — Ni moi.

Maxime. — Merci !

> *Il se dirige vers Solange.*

Alors... Solange... Tu me supporteras — sans le
moindre prestige... Tu me pardonneras...

> *Il avance jusqu'à elle.*

Solange. — Maxime ! J'ai à te parler. C'est
grave. Il faut que je te parle. Il faut que je vous
parle à tous.

Fred, *de son coin.* — Réfléchissez encore, Solange. Je sais ce que vous allez nous dire. Et vous
avez raison : c'est grave. Réfléchissez.

Solange. — J'ai réfléchi. Je ne fais que réfléchir
depuis le retour de Maxime. Je parlerai.

Fred. — Vous êtes seule juge.

Solange. — C'est exactement le mot.

Fred. — Parlez.

Maxime. — Je sais aussi bien que vous ce qu'elle
va dire et ce que vous essayez de l'empêcher de dire.
(*A Solange.*) Tu aimes cet homme. Tu ne m'aimes
plus !

Fred. — Maxime !

Solange. — Fred ne se fait aucune illusion. N'est-ce pas Fred ? Une femme de mon âge ne cesse pas
d'aimer parce qu'elle le décide. (*Geste de Maxime.*)
Ne bouge pas. N'ajoute pas à mon désastre. Je
souffre assez sans y ajouter des crises d'attendrissement et de larmes.

MAXIME. — Tu t'en tires à merveille. Tu es très forte. Je te connais.

SOLANGE. — Tu ne me connais pas. Personne ne connaît personne.

MARGOT. — Moi je vous connais, Solange !

MAXIME. — Et moi, je vous connais tous.

SOLANGE, *vers Margot*. — Margot... Vous croyez connaître Pascal ? Qui est-ce ?

MAXIME. — Un crétin que Margot épouse.

Margot hausse les épaules.

SOLANGE. — Et Margot se résigne...

MARGOT. — Dire que je me résigne, c'est excessif !

SOLANGE. — Enfin, vous le trouvez un peu... en dehors de vos rêves. Il est incapable de cacher quelque chose...

MARGOT. — Pauvre Pascal !... Incapable.

SOLANGE. — Ce qui ne l'empêche pas d'avoir été l'amant de mademoiselle Martinet et de l'avoir lâchée en cinq minutes parce qu'il vous aime, vous, Margot.

MARGOT. — Hein ?

MAXIME. — Qu'est-ce que c'est que cette histoire de brigands ?

FRED. — Ce n'est pas une histoire de brigands.

MAXIME, *à Solange*. — Je ne te savais pas devenue détective.

SOLANGE, *les yeux fermés*. — Je connais les moindres secrets de cette ville. Mademoiselle Martinet était la maîtresse de Pascal. Il n'est donc pas si simple que vous le dites.

MAXIME. — Si c'est vrai, Margot le trouvera immédiatement admirable.

MARGOT. — Exact ! Si c'est vrai, Solange... vous ne savez pas le cadeau que vous me faites. Je ne lui en parlerai pas. Il y aura enfin un secret entre nous... enfin, un peu d'ombre !

SOLANGE. — Acceptez ce cadeau de mariage.

MARGOT, *cri.* — Ha !

MAXIME. — Qu'est-ce qu'il y a ?

MARGOT. — Si Pascal savait que Monique et la Machine ne faisaient qu'un... il était son complice...

SOLANGE. — Mon cadeau est plus modeste. Pascal ne savait rien parce qu'il n'y a rien. Cette fille a joué la comédie pour se rendre intéressante à ses yeux. Encore une !

MAXIME. — Monique Martinet n'est pas le coupable ?

SOLANGE. — Elle n'est pas le coupable.

MARGOT. — Et ce coupable, qui serait-il ?

SOLANGE, *hautaine.* — Moi.

MAXIME. — Toi !

MARGOT. — Vous !

SOLANGE. — Moi, et je m'en vante. Demandez à Fred. Pauvre Fred ! Il se donne tant de mal pour me sauver. Son silence m'accuse davantage que ses paroles.

MARGOT. — Fred ? C'est vrai ?

FRED. — C'est vrai... hélas !

MARGOT, *sincère.* — So-lange ! Comment avez-vous pu faire une chose pareille !

MAXIME. — Ça... Margot, c'est énorme !

SOLANGE. — Margot a raison. C'est un cri du cœur. Il existe un monde entre imaginer une chose ou la faire.

MAXIME. — Prouve-le. Tu n'es pas plus coupable qu'elle. Toi aussi tu veux te rendre intéressante, ma fille. Tu veux intéresser ton flic !

SOLANGE. — Tu rêves, Maxime, Margot rêve. Monique Martinet rêve. Moi je ne rêve pas, j'agis. L'auteur des lettres anonymes, c'est moi.

MAXIME. — Mais pour quel motif les aurais-tu écrites ? J'aimerais le savoir...

SOLANGE. — Fred l'a deviné depuis le premier

jour. Fred ! quand avez-vous compris que j'étais
coupable !

Fred. — Pas depuis le premier jour. Je le soupçonnais. Je refusais de l'admettre. Je n'en ai eu la
certitude qu'à votre sursaut en apprenant que j'étais
de la police.

Solange. — Je croyais avoir été très habile...

Fred. — Vous seriez habile si vous étiez méchante. Vous n'êtes pas méchante, Solange. Malgré
cette abomination des lettres, j'ai toujours insisté
sur la justice particulière de l'expéditeur. Il frappait
le mal.

Margot, à Solange. — Comme vous avez dû
vous moquer de moi.

Maxime. — Et de moi !

Solange. — Oh ! Maxime... non. Ceux qui ne
font pas les choses les racontent. Ceux qui les font
se taisent. Ma dernière lettre était pour écarter
Maxime de mes intrigues. Je ne vous en voulais pas,
Margot. Je ne vous en ai même pas voulu de la rupture de mon mariage. Et c'est de là, pourtant, que
tout date. J'ai caché mon amertume. J'ai bien pris
mon calme. J'ai tissé ma toile. La haine me sortait
du cœur comme un fil de soie. Et j'attrapais mes
victimes et je les enroulais dans mon fil jusqu'à ce
qu'elles se tuent.

Margot. — Solange ! Vous m'effrayez !

Solange. — Il y a de quoi.

Maxime. — Solange, tu mens ! Elle n'est pas coupable ! Solange n'a tué personne ! Explique-toi !

Solange. — Fred, j'ai été la femme d'un ivrogne
qui me rouait de coups et qui est mort gâteux. Je
suis restée veuve avec Claude. Seule à Malemort,
au milieu d'une société ignoble qui m'enviait et qui
m'évitait.

Je voyais partout une chance absurde favoriser
les manœuvres de ces monstres. L'un faisait désho-

norer le fiancé de sa fille parce qu'il était pauvre,
l'autre — le colonel — séquestrait sa sœur dans une
cave et jouait sa fortune. Je vous passe le reste. J'en
voulais à toute la ville. A tous ces faux bonheurs, à
toutes ces fausses piétés, à tous ces faux luxes, à
toute cette bourgeoisie hypocrite, égoïste, avare,
inattaquable. J'ai voulu remuer cette boue, attaquer,
démasquer. C'était un vertige ! Sans me rendre
compte, j'ai choisi l'arme la plus sale, la plus cra-
puleuse : la machine à écrire.

Combien de fois j'ai tremblé qu'on ne me prenne
la main dans le sac. Je vous fais grâce du détail de
mes ruses et de mes angoisses. Quel cauchemar !
Maxime est tombé ici. Je l'ai aimé. J'ai éloigné
Claude. Je voulais vivre. Et j'ai continué mon manège pour garder Maxime, pour me défendre, pour
empêcher qu'on bavarde, pour épouvanter, pour lutter de toutes mes pauvres forces contre la solitude
et contre la mort. Si les circonstances ne s'étaient
pas mises contre moi, j'aurais été jusqu'au bout.
Oui ! J'aurais nettoyé la ville ! Seulement... vous
vous êtes mis à jouer les coupables et Fred a miné
mon chef-d'œuvre. Je n'avais jamais connu un être
pur. Vous m'avez fait honte, Fred. Honte de moi,
honte de ma dégoûtante entreprise, honte de mon
amour.

Maxime. — Tout le monde est affreux. Moi, je
t'admire. Filons ensemble...

Solange. — Qu'est-ce que j'ai d'admirable ? Non,
Maxime... Vous admirez trop le mystère Margot et
toi. Grand bien vous fasse ! Moi j'en ai assez des
mystères. J'ai trop crevé dans l'ombre. Trop crevé
de solitude à Malemort avec ma machine, mes *M,*
mes courses la nuit, mes mensonges. Je veux parler ! Parler ! Parler ! Et je parlerai ! Je me livrerai !
Je me défendrai ! Je leur tiendrai tête ! Ils n'auront
pas ma peau !

Fred. — Du calme, du calme, Solange. Le plus sage, serait que je vous fasse partir pour l'étranger avec Claude...

Solange. — Croyez-vous que j'accepterai qu'on arrête cette petite, même vingt-quatre heures? On s'apercevra que c'est une folle, soit! Vous serez ridicule et elle perdra sa place. Vous lui en trouverez une autre? Et après? Non, Fred, non. Il y a une minute où le silence éclate, où ceux qui se taisent étouffent. J'exige un scandale. J'exige qu'on me juge. On m'acquittera ou on m'enfermera. Peu importe. J'exige un point final. Le vague me rendrait folle à mon tour.

Fred. — Vous ne pensez pas à Claude, à son collège...

Solange. — Tout vaut mieux que la fuite.

Maxime. — Je ne trouve pas; les êtes tels que nous prennent la fuite et disparaissent.

Solange. — Tels que nous! Maxime... Écrirais-tu des lettres anonymes?

Maxime. — (Il hésite)... Non.

Solange. — Tu es un innocent, Maxime.

Maxime. — Tu es plus innocente que moi. Les coupables, c'est une race. La mienne. Tout m'expulse de la société. Que je n'aie pas la force de faire le mal ne m'innocente pas, au contraire. (Il voit l'immobilité de Solange.) Ah! parfait. J'ai compris, je disparais. Vous ne me reverrez plus.

Solange. — Max!...

Margot. — Fred, laissez-moi parler à cet énergumène. Écoute Maxime...

Maxime. — Non!

Margot. — Écoute, Maxime, nous nous sommes mêlés à la légère d'un drame qui nous dépasse. Fred a parlé à Didier et à Pascal. Ils te bousculaient mais ils t'adorent. Notre famille est une famille qui se dispute et qui s'adore. Rentre à la maison.

Fred. — Il faut que j'aide Solange et que Margot rejoigne Didier et Pascal. Ils doivent mourir d'inquiétude. Il est une heure impossible. Accompagnez Margot jusque chez vous.

Maxime. — Chez moi ! Vous en avez de bonnes !

Margot. — Didier et Pascal t'attendent, les bras ouverts.

Maxime. — Et à quoi cela servirait-il, grand Dieu !...

Fred, *bas à Maxime*. — Sait-on jamais...

Margot. — Tu as tort de vouloir faire le malin. Solange ne peut plus te garder auprès d'elle. Rentre. Tu ne vois donc pas que tu la tortures.

Maxime. — Tu te mêles de ce qui ne te regarde pas — comme toujours.

Margot. — Moi ! Moi je sens les choses. Moi j'ai le droit de me mêler des choses. Moi je suis auteur dramatique, mon vieux.

Maxime. — Laisse-moi rire !

Margot. — Tu peux rire. Judith prédisait toujours que je serais auteur dramatique.

Maxime. — Elle se moquait de toi. C'est à moi, à moi, que maman disait : Maxime, tu seras un acteur !

Margot. — Joli acteur qui se joue des pièces à lui-même !

Maxime. — Bel auteur dramatique en chambre.

Margot, *furieuse*. — Par exemple !

Maxime. — J'en ai assez ! J'en ai assez ! J'en ai assez ! de vos combines. Je file.

Fred. — Accompagnez Margot, Maxime, et retournez chez vous. Vous filerez demain.

Maxime, *écartant les autres*. — Solange — avant que je parte — dis, veux-tu m'embrasser ?

Solange, *reculant les bras en avant, comme si elle*

les lui tendait. — Ah ! ça, non, non, Maxime ! Pars, pars vite. Pars à toute vitesse. Ne me regarde pas. Je te le demande. Poussez-le dehors. Cette scène est au-dessus de mes forces. Mais va, va, va donc ! Il ne comprend donc pas que je meurs.

Maxime, *court à la porte.* — Je comprends à merveille. (*Sur le seuil et refoulant ses larmes.*) Reste avec ton flic !

> *Il claque la porte.*

Fred. — Pauvre gosse ! Vivement, Margot, rattrapez-le — entourez-le — ramenez-le chez vous.

Margot. — Je le connais. Il court en traînant la jambe. On ne le changera pas. Solange — votre vie, c'est Fred. Je me sauve, Fred, je le rattraperai, et je le convaincrai. Merci.

> *Elle embrasse la main de Fred et sort en courant.*

SCÈNE VIII

SOLANGE, FRED

Solange sanglote, assise sur le coffre.

Solange. — Oh ! Fred ! Oh !

Fred, *il la berce.* — Je sais... je sais... courage.

Solange. — Du courage ! Où voulez-vous que j'en trouve ?... Margot aime Maxime. Maxime aimera Margot. Ils courent dans la nuit. Ils se disputent... Je les vois.

Fred. — Ils suivent leur tourbillon. Vous n'entrez

pas dans le système. Vous resterez toujours en dehors de leurs rondes. Laissez-les jouer au gendarme
et au voleur. Craignez leur cache-cache. Oubliez-les.

Solange. — Je ne pourrai jamais oublier Maxime.

Fred. — Je ne vous demande pas de l'oublier. Je
vous conseille de le quitter avant qu'il ne vous quitte.
Vous étiez parfaitement lucide quand vous m'avez
dit que vous aimiez un fantôme. Il disparaît au
chant du coq. Allons Solange ! Soyez énergique. Il
faut que je m'occupe de vous. Un tribunal ne plaisante pas.

Solange. — Un tribunal !...

Fred. — Imaginez cette ville demain, les journaux, les crieurs de journaux, les « quinconces »,
votre fils à Paris, le triomphe de tous ces misérables.

Solange. — Oui. J'imagine. J'imagine... et je
viens d'être lâche. Je me dégoûte. Je dois me battre, Fred. Je dois faire face au scandale, je dois me
vaincre, je dois les vaincre, je dois gagner !

Fred. — Vous ne gagnerez pas. Vous êtes payée
pour savoir ce que c'est qu'une ville de province,
pour connaître la puissance de la bourgeoisie et de
l'argent. Et vous prétendez entrer en guerre contre
ces forces occultes et terribles ? Vous perdez la tête,
Solange. Vous avez voulu les avoir. Ils vous auront.

Solange. — La justice existe !

Fred. — La justice n'aime pas qu'on se substitue
à elle, qu'on exécute son travail. Vous avez voulu
vous substituer à la justice. Elle ne vous le pardon-
nera pas. Voyons, voyons, Solange. Écoutez. Vous
avez commis, pour la bonne cause, soit, la pire des
infamies — Ha ! Vous le reconnaissez vous-même.
Qui admettra que vous agissiez sans vous rendre
compte ? Qui admettra que vous étiez victime d'un
vertige ? Qui admettra que l'amour d'un gamin vous
obligeait à vous défendre ? Vous êtes coupable aux

yeux de tous. Savez-vous ce qu'il y avait sur ma
fiche quai des Orfèvres : *Fonctionnaire sentimental.*
C'est pour cela qu'on m'a rappelé d'Indochine. Moi
seul — moi seul, je vous ai absous et j'admets ; je
connais vos mobiles. Mon verdict est formel : non
coupable. Mais je serai seul à le rendre.

Solange. — C'est possible. Alors, je payerai. J'ai
employé le moyen le plus lâche qui existe au monde.
Si je perds la partie, je paye.

Fred. — Avec un médecin et quelques rires, je bou-
clais l'affaire de la demoiselle des Postes. La vôtre...
je ne prévois pas où elle nous emmène. Non Solange. Croyez-vous que ce soit la première affaire
qu'on classe ? La première affaire qu'on étouffe ?
Croyez-vous qu'un seul de ces bourgeois de la ville
permettrait à une affaire qui le concerne, d'éclater ?
Ne soyez pas naïve. Ne soyez pas confiante. La confiance ne règne pas dans cette ville. On se vengera
de votre château, de votre parc, de votre élégance,
de votre réserve, de votre amour ! N'ajoutez pas le
mal au mal, la boue à la boue. Le scandale rejail-
lirait sur Didier et ne rendrait service à personne,
ne ressusciterait personne, ne guérirait personne, ne
rendrait personne meilleur ? Brûlons vos doubles.
Jetons cette affreuse machine dans le lac. Annoncez
que vous allez rejoindre Claude. Je vous enlève.

Solange. — Je serais traquée, Fred ! Savez-vous
ce que c'est que d'être traquée ! Vous qui traquez
les autres. Au bout du monde je croirais qu'on me
recherche et qu'on me regarde de travers. Au bout
du monde je sursauterais chaque fois que j'enten-
drais quelqu'un taper à la machine. Je craindrais au
bout du monde qu'on ait repêché cette machine, et
suivi ma piste. J'aime mieux qu'on m'enferme.

Fred. — Vous le dites parce que vous n'êtes pas
en prison. Alors quoi ? Vous aimez mieux vivre en
prison que de vivre près d'un homme qui vous pro-

tégera, qui vous entourera, qui vous adorera, qui vous respectera, qui servira de père à votre fils et qui dissipera vos craintes?

SOLANGE. — Fred, je n'aime pas la pitié. Et votre amour y ressemble singulièrement... En outre, je ne vous imposerai ni le fantôme de Maxime ni le fantôme de mon crime. Ce ne sont pas des fantômes de voyage. Ce sont des fantômes de prison.

FRED, *après un temps.* — La prison n'est pas la seule chose qui vous menace.

SOLANGE. — Mais que faire? Que faire? Margot parlera.

FRED. — On ne la croira pas si elle parle. Et je serais étonné qu'elle parle...

SOLANGE. — Écoutez, Fred. Je suis profondément touchée de vos efforts... profondément touchée... Mais ma décision est prise. Une femme comme moi ne se sauve pas en face du danger.

FRED. — C'est plus que du danger. Une femme comme vous pense à son fils et aux personnes qui l'aiment. Une femme comme vous pense à l'avenir.

SOLANGE. — Au point où j'en suis, tout m'est égal.

FRED. — Vous tenez absolument à vous mettre dans la gueule du loup.

SOLANGE. — C'est mon unique planche de salut.

FRED. — Bien. Je vous en empêcherai de force...

SOLANGE. — Laissez-moi tranquille, Fred! Je suis encore libre.

FRED. — Non, Solange, vous n'êtes plus libre. (*Il la prend dans ses bras.*) Vous êtes ma prisonnière.

SOLANGE, *elle renverse la tête et ferme les yeux.* — Fred!...

> *Pendant que Fred la serre dans ses bras, Solange glisse la main lentement, dans sa poche et la retire. Lorsqu'ils se*

> *séparent, elle se dirige vite vers la cape*
> *et cache son bras droit avec.*

SOLANGE. — Fred, je vais chercher la machine et les doubles. (*Mouvement de Fred.*) Ne me suivez pas. Attendez-moi. Avec vous, mes recherches prendraient un vilain air de perquisition.

FRED. — Hâtez-vous.

SOLANGE. — Je ne serai pas longue.

> *Elle sort par la gauche. Fred seul en*
> *scène, marche de long en large, les*
> *mains dans le dos. Le malaise de Male-*
> *mort et de la nuit commencent à le pren-*
> *dre. Tout à coup il s'arrête, frappé d'un*
> *soupçon et tâte sa poche. Il y enfonce la*
> *main. C'est alors que le coup de revolver*
> *éclate en coulisse à gauche.*

FRED, *criant et se précipitant vers la porte.* — Solange !

Rideau.

RENAUD ET ARMIDE

Tragédie

PRÉFACE

La tragédie est-elle morte ? Alors, vive la tragédie !

Voilà bien des années que je caressais ce rêve : écrire une tragédie en vers. Plusieurs motifs m'en ont empêché jusqu'à ce jour.

J'estimais, premièrement, que le public, désireux de rire, de se distraire, en un mot de se griser, n'attendait pas une œuvre de ce genre et ne s'y attacherait pas.

Secondement, une tragédie en vers exige un métier du théâtre que je savais ne pas posséder encore. En outre, je remarquai combien le drame de l'Europe accélérait les choses de l'esprit et que l'époque allait venir où, loin de contredire la sottise, il s'agirait de contredire l'intelligence. Mais on ne peut contredire l'intelligence que par l'emploi lyrique des sentiments. Cet emploi des sentiments me semble bien difficile à manier, sans faiblesse, par des jeunes qui confondent parfois la niaiserie avec la simplicité, le désordre avec la fougue.

Plusieurs années de réflexion sur ce problème et le travail de pièces modernes — véritable prise de contact directe entre l'auteur, les acteurs et le public — me permettent aujourd'hui d'aborder cette grande entreprise.

Le vers de théâtre ! Ne s'agirait-il pas de nouer ensemble les styles classiques et romantiques, bref de trouver son propre style sur une base faite des hautes découvertes précédentes? Le seul hasard, si l'on peut parler de hasard chez un poète, me conduisit, sans le moindre calcul, à l'unité de lieu, de temps et d'action. Quatre personnages. Un décor. Une journée. La tragédie se déroule, en quelque sorte, d'une traite et les répliques s'enchaînent d'acte en acte.

Je ne voulais pas m'inspirer des anciens ni suivre une trame connue. Je n'empruntai donc à la légende que les noms de mes personnages. J'inventai tout le reste.

Rien d'autre ne préside à la naissance de Renaud et Armide, *si ce n'est mon amour des pièces d'amour et mon espoir d'en écrire une.*

Si je me suis inspiré de quelque ouvrage, ce serait plutôt à la musique de théâtre que je serais redevable. Je ne parle pas de la musique du verbe, toujours inadmissible à l'origine et qui ne doit se produire que par accident. Je parle de la science d'un Gluck et d'un Wagner en ce qui concerne l'enchaînement et le développement des thèmes. Orphée, Tristan et Ysolde, *restent les exemples d'un mécanisme idéal de longues et de brèves, de précisions et de cris du cœur.*

27 août 1941 — Palais Royal.
Jean Cocteau.

P.-S. — Plusieurs fois, au cours de cette tragédie, je me permets des entorses à la prosodie, estimant que la prosodie de théâtre s'adresse surtout à l'oreille. Les chevilles des drames de Hugo, les rimes du 1083ᵉ *et du* 1084ᵉ *vers d'Iphigénie de Racine, me gênent davantage, au théâtre, qu'un singulier rimant avec un pluriel. Je signale ces entorses pour les lecteurs attentifs, qui pourraient croire qu'elles résultent d'une négligence.*

RENAUD ET ARMIDE

a été représentée pour la première fois
au Théâtre Français, *en avril* 1943.

PERSONNAGES

ARMIDE : *enchanteresse* .....   Marie Bell.

ORIANE : *fée, sous l'aspect*
d'une suivante d'Armide ..   Mary Marquet.

RENAUD : *roi de France —*
Vainqueur dans le pays
d'Armide ....   Maurice Escande.

OLIVIER : *écuyer de Renaud.*   Jacques Dacquemine.

Un pavillon dans les jardins d'Armide.

Décors et costumes de Christian Bérard.
Mise en scène de l'auteur.

ACTE I

SCÈNE I

ENAUD, OLIVIER, *ils entrent*

OLIVIER

Réveillez-vous, Renaud, et reprenez vos armes.
Vous ne pouvez rester dans la prison des charmes.
Un soleil immobile éclaire ce jardin.
Armide en s'y cachant vous prouve son dédain.
Sais-je quel est ce lieu, depuis quand nous y sommes,
Séparés des vaisseaux, des armes et des hommes ?
Un vague enchantement nous trouble la raison.
Chaque arbre du jardin nous verse du poison,
Et, forte d'un pouvoir qui devient votre maître,
Armide à votre vue évite d'apparaître.
Voici de notre état le funeste portrait.

RENAUD

Sans me craindre, Olivier, Armide apparaîtrait !
Elle n'apparaît pas, c'est que je l'intéresse.

OLIVIER

Sire, que dites-vous ? C'est une enchanteresse.
Elle fera de vous un pauvre amant dément,

Prisonnier d'un nuage et d'un enchantement.
Rompez, s'il n'est trop tard, le charme qui vous lie.

RENAUD

Non, je suis fou d'Armide et garde ma folie.
Tu rêves.

OLIVIER

    Se peut-il qu'un roi, qu'un chef vainqueur,
Accepte que sa gloire obéisse à son cœur,
Et, perdant d'un seul coup des triomphes sans nombre,
Se laisse prendre au piège et coure après une ombre?

RENAUD

J'aime Armide, Olivier, et marche dans ses pas.

OLIVIER

Vous aimez une femme et ne la voyez pas.
Comment peut-on aimer un fantôme perfide?

RENAUD

Dans ces jardins déserts tout me parle d'Armide.
Je rôde, je la cherche, et je la vois bien mieux,
Invisible en mon cœur que présente à mes yeux.

OLIVIER

Vos yeux par elle un jour peuvent verser des larmes.

RENAUD

Je pleurerai. L'amour est plus fort que les charmes.

OLIVIER

Redevenez mon chef, redevenez un roi,
Et trouvons les moyens de quitter cet endroit.

RENAUD

Pars.

OLIVIER

    Je ne peux partir.

RENAUD

    Alors reste.

OLIVIER

        Je reste

Pour attirer aussi la colère céleste,
Et pour vous seconder comme dans nos combats.

RENAUD

Quel danger crains-tu donc?

OLIVIER

Sire, parlez plus bas.
Ce vide est de l'enfer. Ce faux soleil envoûte.
La lumière regarde et le silence écoute.
Je n'ose en ce jardin ni dormir ni bouger.
Tout est suspect. Je crains je ne sais quel danger
Qui ne ressemble pas aux choses de la terre.
Un malaise...

RENAUD

Ton roi t'ordonne de te taire.
Toujours l'un près de l'autre avons-nous point vécu?
N'avons-nous pas ensemble erré, vogué, vaincu?
J'entrai dans ces jardins sans que nul ne m'invite.
N'est-il pas naturel que mon hôte m'évite,
Et qu'Armide, qui règne en ce pays lointain,
Contre son propre cœur dresse un esprit hautain?

OLIVIER

En me taisant, Renaud, comment vous servirai-je?
Vous êtes aveuglé par quelque sortilège,
Et mon devoir...

RENAUD

Tais-toi.

OLIVIER

Mon devoir...

RENAUD

C'est assez !
Je suis las de la guerre et de morts entassés.
Je penche sous le poids d'une gloire tragique.
Je cède aux coups mortels de ton jardin magique,
Armide, à qui je rêve et que je veux aimer.
Je reste. En ces jardins je me laisse enfermer.

Des sens mystérieux de rester là m'informent.
J'ai toute ma raison. Et s'il me plaît...

> *A peine a-t-il dit : « S'il me plaît »,*
> *que son geste s'immobilise. Lui et Oli-*
> *vier gardent la pose qu'ils avaient et*
> *qu'ils ne quitteront pas pendant toute*
> *la scène suivante.*

SCÈNE II

Les Mêmes, ARMIDE, ORIANE

> *Armide entre avec Oriane. Elle fait quelques pas et*
> *s'arrête les yeux fixés sur Renaud immobile. Oriane*
> *s'approche du groupe statufié. Elle le touche du doigt.*

ORIANE

Ils dorment.
Approchez-vous, Armide. Ils sont en mon pouvoir.
Car j'ai voulu de près que vous puissiez le voir.
J'ai voulu que votre œil à Renaud s'habitue.
Regardez, regardez cette pauvre statue.
Vous la pouvez toucher, Armide, avec la main.
C'était un dieu pour vous. Ce n'est qu'un corps humain.
Pour être enchanteresse on n'est pas sans défense.
A l'immortalité promise dès l'enfance.
Vous laisserez le trône à d'autres successeurs ;
Bientôt vous serez fée entre toutes nos sœurs.
Moi-même, de ce corps ridicule attifée,
J'abandonne pour vous le monde où je suis fée.

J'ai votre garde, Armide, et j'ai fait le faux pas.
De vous croire un orgueil que vous ne prouvez pas.
Je vous prêtais ma force et vous jugeais plus haute.
C'est vous qui m'avez fait commettre cette faute.
Quoi ? Reine de l'amour et de l'enchantement
Vous n'êtes qu'une femme et rêvez d'un amant !
Mais mon rôle est de voir, de craindre, d'être prompte...
De votre lâcheté vous devez avoir honte.
C'est pourquoi j'ai voulu vous montrer à quel prix
Vous mettiez un oiseau que vos filets ont pris.
J'ai voulu vous montrer, à vous, l'enchanteresse,
Un mortel dont notre art peut vous rendre maîtresse,
Une carcasse humaine et promise au tombeau.
Approchez-vous, Armide, et riez !

ARMIDE

Qu'il est beau !

ORIANE

Voilà donc le désordre où chaque femme tombe !
Je vous dis que cet homme est un gibier de tombe,
Indigne de votre âme et de votre beauté.

ARMIDE

Que peut me faire à moi votre immortalité ?
Puisque Renaud, mortel, ne pourrait pas m'y suivre !
S'il meurt, je veux mourir, et s'il vit je veux vivre.
Pourrais-je, demeurant dans un lieu dont il sort,
Abandonner sa main aux portes de la mort ?
Je verrais de la mort se refermer la porte ?
Je mourrais sur le seuil sans pouvoir être morte ?

ORIANE

A mon empressement votre cœur reste sourd.

ARMIDE

Que peut entendre un cœur occupé par l'amour ?
Oriane, vos sœurs, quelquefois, aiment-elles ?

ORIANE

Non, mes sœurs n'aiment pas et plaignent les mortelles.

ARMIDE

Je ne veux sans amour être une de vos sœurs.

ORIANE

Ainsi donc vous aimez le chef des ravisseurs,
Des pillards ennemis et des incendiaires ?

ARMIDE

Oriane, ses yeux sont extraordinaires.
Rêve-t-il ?

ORIANE

Ce sommeil est sans rêve.

ARMIDE

J'ai peur
Que des rêves de France occupent sa torpeur,
Et que ce faux sommeil où ton pouvoir le plonge,
L'entraîne loin de moi sur la route du songe.
Renaud serait-il libre et mon plus tendre ami,
Que je craindrais encor son visage endormi.
Même s'il m'adorait, si j'étais son épouse,
De ses rêves, la nuit, je deviendrais jalouse,
Et ne pourrais souffrir de le voir prendre aux crins
Le cheval du sommeil vers les bords que je crains.

ORIANE

Folle !

ARMIDE

Réveille-le ! réveille-le te dis-je...
Je hais que Renaud dorme et dorme par prodige.

ORIANE

C'est bon. J'ai su de vous tout ce que je voulais.
Venez.

ARMIDE·

Réveille-les, vite, réveille-les !

ORIANE, *geste.*

Ils vont revivre, Armide, et ne sauront pas même
Qu'ils ont dormi. Venez. Dépêchons-nous.

ARMIDE, *vers Renaud.*

Je t'aime.
Elles sortent.

SCÈNE III

Dès qu'elles sont sorties, Renaud et Olivier bougent et continuent de vivre comme si rien ne s'était passé.

RENAUD

Et s'il me plaît à moi d'être un prince en prison.

OLIVIER

Quelle est la date exacte, et quelle est la saison ?
Où sommes-nous, Renaud, ailleurs que dans un piège ?
Des murs de ce jardin avons-nous fait le siège ?
Nous y sommes entrés et n'en pouvons sortir.
Que peuvent vos soldats, leurs lances et leur tir,
Contre ces murs où rien du dehors ne pénètre ?
Rien en ces lieux n'a l'air de mourir ni de naître.
Tout stagne et se prélasse en un règne fatal.
Un soleil fixe éclaire un jardin de métal,
Où la plus simple fleur ouvre une bouche étrange.

RENAUD

Alors, si c'est ainsi, que veux-tu que j'y change ?
Résignons-nous. Goûtons le printemps en hiver.
On nous délivrera.

OLIVIER *regarde partout et s'approche de Renaud. Très*
bas.

C'est que... j'ai découvert...

RENAUD

Quoi ?

OLIVIER

Chut ! On me tuerait si la chose était sue,
L'autre soir je rôdais en cherchant une issue,
Lorsque j'ai découvert un enfant...

Renaud, *stupéfait.*
                                        Un enfant !
                    Olivier
L'âge contre l'effet des charmes les défend.
Mais celui-là n'est pas défendu par son âge.
On dirait l'idiot qui protège un village.
Et sa simplicité lui permet de sortir
D'un univers où tout doit apprendre à mentir.
Si ma voix l'apprivoise il se peut qu'il me guide.
Naïvement, plus loin que la zone d'Armide.
                        Renaud
Où donc est cet enfant ?

                    Olivier
                            C'est que je n'ai pas cru
Qu'il pouvait disparaître...
                        Renaud
                            Hein ?
                    Olivier
                                    Il a disparu.
                        Renaud
Disparu ?

                    Olivier
                    Sous mes yeux. Je l'ai vu se dissoudre,
Devenir un fantôme, un nuage, une poudre,
Et rejoindre le monde où nous sommes captifs.
                        Renaud
Ton esprit, Olivier, est des plus inventifs.
                    Olivier
Vous ne me croyez pas ?
                        Renaud
                            Une poudre... un nuage...
Sont-ce les jeux cruels d'un enfant de cet âge ?
Tout te trompe en ces lieux. La fatigue et l'ennui,
Nous font, à notre insu, dormir toute la nuit,
Et tu crois que jamais le soleil ne se couche.
L'armée, après les chocs d'une guerre farouche,

Se repose à m'attendre et sans s'inquiéter.
Nous reprendrons la mer au solstice d'été.

OLIVIER

C'est moi qui suis le fou?

RENAUD

Sans doute, et moi le sage.

OLIVIER

Je trouverai l'enfant, les murs et le passage.

Il s'éloigne pour sortir, mais il s'arrête, revient et s'agenouille devant Renaud.

Mon Renaud, mon ami, mon roi, ma fleur de lys,
Vous avez une femme et vous aurez un fils.
Réveillez-vous. Soyez le prince que vous êtes.
Songez quelle couronne est promise à leurs têtes.
Ne laissez pas le mal vous monter jusqu'au cœur.
Le jour même est ici satanique et moqueur.
Pardonnez-moi, Renaud, de répéter sans cesse,
Ce que sont ces jardins et ce qu'est la princesse...
Ils sont du maléfice un dangereux appas.

RENAUD

Tu m'es cher, Olivier, mais je ne te crois pas.

Olivier sort.

SCÈNE IV

RENAUD *seul*

RENAUD

Rien. Personne. J'ai cru... Mais que croire? Qui suis-je?
Quelque chose! Quelqu'un! Je veux savoir! J'exige!
Il me faut des aveux.

Dans ces jardins, soldats, quelque secret se cache.
Soldats, torturez-les et qu'on le leur arrache.
Qu'on traîne, s'il le faut, l'arbre par les cheveux !

A moi, soldats ! Brisez, saccagez ce mystère !
Arbre, fleur, herbe, roc, retournez cette terre...
              Mais torturez-la donc !
Teignez-vous de ce sol et de sa boue humide,
Obtenez qu'il vous dise où se cachait Armide...
Que ce jardin avoue en demandant pardon !

Criez, jardins, criez d'une voix hors nature.
Soldats, mes chers soldats, redoublez la torture,
              Et, pareils aux rameurs,
Labourez-moi de fer ces vagues de désordre.
Et si jamais la terre essayait de vous mordre,
Tuez ! Frappez ! Armide, au secours ! Je me meurs !

Je me meurs ! Qu'ai-je fait ? Qu'est-ce que je décide ?
Je sens que ce jardin c'est elle, c'est Armide.
              Un enchanteur puissant,
A, jadis, en jardin transformé la princesse.
Armide, suis-je ici pour que le charme cesse ?
Et moi qui commandais de verser votre sang.

Je comprends qu'un jardin puisse avoir cet empire.
Mais que disais-je encor ? Hé quoi, le mal est pire !
              Un désespoir soudain
Me montre que mes bras n'étreignaient que du vide.
Je croyais adorer dans le jardin d'Armide,
Et j'y cherchais Armide et j'aimais un jardin.

              Renaud se met à la recherche d'Ar-
              mide et regarde par toutes les ouver-
              tures. Armide entre, invisible à Renaud.

SCÈNE V

RENAUD, ARMIDE, *invisible*

ARMIDE

Jamais en aucun lieu je ne me trouve à l'aise.
Tout ce qui m'occupait me répugne et me pèse.
Quelque chose toujours m'obsède, m'est ôté ;
Je me couche, je brûle et change de côté.
J'évite les miroirs où je me trouve laide.
Je veux chasser un mal que j'appelle à mon aide.
Moi qui ne savais pas quel est le poids du corps,
Je traîne une chair lourde où pendent mes bras morts.
Quel est ce mal, quel est le feu qui me dévaste ?
Je marche sans courage en ce jardin trop vaste ;
Serait-ce le poison que verse un jeune amant ?
L'amour ne serait-il que ce cruel tourment ?
Mais non, Renaud m'appelle et Renaud me délivre.
Un flot alerte en moi me rend le goût de vivre.
Je brûle d'être femme et d'oublier mon art,
De quitter ce palais, pour qu'après mon départ
Il ne reste de lui qu'une maison hantée.
Par un enchantement je suis désenchantée.
Mais de quoi me flatté-je ? On veille et j'ai promis.
Je suis soumise, hélas, à des sorts ennemis.
Partout on m'espionne et je sens la menace
Glisser, autour de moi, de terrasse en terrasse.
Je voudrais être seule et ne le suis jamais.
Ah, pauvre Armide, où sont les choses que j'aimais ?
Je ne les aime plus et c'est mon mal que j'aime.
Comment me reconnaître en ce désordre extrême ?

Faisons n'importe quoi pour calmer ma douleur.
Approchons de Renaud sur des pieds de voleur.
Oublions qu'il allume un feu sombre et nuisible.
Tâchons d'en être vue en restant invisible.

RENAUD

Viens Armide !

ARMIDE

On dirait qu'il me montre du doigt.

RENAUD

Armide !

ARMIDE

Il se détourne et cependant il doit
Me voir. Il doit me voir...

RENAUD

Armide !

ARMIDE

Il me devine.
L'amour allume en moi quelque forme divine.
L'amour fait de Renaud un aveugle divin.
L'enchanteresse peut s'adresser au devin.
Si j'osais...

RENAUD

Es-tu là ?

*Toute la scène suivante sera chucho-
tée par Renaud à l'extrême gauche du
théâtre et Armide à l'extrême droite,
immobiles.*

ARMIDE

Renaud, tu peux m'entendre ?
Tu m'entends ?...

RENAUD

Je t'entends. Approche, viens t'étendre
Contre moi.

ARMIDE

Prends ma main.

RENAUD

Qu'elle est froide ta main !

ARMIDE

Elle est chaude...

RENAUD
                Ton sang est-il du sang humain,
Armide ?

ARMIDE
        Laisse, il brûle.

RENAUD
                Il est froid quand je touche
Ta main, et cependant il flambe sur ta bouche.
Ta bouche est froide.

ARMIDE
                Non. Sous ta grande main d'or
Tout semble faible et froid. Tu me presses trop fort.
Tu crois me caresser, mais ta main est trop forte.

RENAUD
Suis-je mort ? Suis-je au ciel ?

ARMIDE
                Suis-je au ciel ? Suis-je morte ?
Les veines de ta main conduisent à ton cœur.
Il bat ton cœur.

RENAUD
                Si fort qu'il annonce un malheur.
C'est comme le cheval du malheur qui galope.

ARMIDE
J'y colle mon oreille. Écoute : une syncope...
Il s'arrête. Il repart. Il repart au galop.
Il s'arrête. Il repart.

RENAUD
                Il annonce un complot
Contre nous. Un malheur. Il galope. Il m'éveille.

ARMIDE
Ce n'est pas un malheur qu'il dit à mon oreille.
Renaud c'est ton amour.

RENAUD
                J'ai peur du sang qui court.

ARMIDE

Je veux fuir loin de moi sur ce cheval d'amour !

Silence.

Renaud !...

RENAUD

Tu m'as parlé ?

ARMIDE

J'ai dit : « Renaud... »

RENAUD

Armide...

ARMIDE

Renaud...

RENAUD

Est-ce l'amour ? Est-ce le suicide ?
Je ne sais plus.

ARMIDE

Ni moi. C'est l'amour,

RENAUD

C'est l'amour.

ARMIDE

Disons-le maintenant chacun à notre tour.
C'est l'amour.

RENAUD

C'est l'amour.

ARMIDE

Je t'aime.

RENAUD

Et moi je t'aime.

ARMIDE

J'ai dit que je t'aimais et tu le dis de même,
Pourquoi me dire : « Et moi je t'aime » ?...

RENAUD

... Tes genoux.

ARMIDE

.,. Ton épaule,

RENAUD

... Ton bras.

ARMIDE

Ta hanche...

RENAUD

Taisons-nous.

Silence.

*Oriane entre par le fond, les regarde
et s'avance derrière Armide.*

SCÈNE VI

RENAUD, ARMIDE, ORIANE

ORIANE

Ainsi vous étiez là.

ARMIDE

Renaud !

ORIANE

Je vous soupçonne

D'une folie !

RENAUD

Armide !... Armide... Plus personne.
Armide, réponds-moi.

ORIANE, *à Armide.*

Taisez-vous.

ARMIDE

Je me tais.

ORIANE

Vous n'avez pas touché Renaud ?

ARMIDE

Je l'écoutais.

ORIANE

Sans répondre?

ARMIDE

A quoi sert que ma bouche réponde?
L'amour qui nous accorde habite un autre monde.
On y parle un langage et des balbutiements
Que nul ne peut entendre, excepté les amants.

ORIANE

Dans ce duo d'amour quel était votre rôle?

ARMIDE

Ma tête reposait de loin sur son épaule...
Ma main se consumait dans sa grande main d'or...
Je sais par où le joindre et par quel corridor.
Je connais le tunnel qui traverse ses songes.
J'entre en lui comme l'eau pénètre les éponges.

ORIANE

Vous n'avez pas touché Renaud?

ARMIDE

Oh! non, ma sœur.

ORIANE

Plus que votre courroux je crains votre douceur.

*Pendant ce qui précède, Renaud a
erré et cherché partout.*

Que fait-il?

ARMIDE

Il me cherche.

RENAUD

Armide! Ma Princesse!
Je ne te trouve plus! On t'enlève! On me laisse!
Ne me laisse pas seul!

Il appelle au fond, à pleine voix.

Olivier! Olivier!

Ah! ne plus être seul...

OLIVIER, *il entre comme un fou.*

J'arrive du vivier.

Dépêchons-nous. Je vois que vous êtes lucide.
J'ai retrouvé l'enfant. Il pêche. Il se décide
A parler et je crois comprendre le secret
Des murailles

> ORIANE, *à Armide.*
>   Quel est cet enfant si discret ?

ARMIDE

Sans doute l'idiot des filles de service.
Son cœur, pareil au mien, l'arrache à l'artifice.
Parfois il apparaît.

> ORIANE, *faisant un geste.*
>   Il n'apparaîtra plus !

ARMIDE

C'est le seul qui pouvait s'échapper de vos glus.

ORIANE

Nul ne doit apparaître. Écoutons.

> *Elle entraîne Armide et se met à*
> *l'écart avec elle.*

OLIVIER

          J'exécute
Mon plan. Ne perdons pas, Renaud, une minute.
L'enfant pêche, il s'amuse. Il s'amuse avec l'eau.
Il restera visible. Il faut courir, Renaud.

RENAUD

Quoi ? De me commander aurais-tu l'insolence ?

OLIVIER

Je désobéirais s'il le fallait !

RENAUD

          Silence !
Le destin n'aime pas qu'on embrouille son fil.

OLIVIER

L'artifice, à rebours, ne vous l'embrouille-t-il ?

RENAUD

Invisible, puissante, incapable de larmes,
Armide règne au loin, prisonnière des charmes,
N'espérant même plus qu'on vînt à son secours.
Du bout des mers j'entends cet appel et j'accours.

Voilà, puisque tu veux que ton prince s'explique,
Pourquoi j'ai donné droit dans ce piège magique,
Pourquoi j'y veux rester et pourquoi je consens
A subir le hasard de charmes tout-puissants.
Armide, j'en suis sûr, est une prisonnière.
Magicienne, il est vrai — peut-être la dernière —
Victime d'un pouvoir qui l'enferme en ces lieux
Et ne lui permet pas de paraître à mes yeux.
Je sais qu'elle voudrait à mes yeux apparaître,
Qu'elle souffre d'un sort dont elle a fait son maître,
Qu'elle est captive, enfin, autant que je le suis.
Allons, n'ajoute pas ta plainte à mes ennuis.
Crois un prince, Olivier, qui fut toujours ton guide.
Armide est en péril, je dois sauver Armide.
Le fer ne m'est plus rien. Il faut qu'un talisman
Nous libère et la jette aux bras de son amant.
Voilà, cher Olivier, quelle est mon entreprise.
Tu me répéteras que je veux, à ma guise,
Interpréter le sens de ce jardin maudit...
Qu'importe ! Je ferai tout ce que je t'ai dit.
Je défends que quiconque ose juger mon acte.
Entre Armide et Renaud mon cœur signe ce pacte.
Si tu réussissais ce que tu décidas,
Monte sur mes vaisseaux, embarque mes soldats,
De son envahisseur délivre le royaume.
Retourne en France. Adieu !

OLIVIER

Vous aimez un fantôme.

RENAUD

Un fantôme, Olivier, qui souffre, qui m'est cher,
Et cherche à retrouver son armure de chair.

OLIVIER

Une armure de chair est la ruse d'une ombre.
Les ruses du démon, Sire roi, sont sans nombre.
Un démon se déguise en femme, s'il le veut.
Plus d'une est un démon et m'en a fait l'aveu.

RENAUD

De ta naïveté j'admire la merveille.
Je sais que si je dors c'est Olivier qui veille.
Mais je dors, Olivier, moins que tu ne le crois.

OLIVIER

Renaud! On les fait fuir par un signe de croix.

RENAUD

Qui donc?

OLIVIER

Celles qui sont comme celle...

RENAUD

Silence!
Nul mieux que toi ne porte, Olivier, une lance.
Et nul, sur un cheval aux jupes de couleur,
N'ose dans une lice imposer sa valeur.
Je t'admire au combat. Tu me plais dans la lice.
Pour ce que j'entreprends il faut plus de malice.
J'habite, sans défense, un palais machiné,
Où le système humain doit être abandonné.
Le moyen de conduire un combat me regarde.
Armide m'aime.

OLIVIER

Non!

RENAUD

Laisse-moi

OLIVIER

Dieu vous garde!
Il s'éloigne.

RENAUD

Olivier!

OLIVIER

Monseigneur!

RENAUD

Cet enfant du palais,
Quel est-il?

OLIVIER

Je suppose un enfant de valets.

RENAUD

Je veux l'interroger, savoir le nom du maître.
C'est peut-être ma chance.

OLIVIER, *à part.*

Et la mienne, peut-être.

A Renaud.

Courons !

Ils sortent.

SCÈNE VII

ARMIDE, ORIANE

ORIANE

L'excuse est bonne et vous avez pu voir
Que Renaud veut aussi partager mon savoir.
Je ne vous trompe point, vous venez de l'entendre.
Aux raisons d'un sujet il n'aime pas se rendre.
Il le chasse. Il l'appelle. Et les voilà tous deux,
Prêts à quitter ensemble un séjour hasardeux.

ARMIDE

Tu mens. Il veut savoir quel esprit m'ensorcelle.

ORIANE

S'il avait un cheval il sauterait en selle
Pour voler au galop vers le secret des murs.

ARMIDE

Ses yeux ne mentent pas.

ORIANE

Ses yeux deviendraient durs
En découvrant la clef par laquelle on s'évade.

ARMIDE

Il regrettait d'avoir peiné son camarade.

ORIANE

Non, Armide. Il n'a pu le voir, seul, s'en aller.

ARMIDE

Qu'il parte n'importe où sur un cheval ailé !
Qu'il échappe, Oriane, à vos haines cruelles.

ORIANE

Voilà bien du sublime. Un cheval et des ailes !
Vous demeurez. Il part. Vous l'aidez à partir.

ARMIDE

Qu'ai-je dit ? Je suis folle et je viens de mentir.
Il faut joindre l'enfant qu'ils cherchent... qu'on le tue !
Arrêter mon Renaud, le changer en statue.
Peut-être il est trop tard.

ORIANE

                    Tiens, vous admettez donc
Que Renaud veuille fuir.

ARMIDE

                    Je demande pardon
A Renaud ; mais j'ai peur que pour sa bien-aimée,
Qu'il croit captive, il cherche à joindre son armée.
Et qu'une fois dehors...

ORIANE

                    Et qu'une fois dehors ?

ARMIDE

Pour sa femme et son peuple il soit pris de remords.
Je serais dans un rêve et dont Renaud s'éveille...
Je le verrais vieillir sans pouvoir être vieille.
Sur d'autres, Oriane, il partirait régner.

ORIANE

Ils ne trouveront plus l'enfant que vous craignez.

ARMIDE

O joie !

ORIANE

      Amour stupide ! Amour que je déteste !
Que vous souhaitez-vous ? Que voulez-vous ?

ARMIDE

Qu'il reste.
Qu'il m'aime.

ORIANE

Il aime en vous ce qu'il cherche à saisir.
Montrez-vous. Soyez femme. Éveillez son désir,
Armide, il deviendra pareil aux autres hommes.
Non, de votre beauté soyons plus économes.
La cruauté du cœur n'épargne point les rois.
Renaud adore en vous une énigme.

ARMIDE

Tu crois?

ORIANE

Sa femme à le pleurer ne doit pas être seule.
Peut-être a-t-il un fils? Sa mère est une aïeule.
Y pense-t-il? Fort bien. Ses victimes sont trois.
Et je ne compte pas ses maîtresses.

ARMIDE

Tu crois?

ORIANE

Hélas, vous serez vite au nombre des victimes.

ARMIDE

Tu crois?

ORIANE

La légitime et les illégitimes.
De pays en pays, de détroits en détroits,
D'île en île, partout des victimes.

ARMIDE

Tu crois?

ORIANE

Et pour son inconstante et nombreuse caresse,
Vous renonceriez au rang d'enchanteresse?
Songez plutôt, Armide, à venger ses noirceurs,
Puisqu'en l'asservissant vous servirez nos sœurs.

ARMIDE

Tu crois?

ORIANE

Coupez l'armée avec son capitaine.
Elle retournera vers sa France lointaine.
Déjà la troupe gronde et s'enivre sans chef.
Et, lorsque les Français, sur leur dernière nef,
Dépouilleront Renaud de sa force navale,
Vous n'aurez plus, Armide, à craindre de rivale.

ARMIDE

Tu crois qu'il est sensible aux seuls enchantements ?

ORIANE, *au fond.*

Tenez, venez le voir occuper ses moments.
Vous croyez qu'il vous cherche ! Il cherche la formule,
Il court après l'enfant que mon art dissimule.
L'écuyer, comme fou, le traîne par la main.
Vous ne l'occupez plus ; il vole vers demain,
Vers ses châteaux, ses lys, ses vignobles, ses noces.

ARMIDE

Si c'était vrai !

ORIANE

C'est vrai.

ARMIDE, *dans un cri.*

Les hommes sont atroces !
Mais Renaud ne peut pas...

ORIANE

Il peut, Armide, il peut.
Pour ce cœur exalté le vôtre compte peu.
Regardez-le courir vers des points qu'il désigne.

ARMIDE, *elle regarde.*

Sa main ! Sa grande main !

ORIANE

Et voilà.

Elles redescendent.

ARMIDE

C'est indigne,
Indigne, indigne.

ORIANE

Indigne.

Armide

Ah, je me vengerai !

Oriane

Je vous retrouve, Armide.

Armide

Il me faut préparer,
Oriane, avec toi, quelque vengeance horrible.

Oriane

Gardez-le dans vos fers. Demeurez invisible.

Armide

Non, ce n'est point assez d'agir comme cela.

Oriane

Si.

Armide

Ce monstre disait... disait...

Oriane

Vous étiez là...

Armide

Il disait...

Oriane

Mais quand il n'est plus sous votre hypnose,
Il sent soudain renaître un cœur dont il dispose.

Armide

Il disait...

Oriane

Vous ne savez plus ce qu'il disait.
L'invisibilité vous idéalisait.

Armide

C'est exact. Notre amour avait trop de mystère.
Renaud n'est pas fautif. Il habite sur terre.

Oriane

Armide !

Armide

Mon amour doit rassurer Renaud...
Oriane !

Oriane

Mais quoi ?

Armide, *après un silence.*
Si j'ôtais cet anneau?
Un roulement d'orage traverse la scène.
Oriane
Folle! En ôtant l'anneau vous devenez mortelle.
Armide
De vos sœurs et de vous je perdrais la tutelle.
Oriane
De mes sœurs écoutez encore le décret :
Si tu gardes l'anneau d'où vient notre secret,
Sois une enchanteresse avant d'être une fée.
Si tu quittes l'anneau que possédait Orphée,
Sois une simple femme et perds notre soutien.
Si tu donnes l'anneau comme s'il était tien,
Tu gagneras l'amour de celui qui le porte,
Mais son baiser te fera morte.
Armide
Tu gagneras l'amour...
Oriane
Vous gagnerez la mort.
Armide
Mettre l'anneau d'Orphée à sa grande main d'or !
Oriane
Régnez par votre esprit sur vos sens illogiques.
Si vous tenez Renaud de nos pouvoirs magiques,
Armide, il est à vous. Nul ne vous le défend.
Soyez lucide. Il court. Il cherche cet enfant.
Il vous trompe. Vaut-il la fin de votre règne ?
Armide
Oriane, est-ce vrai? Crois-tu qu'il me dédaigne?
Oriane
Il vous dédaigne, Armide, et vous avez compris
De quel doux châtiment vous deviendrez le prix.
Il faut vivre et vous vaincre. Hélas, plus d'une fée
Pour des désirs mortels fut d'avance étouffée.
Combien d'autres, rompant le charme qu'on lui doit,
Laissèrent cet anneau s'échapper de leur doigt.

De nos secrets subtils vous avez fait l'étude...
Mettez, mettez Renaud sous votre servitude,
Armide. Apparaissez lorsqu'il sera trop tard.

ARMIDE, dressée.

Je tourne contre lui les secrets de votre art.
Que l'ensorcellement le roule dans sa vague,
Il saura de quel feu je paie cette bague.
Sur son cœur enflammé j'appuierai son cachet !

VOIX DE RENAUD, dehors.

Armide, Armide !

ORIANE

Lui...

ARMIDE

Menteuse ! Il me cherchait.

Renaud entre, Armide tend les bras.
Il ne peut la voir.

Rideau.

ACTE II

RENAUD FOU

SCÈNE I

ARMIDE, ORIANE

ARMIDE

Il m'aime. Il me cherchait !

ORIANE

C'est un fou qui vous aime.
Il vous cherche, il vous trompe et se trompe lui-même.
Sortir. Rester. Sortir. Il ne sait ce qu'il veut.
Armide, revenez à vous. Je forme un vœu :
C'est que vous l'entendiez qui vous mente et se mente.

SCÈNE II

RENAUD, ARMIDE, ORIANE

Renaud égaré, entré pendant la scène précédente, s'arrête au fond et parle.

RENAUD

Beaux jardins...

ARMIDE
Écoutons, Oriane... Il lamente.

RENAUD

Beaux jardins. Arbres verts...

ARMIDE
Vois, il gonfle son col.
Il cherche sa chanson comme le rossignol.

RENAUD

Beaux jardins, arbres verts, vous me tuez la vie.
De parler, de crier, n'avez-vous pas envie,
Pourquoi vous taisez-vous en écoutant mes pleurs?
Ne pouvez-vous parler par la gorge des fleurs?
Ou crier à travers la fente des écorces?
Ne pouvez-vous me plaindre et réunir vos forces,
Pour me dire où se cache Armide, beaux jardins?
Arceaux, vasques, pelouse, insensibles gradins,
Pourquoi ne m'opposer que des grâces têtues?
Empruntez s'il le faut la bouche des statues,
Pour rompre le silence où nul ne veut m'ouïr.
Beaux jardins, répondez, je vais m'évanouir !
Que votre voix me nomme Armide et la dénonce.
Rosier, rosier profond, désemmêle ta ronce
Que la mort alimente et que l'amour mêla ;
Que ta rose me parle et me dise : « C'est là ».
« C'est là que ton Armide a déchiré sa robe,
« C'est là qu'un enchanteur à tes yeux la dérobe,
« C'est là qu'elle s'accoude et là qu'on lui dit : non,
« Lorsqu'elle veut graver les lettres de ton nom. »
Beau jardin, tu te tais, tu ris, tu m'abandonnes.
Mais alors, pavillon, parle avec tes colonnes,
Parle avec ton arcade, avec tes escaliers.
Objets ! Ne se peut-il que vous me parliez ?
Hélas, Renaud ne sait ce dont il est capable.
De quoi me suis-je, Armide, ici rendu coupable ?
Est-ce la guerre ? Soit. Périssent mes guerriers !

Afin que près de moi, les bêtes des terriers
Sortent des corridors de leur caverne humide
Et me disent : Je sais où l'on enferme Armide.
Armide ! Armide ! A moi ! Soulage mes douleurs !
Beaux jardins, arbres verts, vous me tuez la vie.
De parler, de crier, n'avez-vous pas envie ?
Pourquoi vous taisez-vous en écoutant mes pleurs ?

ARMIDE

Mon amour ne peut plus résister à ses plaintes.

ORIANE

Fuyez-le. Suivez-moi.

ARMIDE

Pourquoi toutes ces feintes ?
Je veux sortir du vide et me montrer à lui.

ORIANE

Méfiez-vous.

ARMIDE

Je veux apparaître aujourd'hui.

ORIANE

Apparaître chez nous, c'est être déjà traître.
L'invisibilité nous protège.

ARMIDE

Apparaître
A Renaud, ne plus être un mythe, me montrer !
J'apparaîtrai.

ORIANE

Prenez garde.

ARMIDE

J'apparaîtrai.
J'exige d'apparaître.

ORIANE, *elle s'écarte. Geste.*

Apparaissez, Armide.

ARMIDE

Renaud, sois exaucé. J'abandonne le vide.
Regarde.

*Elle apparaît, c'est-à-dire qu'un rayon
étincelant tombe sur elle.*

RENAUD, *reculant.*

Ciel !

ARMIDE

Regarde !

RENAUD

Un effroyable éclat
M'éblouit. Mais où donc êtes-vous ?

ARMIDE

Je suis là.
C'est Armide. Aide-nous à déchirer nos voiles !

RENAUD

Vous ressemblez au duel insolent des étoiles.
Deviens-je fou ?

ARMIDE

Sois calme. Approche. Il est normal
Que tu t'effraies. Viens.

RENAUD

Votre éclat me fait mal.
Si je ferme les yeux il blesse ma paupière.
Vous rayonnez avec une froideur de pierre.
Vous jetez loin de vous des poignards de rayons.

ARMIDE

Renaud, tout est perdu si nous nous effrayons.
Tu m'effraies aussi...

RENAUD

Suis-je moi ? Serait-ce elle ?

ARMIDE

Excuse cet éclat terrible d'immortelle.
Comment me trouves-tu, Renaud ?

RENAUD

Vous m'effrayez,
Plus que la foudre, plus que les fauves rayés.
Un étincellement glacial vous hérisse.

ARMIDE

Renaud, c'en est assez. Arrêtons ce supplice.
Ne jouons plus ce jeu. Ne faisons plus un pas.

RENAUD

L'Armide que j'aimais ne vous ressemblait pas.

ARMIDE

Oriane, il m'insulte !

RENAUD

Il me vient même un doute.
Peut-être mon Armide est là, qui vous redoute.
Quand vous m'apparaissez durement, d'un seul coup,
Me tendez-vous les bras pour me lier le cou ?
Suscitez-vous d'Armide une menteuse image ?

ARMIDE

Je ne puis, Oriane, écouter davantage.

ORIANE

Il arrive, ma sœur, ce que j'avais prévu.

ARMIDE

Tu voulais voir Armide !

RENAUD

Hélas, ce que j'ai vu
N'est pas le faible objet pour qui mon âme vibre.

ARMIDE

C'en est trop !

RENAUD, *criant.*

Olivier ! Olivier ! Je suis libre !
Je vais enfin des murs chercher le talisman.
Nous pourrons nous sauver de ces jardins...

ARMIDE

Il ment !

RENAUD

Madame, en ce palais vous êtes la maîtresse.
Je vous croyais esclave et non enchanteresse.
Il vaut mieux écourter cet entretien cruel.

ARMIDE

Je lui sacrifiais mon royaume éternel,
Oriane, voilà ce qu'on m'offre en échange !

ORIANE

Laissez cet homme.

ARMIDE

Non. Il faut que je me venge.
Mon cœur à des refus n'est pas habitué.

RENAUD, *sur le point de sortir.*

Je vivais d'un amour que vous avez tué,
Madame. J'ai besoin d'être seul. Adieu.

ARMIDE

Halte !
Connais donc le pouvoir que ma colère exalte.
Armide s'abandonne au charme surhumain,
Qu'elle acceptait de perdre et de mettre en ta main.
Essaie de bouger.

RENAUD, *immobilisé.*

J'exige qu'on me lâche !

ARMIDE

Je te savais parjure. Hé quoi ? Serais-tu lâche ?
Je commande.

RENAUD

Au secours ! A l'aide ! Olivier !

ARMIDE

Ne
Bouge plus, ou je fais encore un autre nœud.

RENAUD

Vous m'étouffez !

ARMIDE

Tu n'as que ce que tu mérites.

ORIANE

Armide, il est vaincu. Je vous laisse à vos rites.

Elle sort.

SCÈNE III

RENAUD, ARMIDE

ARMIDE

Ne te convulse pas, je te ferais du mal.
Tu n'as plus devant toi, Renaud, qu'un animal
Féroce, qu'une bête attentive à sa proie.
N'attends point de pitié, Renaud.

RENAUD

Elle me broie...
Je sens autour du cœur un gantelet de fer.
Je souffre.

ARMIDE

Et moi ? Mon cœur a-t-il assez souffert ?
Avance.

RENAUD

Je ne peux.

ARMIDE

Avance.

RENAUD

Non.

ARMIDE

Avance !
Ta liberté dépend de notre connivence.

Renaud avance péniblement.

Là. C'est bien. Marche encore. Encore. Arrête ici.

Renaud est au milieu de la scène.

RENAUD

Vous me vouliez captif. Vous avez réussi.

ARMIDE

Et maintenant...

RENAUD

Je lutte.

ARMIDE

Et maintenant, regarde
Emprisonner un roi sans serrure et sans garde,
Et l'embaumer vivant comme on fait des rois morts.
Dors.

RENAUD

Je suis éveillé !

ARMIDE

Dors-tu, Renaud ?

RENAUD, *d'une voix lointaine.*

Je dors.

*Armide se rend à l'extrême droite et
se recueille. Puis elle commence les
charmes et marchera pendant toute la
scène en cercles de plus en plus étroits
autour de Renaud endormi.*

ARMIDE

Fil, fil, fil, sur mon cœur enroule ta pelote.
Sors de moi, fil, fil, fil. Fil qui cours, fil qui flottes,
De cet homme orgueilleux regarde le profil.
Tisse autour de Renaud ta toile, fil, fil, fil.
Oublions, fil, fil, fil, mon âme dédaignée.
Je ne dois être ici que ton humble araignée.
Fil, fil, fil, hâtons-nous de le prendre au filet.
Que je te trouve beau ! Que je le trouve laid !
Que j'aime ta souplesse et ton froid de couleuvre,
Avec quel soin mon cœur surveille ton chef-d'œuvre.
Fil farouche, fil dur, fil pur, fil lumineux,
Mon amour collabore au moindre de tes nœuds.

Il devine ta course. Il croise, il noue, il tisse.
Tant qu'autour de Renaud mon cercle rapetisse,
Que je passe, repasse, et jusques à toucher
Cet homme qu'au milieu nous devons attacher.

RENAUD, *endormi.*

Armide !...

ARMIDE

Fil, fil, fil, fil souple, fil complice,
Aide-moi. Donne-moi la sagesse d'Ulysse.
Renaud parle. Je marche, et je n'ose écouter.
Mon occupation consiste à l'envoûter.
A toute autre sirène il me faut rester sourde.

RENAUD

Armide !...

ARMIDE

Fil, fil, fil, que ta pelote est lourde.
Et pourtant, fil, fil, fil, tu dois être à ta fin.

RENAUD

Armide !

ARMIDE

Fil, fil, fil, sois plus fort, sois plus fin.
Plus dur que son profil, plus que son âme, lâche.
N'écoutons pas. Marchons. Tuons-nous à la tâche.
Encore un nœud, mon fil, encore un croisement.
C'est une mouche prise et non pas un amant.
De quelle oisiveté ma force est-elle atteinte ?
Mais non. Amusons-nous de sa lointaine plainte.

RENAUD

Armide ! Armide ! Armide ! Armide !

ARMIDE

Fil, fil, fil,
Fil sage, fil cruel, fil robuste et subtil,
En route ! Finissons notre grande entreprise.
Mon cœur sera vidé, la mouche sera prise.

Un homme qui lamente amuse un cœur dépris.
Vite ! Vite ! Qu'il souffre et qu'il pousse des cris,
J'aurais à l'écouter une ivresse sauvage.

RENAUD

Armide...

ARMIDE

Je ne peux l'écouter davantage.
D'une invisible étoffe envahissons ces lieux.
Armide est dentellière et mes doigts ont des yeux.
Parlons, environs-nous de paroles maudites,
Et recommençons-les après les avoir dites.
Qu'il souffre ! Qu'il se plaigne !

RENAUD

Armide...

ARMIDE

Ne peux-tu,

Fil, fil, fil, bâillonner ce patient têtu,
Qui répète mon nom et brave la torture ?
De quel droit m'appeler ? Il n'est que ma pâture.
D'un insecte féroce il n'est que le repas.
Qu'il appelle, après tout ! Je n'écouterai pas.
Je n'écouterai plus que la folle tempête
Que notre activité soulève dans ma tête,
Que ton chant continu qui siffle entre mes mains.
Courbe-moi, fil, fil, fil, aux labeurs inhumains.
Je voudrais, fil, fil, fil, je voudrais être sûre
Que de ton araignée il sente la morsure.
Qu'il souffre ! Fil, fil, fil, a-t-il mal ? Souffre-t-il ?
Je le voudrais.

RENAUD

Armide...

ARMIDE, *elle est contre Renaud et regarde ses propres
[mains avec stupeur.*

Eh bien ? Le fil ?... Le fil ?...

Le fil ?...

SCÈNE IV

RENAUD, ARMIDE, ORIANE

De cette minute, Oriane devient visible aux deux hommes, ainsi qu'Armide.

ORIANE, *entrée depuis un instant.*
Le fil, Armide, a joué tout son rôle.
Éveillez le dormeur. Frappez-lui sur l'épaule.
ARMIDE
C'est fini ?
ORIANE
C'est fini. Renaud ensorcelé,
Jamais de votre amour ne pourra s'en aller.
ARMIDE
Mon amour ?
ORIANE
Il est vrai, j'oubliais votre haine.
ARMIDE
Je le hais.
ORIANE
Croyez-moi, n'en prenez plus la peine.
Car Renaud, revenu des mondes dont il sort,
N'est plus un être humain : c'est l'esclave d'un sort.
              Oriane entraîne Armide à l'écart.
RENAUD, *il s'éveille et parle avec une voix changée,*
       douce, sans voir les deux femmes.
Mère, méfiez-vous de marcher sur un piège,
Car les chasseurs de loups en cachent sous la neige.
Prenez garde au verglas et aux pièges à loups.

ARMIDE, *à Oriane.*

Que dit-il ?

ORIANE

Apaisez votre soupçon jaloux.
Il sort de ce sommeil sans armes, sans défense,
Il parle de sa mère et se croit en enfance.

RENAUD, *il se détourne et voit les femmes.*

Mesdames, à ce feu puis-je chauffer mes pieds ?

ARMIDE

De quel feu parle-t-il ?

ORIANE

Pour que vous échappiez
A ce fou je devais le changer de folie.

A Renaud.

Approchez-vous du feu.

RENAUD

Vous êtes bien polie,
Madame. J'aimerais m'y chauffer un moment.

ORIANE

Réchauffez-vous.

Renaud mime la scène.

ARMIDE

Renaud !... Renaud !... C'est un dément !

ORIANE

Nous n'avions plus le choix sur les moyens à prendre.

ARMIDE

Voilà donc le Renaud que tu voulais me rendre.

ORIANE

Armide, oubliez-vous votre orgueil à venger ?
En quoi donc pensiez-vous que je l'allais changer ?

ARMIDE

Misérable ! C'est toi, ce sont tes sœurs célestes,
Qui m'ont fait accomplir le moindre de mes gestes.
Je dormais du sommeil que ce fil donne à ceux
Qui veulent employer vos moyens paresseux.
Il fallait... il fallait... Non pas votre science.
D'une femme il fallait la longue patience.

Habituer Renaud à mon bizarre éclat.
Il fallait...

ORIANE
Il fallait surtout le fixer là.
Pour vous venger de lui rien n'allait assez vite.

ARMIDE
Mais tu n'aurais pas dû me croire tout de suite,
Perfide ! Avec quel soin, quels habiles ressorts,
Tu m'as abandonnée au vertige des sorts.
Hélas, Renaud et moi, nous nous perdons ensemble.
Ma folie, Oriane, à la sienne ressemble.
Sois fière du désastre où tu nous as conduits.
De votre art fabuleux voilà donc les produits.
D'un roi devenu fou, la reine Armide est folle.
Ils ne peuvent l'un et l'autre échanger de parole.
Je voulais le lier ; j'ai coupé le lien.

ORIANE
Renaud vous insultait et Renaud est un chien.
Voyez à vos genoux comme ce chien se couche.

ARMIDE
Vois-le me regarder et remuer la bouche.

RENAUD, (*à mi-voix*).
Renaud, mon fils, écoute-moi,
Ta femme est accouchée d'un roi.
Mère, ô mère, je souffre tant,
Préparez vite un beau lit blanc.

ARMIDE
Une mère, une femme... Il pleure...

ORIANE
C'est qu'il court
Dans le temps, et qu'il est son propre troubadour.
On conte que les fous circulent d'âge en âge...
Peut-être que l'esprit de votre fou voyage.
Peut-être qu'il confond, lorsqu'il parle à mi-voix,
Un chant de l'avenir avec ceux d'autrefois.

ARMIDE
Oriane !

ORIANE

Voyez jusqu'où son œil se pose.
Un fou de cette sorte, à deviner s'expose.
Les innocents, ainsi, deviennent des devins.

ARMIDE

Si c'est vrai, chant maudit, retourne d'où tu vins !

ORIANE

Il reprend.

RENAUD

Ah, dites-moi, ma mère, ma mie,
Qu'est-ce que j'entends clouer d'ici ?
Ma fille, c'est le charpentier
Qui raccommode le plancher.

ARMIDE

Quelle voix ! On la devine à peine.
Que ses yeux, que ses yeux, Oriane, ont de peine.
Écoute.

RENAUD

Ah, dites-moi, ma mère, mamie,
Ce que j'entends chanter d'ici ?
Ma fille, c'est la procession
Qui tourne autour de la maison.

ARMIDE

Qu'il dorme ! Qu'il se taise ! Assez ! Assez ! Assez !

ORIANE

Il chante l'avenir comme les jours passés.
On ne sait d'où la vague en apporte une épave.

ARMIDE

Mon immortalité ne me rend pas plus brave.
Qu'il se taise, Oriane.

ORIANE

Armide, il va finir.
Vous devez écouter l'écho de l'avenir.

RENAUD

Terre, ouvre-toi, terre, fends-toi,
Que j'aille avec Renaud mon roi.

Terre s'ouvrit et se fendit
Et la belle fut engloutie.

ARMIDE

Oriane, c'est trop ! Un fils et une épouse...
Dans le même linceul il faudrait qu'on les couse.
Il les aime, Oriane. Il n'est plus avec nous.

ORIANE

Jalouse de mortels et de chansons de fous ?
Mesurez la limite où la faiblesse arrive.

ARMIDE

Il découvre une mer. Je reste sur la rive.

ORIANE

Caressez Renaud fou. Laissez-vous caresser.
Ne vous lamentez plus sur un jouet cassé.
Rappelez-vous l'époque où, jeune enchanteresse,
Vous ne cherchiez du vent que la seule caresse.
Un feu vif irriguait votre joyeuse chair.
Mes sœurs, qui sont du vent, du feu vif et de l'air,
Me mirent, sous l'aspect d'une de vos suivantes,
Près de votre personne et parmi les vivantes.
Vous reçûtes alors l'anneau, que chaque sœur,
En prenant rang de fée, offre à son successeur.
Rappelez-vous, Armide.

ARMIDE

Oui... oui... je me rappelle
Une armure de glace habillait la chapelle.
Sa mère et lui craignaient les pièges du chemin.

RENAUD, *à Armide.*

Madame, voulez-vous me prendre par la main ?

ORIANE

L'amour divague, Armide, à toutes les époques.

ARMIDE

Oriane, le roi divague et tu te moques !

ORIANE

Ne vous révoltez plus. Aimez Renaud en paix,
Et félicitez-vous de ce brouillard épais.

RENAUD, *criant.*

Arrachez ! arrachez cette arme !

ARMIDE

Je l'arrache.

RENAUD

De mon ventre arrachez Madame, cette hache !
Elle me blesse !

ARMIDE

Il souffre...

ORIANE

Il le rêve.

ARMIDE

Crois-tu,
Que je pourrais régner auprès d'un chef battu ?
J'aimais que de ses lys mon sol portât les marques.
J'aimais qu'il encombrât mes plages de ses barques,
J'aimais ses étendards escortés de tambours.
Mais le perdre, Oriane, en de mornes amours,
Par tes philtres cruels l'ôter à ce qu'il aime,
Non, non ! J'aurais voulu l'y contraindre moi-même.

ORIANE

Il n'eût pas été long à vous le reprocher.

ARMIDE

Par mes larmes alors je l'aurais attaché.
Cher Seigneur, pourrait-il résister à mes larmes ?

ORIANE

J'ai plus de confiance en la vertu des charmes.
Les seuls charmes d'Armide étaient ceux qu'il lui faut.

ORIANE

La mémoire vous fait étrangement défaut.
Sans le fil, dont mes sœurs vous apprirent l'usage,
Votre orgueil insulté vous mordrait le visage,
Et vous inventeriez un supplice inconnu.
Car Renaud vous fuyait.

ARMIDE

Il serait revenu.

RENAUD

Armide...

ARMIDE

Il sait mon nom ! Mon nom ! Il se rappelle
Mon nom. Renaud ! Renaud !

ORIANE

C'est l'autre qu'il appelle.

ARMIDE

Renaud !

RENAUD

Armide !

ARMIDE

Toi !...

ORIANE

C'est l'autre qu'il connaît.
Cette Armide qu'il pleure et qu'il imaginait.
Vous pouvez sans déchoir prendre sa place libre.

ARMIDE

C'est votre Armide à vous qui rompait l'équilibre.
La pouvait-il trouver sous un aspect trompeur ?
Renaud, pardonne-moi de t'avoir fait si peur.

ORIANE

Encore un coup, l'orgueil vous dicte ce langage.
Pour exprimer son âme on n'a que son visage.

ARMIDE

Mon prince, mon Renaud, je t'ai fait voir soudain
Une reine pareille à ce mauvais jardin,
Un tableau dangereux qui parle par machine,
Une idole de l'Inde, un dragon de la Chine,
Un insecte qui mange un mâle dans l'amour,
Une nuit insolente aux lumières du jour,
Une...

RENAUD

Madame...

ARMIDE

Quoi ?

RENAUD

                    Savez-vous la ballade
Du roi Renaud ? Elle aime un pauvre roi malade.
Un roi... Vous connaissez Armide ? Connaissez-
Vous Armide, Madame ? Et le roi ? C'est assez
Triste. Connaissez-vous la ballade ? Elle est triste.
C'est, paraît-il, un chant qui point encore n'existe.
Connaissez-vous Armide ? Il la cherchait en vain.
Connaissez-vous Renaud qui de guerre revint ?
Connaissez-vous Renaud qui portait ses entrailles ?
Madame, entendez-vous sonner ses funérailles ?

ARMIDE

Renaud !

RENAUD

            Vous connaissez Renaud ? un pauvre roi
Triste. Renaud est mort. Armide est morte.

ARMIDE

                                    Quoi ?
Armide vit. Armide t'aime

RENAUD

                        Armide est morte.
Connaissez-vous Renaud que dans la terre on porte ?
On couvre Renaud mort avec son écusson.
Connaissez-vous Renaud de la triste chanson ?
La chanson de Renaud, le roi qu'on porte en terre.
Elle n'existe pas encore. On doit la taire
Jusqu'à ce qu'elle existe. On doit la taire. On doit
La taire. La chanson du roi Renaud, du roi
Renaud. Connaissez-vous le roi Renaud, Madame ?
Connaissez-vous Armide ?

ORIANE

                Armide, il vous réclame.

ARMIDE

Dire que de Renaud je craignais le sommeil.
Et Renaud maintenant au sommeil est pareil.
Il s'y forme un langage à la façon du rêve.

RENAUD

Vous connaissez Renaud, Madame ?

ARMIDE

Qu'il achève !

Je deviens folle.

RENAUD

Armide... Armide...

ORIANE

Il n'en peut plus
De fatigue. Voyez, tous ces mots qu'il a lus
Sans les lire, ces mots lui tournent dans la tête.
Sa tête se défait sur vos genoux.

ARMIDE

Sois bête...

Sois bête, Armide. Vis. Prends sa grande main d'or.
Sois le socle sacré de sa tête qui dort.
Chasse de ton esprit le bonheur qui le tente.
Ne cherche pas plus loin, Armide, et sois contente.

ORIANE

Ne cherchez pas plus loin, Armide, croyez-moi.

RENAUD, *à peine murmuré.*

Connaissez-vous Renaud ? Connaissez-vous le roi ?

Sa tête retombe.

SCÈNE V

RENAUD. ARMIDE, ORIANE, OLIVIER

OLIVIER, *il entre en courant.*

Renaud ! Renaud ! Quel est ce spectacle ?

ORIANE

Ta haine

Et ton amour. Renaud et Armide.

OLIVIER

La reine !

ARMIDE

Vous osez réveiller votre roi qui dormait ?
Vous m'osez déranger ?

OLIVIER, *il aperçoit Renaud.*

Le roi !

ARMIDE

Qui te permet
De crier ?

OLIVIER

Je crierai s'il le faut et j'exige
Une explication de ce dernier prodige.
Renaud !

ARMIDE

Vous exigez ! Vous criez ! C'est fort bien.
Votre roi qui repose est devenu le mien.
Il ne me quitte plus. Son cœur m'a découverte.
A se dissimuler Armide était experte.
Il m'a su découvrir. Il s'éveille. Il entend
Votre voix. Parlez-lui. Les filles de Satan
Ne peuvent que tisser des filets et les tendre.

OLIVIER

Armide ?

ARMIDE

Moi.

OLIVIER

C'est vous ! Ciel ! Il s'est laissé prendre !
Renaud !

RENAUD

Quel est cet homme ?

OLIVIER

Olivier ! Olivier !
Mon pauvre roi !

ARMIDE

Le plaindre ? Il vous faut l'envier.
Il est heureux. Je l'aime. Il m'aime.

OLIVIER
            Est-ce possible ?

ARMIDE
Votre chef, Olivier, n'était pas invincible.
Résignez-vous.

OLIVIER
            Renaud ! Renaud !

RENAUD
                        Quels sont ces cris ?
Quel est cet homme ?

OLIVIER
            Hélas ! C'en est fait. Il est pris.
Monstre, à vos attentats je saurai mettre un terme.
J'ouvrirai ces jardins où votre art nous enferme,
J'emporterai Renaud.

ORIANE
            Il vous montre le poing.
Souffrirez-vous ?...

ARMIDE
            C'est bon. Ne le punissez point.

OLIVIER
Qu'avez-vous fait de lui ? Quelle chaîne l'entrave ?

ARMIDE
C'est ainsi que je traite un homme qui me brave.

OLIVIER
Vous l'avouez, enfin ! Les diables de l'enfer
Emprisonnent Renaud dans leur poigne de fer.
Sur vos ordres l'enfer contre Renaud se ligue.
A moi, ciel !

RENAUD
            Renvoyez cet homme. Il me fatigue.

OLIVIER
Mon prince ! Voilà donc ce que le diable peut.
Hélas ! où sont vos lys sur votre drapeau bleu ?
Où sont vos nefs gonflant leurs voiles vers le large ?
Où votre femme ?

ARMIDE

Qu'il se taise.

ORIANE

Je m'en charge.

OLIVIER

Où la France?

ORIANE, *marchant sur Olivier.*

Prends garde aux anges du démon.

Tremble!

*Olivier tombe à genoux et prie, la fi-
gure dans les mains.*

A Armide.

Vous n'aurez plus, Madame, de sermon.
Un pareil ennemi n'est pas à votre taille.
Il est fort brave, mais sur un champ de bataille.

A Olivier.

Priez! Priez le ciel. C'est votre seul recours.

OLIVIER, *bas.*

Roi du ciel...

ARMIDE, *à Renaud.*

Dors, Renaud.

OLIVIER, *bas.*

Venez à mon secours...

ARMIDE

Je te berce...

RENAUD

Connaissez-vous Armide?

ARMIDE

Je te berce...

OLIVIER, *bas.*

Saint Georges à cheval qui le dragon transperce,
Saint Denis qui portez votre tête...

Renaud s'agite.

ARMIDE

Qu'as-tu?

Dors, Renaud.

OLIVIER

Saint Michel qui vous êtes battu
Contre Satan lui-même, empêchez qu'on nous dupe.

ARMIDE

Quel changement l'agite, et quel trouble l'occupe ?
On dirait qu'il s'éveille une seconde fois.
Si cet homme l'allait arracher à nos lois ?
Je ne veux plus le perdre !

ORIANE

Enfin vous êtes sage.
Vous n'avez rien à craindre.

*Elle s'avance auprès d'Olivier en
prière et reste debout derrière lui.*

OLIVIER

Ouvrez-nous le passage,
Fendez les murs.

ORIANE

Ses mains lui servent de missel.
Il croirait devenir un écuyer de sel,
S'il risquait de tourner son visage en arrière.
Il cherche son refuge en la seule prière.
Montrer le poing, maudire, invectiver, crier,
Il n'y pensera plus tant qu'il pourra prier,
Prier, se prosterner, pencher sous mon fluide.

RENAUD, *avec une agitation extrême.*

Connaissez-vous Renaud ? Connaissez-vous Armide ?
Madame ?

ARMIDE

Calme-toi.

OLIVIER

Saint Marc, saint Luc, saint Jean
Qui vîtes le Seigneur vendre pour de l'argent,
Et vous saint Sébastien qui rayonnez de flèches...

RENAUD

Connaissez-vous Renaud ?

ARMIDE

Il a les lèvres sèches,
C'est la fièvre. As-tu soif ? Veux-tu boire ?

RENAUD, *de plus en plus agité.*

Je veux...

OLIVIER

Madeleine cachant sa honte en ses cheveux...

RENAUD

Je voudrais... Je voudrais... Je veux...

ARMIDE

Renaud, demande !

OLIVIER

Que votre saint cortège au fond du ciel m'entende,
Désensorcelez-nous.

ARMIDE

Termineras-tu donc,
Renaud ?

RENAUD

Je veux, Madame...

OLIVIER

...Aidez notre abandon...

ARMIDE

J'ai de mon univers cru le pouvoir sans bornes...
Explique-toi, Renaud.

OLIVIER

... Chassez la bête à cornes.
Du labyrinthe obscur dénouez le chemin.

ORIANE, *à Olivier.*

Priez. Priez. Priez.

RENAUD

Prêtez-moi votre main,
Madame.

ARMIDE

C'est cela ?

RENAUD

Non, pas cette main, l'autre,
Madame.

ARMIDE

Que veut-il ?

OLIVIER

... Et saint Pierre l'apôtre
Au cœur troué par le chant du coq...

ARMIDE

Mon poignet '
Il me le tord.

OLIVIER

...Et Christ qui des larmes saignait...

ARMIDE

Regarde. Il me le tord ! Il cesse... Il recommence...

OLIVIER

Christ qui montez au ciel après le coup de lance...

ARMIDE

Qu'est-ce qu'il cherche? Il tourne et retourne mes doigts.

OLIVIER

Vous mort sur le gibet et qui sacrez les rois,
Vous qui vers moi penchez votre face charmante...

ARMIDE

Son œil ne quitte plus cette main qu'il tourmente.

ORIANE, *derrière Olivier.*

Priez.

OLIVIER

Délivrez-nous. Sauvez le roi Renaud.

ORIANE

Madame...

ORIANE

Qu'est-ce donc que tu veux ?

RENAUD, *un long temps. Il la regarde.*

Votre anneau.

Rideau.

ACTE III

L'ANNEAU

SCÈNE I

RENAUD, ARMIDE, ORIANE, OLIVIER, *en prières*

ORIANE

Méfiez-vous.

ARMIDE

Il faut pour cela qu'il me lâche.
Renaud, lâche ma main. Veux-tu que je me fâche ?
Ne touche plus l'anneau.

RENAUD

Vous me le refusez ?

ARMIDE

Quelle force ont les fous.

ORIANE

Que les fous sont rusés.

ARMIDE

Il se calme. On dirait que son humeur varie.
Mais n'est-ce pas plutôt que cet homme qui prie
Ne parle plus ?

ORIANE

Il prie encore.

ARMIDE

Il était las
De prier. Il s'arrête ou ressasse, tout bas,
Ce que je l'écoutais murmurer avec crainte.
Vois : les doigts de Renaud desserrent leur étreinte,
Ses yeux ne cherchent plus l'anneau qu'il convoitait.
N'est-ce pas parce que ce jeune homme se tait,
N'est-ce pas parce que son âme est moins tendue,
Que sa voix, par Renaud, cesse d'être entendue ?
Il agissait par elle et s'il me demanda
Cette bague, c'est qu'il entendait ce soldat.
Il s'assoupit.

ORIANE

Et l'autre énumère ses saintes.
Notre science encore a de hautes enceintes.

ARMIDE

La sienne est plus naïve et s'avance tout droit.

RENAUD, *endormi.*

Connaissez-vous Renaud ? Connaissez-vous le roi ?

ARMIDE

Sa bouche de dormeur dit les mêmes paroles.

ORIANE

Si Renaud n'est pas fou c'est que nous sommes folles.

ARMIDE

Hélas !

ORIANE

Armide, allons ! Quels rois n'eurent des fous ?
Ayez un fou du roi. Vivez. Résignez-vous.

ARMIDE

Un fou du roi, Renaud ? Renaud, fou de la reine !

ORIANE

Il en est fou.

ARMIDE

De l'autre..

ORIANE

Il vous connaît à peine.
Il connaît l'autre. Vite il confondra les deux.

ARMIDE

Il la cherche.

ORIANE

Les fous ne s'occupent que d'eux.
Vous êtes sa folie et votre nom l'occupe.
Bientôt de son mirage il deviendra la dupe.

ARMIDE

Comment y vois-tu clair dans ton affreuse nuit?

ORIANE

De vos cœurs compliqués nous ignorons l'ennui.
Le dédale et la nuit de l'amour sont célèbres.
Quel est notre méandre auprès de ses ténèbres?
D'un désordre pareil qui nous ose accuser?

ARMIDE

Il est calme, Oriane, et semble reposer.

RENAUD

Je...

ARMIDE

Quoi, Renaud?

RENAUD

Je... Je... Je voudrais...

ORIANE

S'il réclame
L'anneau, donnez-le-lui. Vous sauverez votre âme.
Renaud se sauvera. Chacun sera content.

RENAUD

Je voudrais... Je voudrais...

ARMIDE

Je cède en l'écoutant.
Il se taisait. J'étais ardente au sacrifice.
Il parle. C'en est fait. J'adopte l'artifice.
J'obéirai.

RENAUD

Je... je... je voudrais...

Oriane, *à Armide.*

Cachez-vous.

Armide s'écarte.

Observez.

OLIVIER

Christ au bois cloué par quatre clous.

Christ...

RENAUD

L'anneau ! Je voudrais l'anneau !

OLIVIER

Fils de la Vierge,

Christ qui suez d'angoisse une sueur de cierge,
Christ qui mourez pour nous...

RENAUD

Madame, je voudrais...

Je voudrais votre anneau !

OLIVIER

Tirez-nous de ces rets !

Tirez-nous de ces rets, Christ flagellé d'ortie.

RENAUD

Madame, êtes-vous là ?

Oriane, *derrière Renaud.*

La princesse est partie.

RENAUD

Partie ?

ORIANE

Elle vous cherche au jardin.

RENAUD

Quel jardin ?

Où ?

ORIANE

Je vous conduirai. Venez.

RENAUD

J'avais sa main

Dans ma main...

ORIANE

La princesse a voulu vous attendre
Dehors. Venez.

RENAUD

Dehors ?

ORIANE, *à Armide.*

Qu'il cesse de l'entendre
Et sorte. Appelez-le des jardins.

Armide sort par le fond.

OLIVIER

S'il est fou,
Christ, rendez-lui le sens...

VOIX D'ARMIDE, *dehors.*

Renaud !

ORIANE

Écoutez.

RENAUD

Où ?

Où cette voix ?

VOIX D'ARMIDE, *loin.*

Renaud !

ORIANE, *entraînant Renaud.*

Dehors. Courez...

Renaud disparaît.

SCÈNE II

ORIANE, OLIVIER

OLIVIER, *il se retourne, touché à l'épaule par Oriane.*

Suivante
Du diable !

ORIANE

Je ne suis qu'une simple servante.
Personne ici ne veut vous tourmenter.

Olivier saute et se met debout.

Quel bond !

OLIVIER

Vous avez pris Renaud, rendez-le !

ORIANE

Bon. C'est bon.

Je m'éloigne.

OLIVIER

Restez.

ORIANE

Je reste.

OLIVIER

Je m'excuse.

Je ne suis qu'un soldat malhabile à la ruse.
Armide tient Renaud.

ORIANE

Soldat, nul ne m'entend.

Vite, écoute...

OLIVIER

Est-ce encore un piège qu'on me tend ?

ORIANE

Écoute et tu verras si ma langue te trompe.
Vous n'êtes pas les seuls que la reine corrompe.
Qui croyez-vous que soient ses femmes, ses valets ?
Nous vivons sans nous voir, captifs de ses filets.
Il existe un secret, soldat, que je possède :
Pour fuir de ces jardins, je sais comme on procède.

OLIVIER

Que dites-vous ?

ORIANE

Les murs, je les peux écarter.

OLIVIER

Ciel !

ORIANE

Tais-toi, car les murs nous peuvent écouter.
Je te livre la clef des portes du royaume :
La main de gloire. On coupe une main. On l'embaume...

OLIVIER

Horreur !

ORIANE

Et cette main, qui vit loin de son corps,
Fait s'entr'ouvrir les murs qui conduisent dehors.

OLIVIER

Les murs...

ORIANE

J'ai découvert où la reine la cache

OLIVIER

J'aimerais mieux ma lance, une pique, une hache.

ORIANE

Crois-tu donc qu'une hache ouvrirait ce chemin ?

OLIVIER

Mais, Madame, si vous connaissiez cette main,
Pourquoi ne pas l'avoir volée à votre usage ?

ORIANE

De la reine, Olivier, je redoutais la rage.
Je ne serai plus seule. A peine hors des murs,
Je te désignerai quels sont les endroits sûrs.
Tu regroupes les chefs, tu commandes l'armée,
Je marche à votre tête avec la main charmée,
Et nous sauvons le roi.

OLIVIER

Laisser Renaud ici ?

ORIANE

Renaud reste d'abord et mon plan réussit.
Renaud est fou. Jamais Armide ne le quitte.
Si nous devons des chefs aller joindre l'élite,
Comment veux-tu t'enfuir avec le roi ?

OLIVIER

J'ai peur,

Madame. J'ai fort peur d'un manège trompeur.
Ne me trahit-on pas ?

ORIANE

Te trahir ! Pourquoi faire?
On me dérobe ici ce que mon cœur préfère,
On m'oblige au mensonge, on moque ma bonté,
On veut que je me plaise en ma captivité.
Je ne songe qu'à fuir.

Pleurant.

Hélas ! quelle autre preuve...

OLIVIER

Il suffit. Je mettais votre cœur à l'épreuve.

ORIANE

Ils reviennent. Tais-toi. Je te rejoins après.
De notre fuite il faut rassembler les apprêts.
J'occupe la princesse et lui donne le change.

OLIVIER

Je vous crois et j'y vole.

ORIANE

Ouvre tes ailes d'ange !

Oilivier se sauve.

SCÈNE III

RENAUD, ARMIDE, ORIANE

Renaud et Armide entrent lentement par le fond. Ils marchent en silence l'un près de l'autre Renaud remue les lèvres. Oriane les observe. Une fois arrivé au divan, Renaud s'y couche.

RENAUD

Puis-je m'étendre ici ?

Il ferme les yeux.

ORIANE, *elle entraîne Armide.*

　　　　　　Madame, c'en est fait.
Je tâche à préparer votre bonheur parfait.
Pour qu'Olivier partît il fallait une amorce.
Il croit qu'auprès de vous je ne sers que par force,
Que je veux, vous trompant, le sauver avec moi,
Et qu'une fois dehors nous sauverons le roi.
Enfin, je l'ai joué. Je le rejoins ensuite.
De votre aveugle amour laissez-moi la conduite.
Renaud relâchera ses liens si je pars,
Et si j'aide Olivier à franchir les remparts.
Une fois les remparts franchis, je l'abandonne.
Ses appels et ses coups ne trouveront personne.
Qu'il aille, s'il veut, de maison en maison.
Chacun des chefs croira qu'il n'a plus sa raison.
Ne bougez pas. Veillez sur Renaud qui s'éveille.
La prière de l'autre enchantait son oreille :
Un faux enchantement risquait de le tromper.
Il n'est rien, hors de vous, qui le puisse occuper.
Il vous reste. Je vais rejoindre ma victime.

　　　　　　　　　　　　　　Elle sort.

SCÈNE IV

RENAUD, ARMIDE

ARMIDE, *près de Renaud.*

Faut-il pour toi, Renaud, courir de crime en crime ?
Faut-il te conserver par des moyens si bas ?

RENAUD

Madame, s'il vous plaît, ne m'abandonnez pas.

ARMIDE

Cruel, comment veux-tu que je me débarrasse
D'un désespoir inerte où je creuse ma place ?
Je suis ta promenade et je suis ton repos.

RENAUD

Madame, de la tour, voyez-vous mes drapeaux ?

ARMIDE

Oriane a raison. Le voile se soulève.
Armide et l'autre Armide occuperaient son rêve ?
Serais-je l'une et l'autre à ses yeux tour à tour ?

RENAUD

Madame, voyez-vous mes drapeaux de la tour ?

ARMIDE

Oui, je vois tes drapeaux.

RENAUD

              Et le drapeau d'Armide,
Le voyez-vous flotter ? Ma pauvre tête est vide.
Il me faut pardonner, Madame.

ARMIDE

                  De là-haut,
Je vois les étendards d'Armide et de Renaud,
Armide avec Renaud occupe la contrée.
Ils s'aiment.

RENAUD

      Quoi, Madame, il l'aurait rencontrée ?
Elle vivrait ?

ARMIDE

      Renaud, la reine Armide vit.
Du cheval de Renaud son cheval est suivi.
Reconnais un cheval de reine, qui va l'amble.
Écoute leurs chevaux qui galopent ensemble.
Pour rejoindre la route ils traversent le val.
Armide, aveuglément, cravache son cheval.
Renaud, qu'elle dépasse, est aspergé d'écume.
La route est un tambour, un orage, une enclume.
Elle roule, elle tonne, elle étincelle.

RENAUD

Allez.

Allez. N'arrêtez pas. Regardez-les. Parlez.
Ils approchent.

ARMIDE

Je vois grandir leurs silhouettes.

RENAUD

Décrivez-moi Renaud.

ARMIDE

Il est comme vous êtes.

RENAUD

Armide ?

ARMIDE

A moi pareille. Et bientôt nous verrons
Le détail du harnais, du mors, des éperons.
Je peux déjà d'ici détailler leur visage.

RENAUD

Madame, décrivez, décrivez davantage.

ARMIDE

Armide c'est Armide et Renaud c'est Renaud.
Ils s'envolent ! Mais non. C'était le fossé d'eau.
Leur groupe échevelé sur l'autre bord s'écroule.
Ils repartent. Ils sont une émeute, une foule,
Un tremblement de terre.

RENAUD

Armide ! Décrivez

Armide.

ARMIDE

Patience, ils vont être arrivés.
Ils sautent de cheval. Ils rejettent la bride.
Ils montent à la tour.

RENAUD

Renaud avec Armide ?

ARMIDE

Armide avec Renaud. Ils entrent. Les voilà !

La secouant.

C'est nous ! C'est nous, Renaud.

Renaud, *il s'écarte.*

                    Que veut dire cela?
Que me racontez-vous? Quel est ce stratagème?

Armide

Renaud, efforce-toi de comprendre qui j'aime.
Reconnais-moi, Renaud! Je suis Armide!

Renaud

                          Non,
Madame. Vous n'avez d'Armide que le nom.
Vous voulez consoler un pauvre roi qui pleure.

Armide

Il parle beaucoup mieux déjà que tout à l'heure.
S'il pouvait? Un effort, Renaud, fais un effort.

Renaud

Madame, voyez-vous ma flotte dans le port?

Armide

Ses souvenirs changeants bougent comme une moire.

                    Elle s'accroche à lui.
Renaud, romps tes liens, retrouve la mémoire,
Regarde-moi, Renaud. Renaud n'ai-je pas l'air
D'Armide? Reconnais ton Armide.

        Renaud, *les yeux au loin*

                La mer.

Armide

Sur quelle mer est-il?

Renaud

           La mer. La mer informe.
Du nom de ce pays, chevaliers, qu'on m'informe.
Pilote, au gouvernail! Guetteur, grimpez au mât!
Le navire est entré dans un noble climat.
Savez-vous qui, Madame, en ces jardins habite?
Savez-vous? Répondez. Quelle gêne subite...
Madame, est-il donc vrai, si j'en crois la rumeur,
Que, captif des jardins, le roi Renaud se meurt?
En ce cas, il faudrait nous porter à son aide,
Contre le mal d'amour découvrir un remède,
Chercher Armide. Hé quoi, Madame? Vous pleurez?

ARMIDE

Je pleure cette Armide aux charmes adorés,
Je pleure ce Renaud que son amour ravage.
Renaud, Renaud, quel vent te poussait au rivage?
Ne jette pas ton ancre et retourne sur l'eau.
Armide ignorera qu'il existe un Renaud,
Renaud ne saura pas qu'il existe une Armide.

RENAUD

Pourquoi ces pleurs? Pourquoi ce visage livide?
Connaissez-vous Renaud?

ARMIDE

Armide, assez de pleurs.
Vite, ressaisis-toi. Contrôle tes douleurs.
Des drames que je crains je choisirai le moindre.
Oriane, à tes sœurs j'accepte de me joindre.
Elles ne savent pas le supplice d'aimer…
Ah! s'il en est ainsi, je me veux transformer.
Je ne supporte plus la fièvre qui me mine :
Fais-moi fée, Oriane, et que tout se termine!
Grands Dieux! Je blasphémais. Je perdais la raison.
Quoi? Je fuirais Renaud vers un autre horizon,
Je suivrais son tourment d'un regard égoïste,
J'observerais son mal, je rirais s'il est triste,
Peut-être je jouerais avec son cœur blessé.
Armide, repens-toi de ce rêve insensé.
Reste auprès de Renaud et souffrons côte à côte.
Ou bien, plutôt, cherchons à payer notre faute,
A déjouer les sorts d'un pouvoir inhumain.
Lorsque Olivier priait, Renaud prenait ma main…
Prions. Je me vantais. Puis-je prier? J'ignore
Comment on parle au Dieu que mon Renaud adore.
La prière et l'amour ont les mêmes secrets.
Invente la prière, Armide!

Elle ferme les yeux et remue les lè-
vres activement pendant ce qui suit.

RENAUD

Je voudrais…

Je voudrais... Je voudrais... C'était à la main droite.
De qui ? C'était en or. C'est de l'or qui miroite.
C'était de l'or, du feu. Ce feu de bois m'endort.
J'aimerais m'endormir. C'était... C'est du feu d'or !
Le feu de l'alchimiste et de la salamandre.
Ma tête fait si mal quand je cherche à comprendre.
Laissez-moi, laissez-moi, Madame. C'est du feu,
Du feu froid, du feu dur. Il faut cesser ce jeu
Qui tue.

ARMIDE

      Il faut prier et prier d'une traite,
Renaud ne cherche plus dès que je suis distraite.
Prie, Armide. Prions !

        Armide plonge sa figure dans ses
      mains et s'agenouille.

RENAUD

        Madame, c'est l'anneau !
Et son même feu d'or étincelait sur l'eau.
Je le veux. Donnez-moi cet anneau. Les chaloupes
Me portaient vers la rive et débarquaient mes troupes.
Je reconnais le feu qui s'allumait autour.

SCÈNE V

RENAUD, ARMIDE, ORIANE

Oriane paraît dans la muraille devenue transparente.
Renaud s'assoupit immédiatement.

ORIANE

Prends garde, Armide !

ARMIDE

Toi ?

ORIANE

                    Je suis loin. Le plus court,
Au lieu de revenir était de t'apparaître.
L'imbécile est sauvé. Que fais-tu de son maître ?

ARMIDE

Je le sauve. Je prie.

ORIANE

                    Et moi je t'apparais.
Si tu gardes l'anneau d'où vient notre secret,
Sois une enchanteresse avant d'être une fée.
Si tu quittes l'anneau que possédait Orphée,
Sois une simple femme et perds notre soutien.
Si tu donnes l'anneau comme s'il était tien,
Tu gagneras l'amour de celui qui le porte,
        Mais son baiser te fera morte.

ARMIDE

Je sais ce que je risque.

ORIANE

                    Enfreindre notre loi,
C'est me perdre.

ARMIDE

            Va-t'en. Je n'ai plus peur de toi.

ORIANE

Réfléchis. Je te donne une dernière chance.
Ensuite c'est le noir, le froid, la déchéance.

RENAUD, *comme en rêve.*

Je voudrais votre anneau, Madame.

ORIANE

                            Réfléchis.

ARMIDE

Redresse-toi, mon cœur. Jamais plus ne fléchis.
N'écoute que l'amour auquel rien ne résiste.

ORIANE

Vous savez bien par quoi votre puissance existe.

ARMIDE

Je possède, Oriane, un autre talisman.

ORIANE

Vous quitterez la bague ?

ARMIDE

Immédiatement.

ORIANE

Je n'apparaîtrai plus jamais.

ARMIDE

Je me dévoue.

Adieu.

ORIANE

Je vous maudis. Retournez à la boue.

Elle disparaît.

SCÈNE VI

RENAUD, ARMIDE

ARMIDE

Renaud ! Renaud ! Renaud !

RENAUD

Qui m'appelle ?

ARMIDE

Hâtons-

Nous. Tu voulais l'anneau ?

RENAUD

Moi, Madame ?

ARMIDE

A tâtons...

A tâtons... Dieu terrible, en cette ombre confuse,
Guidez-nous. Montrez-lui l'anneau qu'il me refuse.
Faites qu'il le demande.

RENAUD

Un anneau ? Moi ? Lequel ?

ARMIDE

Guidez-nous dans cette ombre à tâtons, roi du ciel !
Roi du ciel, vous savez que ma ferveur est grande.

RENAUD

Quel anneau ? Votre anneau ?

ARMIDE

Faites qu'il le demande.
Rendez-lui cet anneau que mon amour lui doit.

RENAUD *après un silence.*

Je voudrais l'anneau d'or que vous portez au doigt.

ARMIDE

Soyez loué, mon Dieu !

RENAUD

Madame, j'ai l'envie
De cet anneau.

ARMIDE

Prends-le. Je te donne ma vie.

Elle veut enlever l'anneau.

Mais qu'ai-je ? Cet anneau ne veut plus s'en aller,
Il s'attache à mon doigt, il est ensorcelé !
Ensorcelé, scellé. Que cet anneau me cède !
Qu'il entraîne avec lui tout ce que je possède.
Il tourne contre moi sa haine de métal.
Délivre-moi, Renaud, de ce cercle brutal.
Ma main aime souffrir pour que ta main la tienne.
Ah ! puisque de ma main il ira sur la tienne
Il devrait être heureux. Heureux ? L'anneau sur lui
Ne sera qu'un bijou dont le métal reluit.

Inconnu de Renaud, il perd son privilège.
Il craint de me quitter, de desserrer son piège.
Jardins, disparaissez ! Écroulez-vous, paroi !

> Renaud, *lointain.*

Dormir...

> Armide, *elle le secoue.*

Renaud ! Renaud !

> Renaud

Connaissez-vous le roi ?

Connaissez-vous Armide ?

> Armide

Il retourne à ses ombres.

Vite, mon Dieu,

> *Brandissant l'anneau à son doigt.*

Voilà l'ennemi de vos nombres.
Le voleur des calculs qui vous font éternel.
Voilà notre enchanteur et notre criminel.
Il était sur Orphée. Il était sur Ulysse.
Il fit l'un, de Circé, combattre l'artifice,
Il fit l'autre aux enfers descendre sans linceul.
Commandez-lui de fuir.

> *Elle secoue sa main, l'anneau tombe.*

Il est tombé tout seul.

Continuons, menons notre tâche à son terme.
Ne quittons plus Renaud. Ouvrons sa main qu'il ferme.
Renaud ! Ouvre ta main. Chasse mes ennemis !
Je te mettrai l'anneau qui résiste... Il est mis !

> *Ténèbres. Roulement prolongé.*

> Voix de renaud, *il a sa voix du* 1er *acte.*

Armide !

> Voix d'armide

Je suis là.

> Voix de renaud

Mais qu'est-ce qui se passe ?

On dirait que le vent déracine l'espace,
Que le ciel fait naufrage et qu'il sombre sur nous.

VOIX D'ARMIDE

Vite, à genoux, Renaud. A genoux ! A genoux !

VOIX DE RENAUD

On dirait que la Parque arrache sa quenouille.
Olivier !

VOIX D'ARMIDE

A genoux, Renaud.

VOIX DE RENAUD

Je m'agenouille.

*Les ténèbres se dissipent. Tout se
calme. Le jour qui se lève est celui d'un
matin radieux. Le soleil remplace la
lumière diffuse. Armide a dépouillé ses
attributs d'enchanteresse. Elle est à genoux, à droite, les cheveux dénoués, en
robe blanche. Renaud est à genoux, en
face d'elle, à gauche.*

RENAUD

Dieu qui m'avez suivi, sur les mers naviguant,
Quelle est cette île heureuse après cet ouragan ?

ARMIDE

Écoute ces rumeurs...

RENAUD

C'est le jour qui s'éveille.

ARMIDE

J'entends de loin mon cœur auprès de ton oreille.
J'étouffe à pleines mains son vacarme inouï.
Ces jardins donnaient tout trop rapidement.

RENAUD

Oui.

ARMIDE

Trop insolemment.

RENAUD

Oui.

ARMIDE

Trop brutalement.

RENAUD

> Certe,
> Mais est-ce pour te fuir que je t'ai découverte ?

ARMIDE

> L'univers que j'aborde est plus lourd et plus lent.
> Renaud, goûtons d'abord ce vertige en parlant.
> Ne vois-tu pas vers toi que mon désir s'élance ?
> N'entends-tu pas les cris que je pousse en silence ?
> Mais...

RENAUD

> Mais quoi ?

ARMIDE

> Ton amour ne te masque-t-il point
> Qui je suis ? Tes devoirs ? Ce qui se passe au loin ?
> Ta femme assise avec les servantes qui cousent ?

RENAUD

> Sais-tu comment, chez nous, les souverains s'épousent ?
> Deux enfants sans amour qu'on fiança jadis,
> Armide !

ARMIDE

> Et si ta femme est la mère d'un fils ?

RENAUD

> Alors mon fils prendra ma place sur le trône.

ARMIDE

> Renaud, je crains les cœurs qui demandent l'aumône.
> Ton pays te réclame et j'ai plus peur qu'avant.
> Je craignais un lieu mort. Je crains un lieu vivant.

RENAUD

> Ne parlons plus de fils, de devoirs ni de France.
> Où tu n'existes pas tout m'est indifférence.
> Quoi ? J'aurais surmonté océans et détroits,
> J'aurais soumis partout des villes et des rois,
> J'aurais, lorsque le vent désempare les voiles,
> Fait lire mon chemin au livre des étoiles,
> Et, debout, au milieu de terribles clameurs,
> Ranimé de mes cris le rythme des rameurs.

Nous serions morts de soif dans un désert torride,
Parce que mon seul but était d'atteindre Armide,
Et, lorsque je la cherche et je la trouve enfin,
C'est alors qu'il me faut mourir de soif, de faim,
Connaître, coup sur coup, la chance et la déroute?
Non, non, Armide. Non. J'ai gagné cette joute.
Je ne te quitte plus. J'ai découvert mon port.
Je veux bien, pour te plaire, assagir mon transport,
Mais c'en est fait : Renaud dans le bonheur se couche.
Le prix de son voyage est de baiser ta bouche.
Toi-même à la victoire, Armide, tu m'aidas.
Je t'aime !

ARMIDE, *éperdue.*
Oublions tout, Renaud !

> *Au loin une fanfare éclate et les tam-*
> *bours roulent. Ils écoutent, immobiles.*

Et tes soldats?
J'étais folle. Entends-tu le tambour et le cuivre?
Tes soldats partiront. Il te faudra les suivre.
J'avais raison, Renaud, de me désespérer.

RENAUD
Je les haranguerai. Je les embarquerai.
Et s'il me faut les suivre, Armide, je t'emporte !

ARMIDE
Peut-être que ta femme est infidèle ou morte...
Tu reviendras de France et nous nous marierons.

RENAUD
Armide ! T'infliger le pire des affronts !
Que m'importent mon règne et ma femme et mes proches ?

ARMIDE
Pourrais-tu, des soldats, admettre les reproches ?
Pourrais-tu supporter leur outrage muet?

RENAUD
Quelle ivresse en mon cœur ce tambour remuait.
Roule, tambour !

ARMIDE
Tu m'en voudras de ta traîtrise.

RENAUD

Cette décision, Armide, je l'ai prise.
Tu ne m'aimes donc pas?

ARMIDE

Cruel, que me dis-tu?
J'essaie avec horreur d'exciter ta vertu.
Pour rallumer en toi la flamme du courage,
Je redresse mon cœur secoué par l'orage.
Je me demande, au fond d'un affreux désarroi,
Si je n'aime qu'un homme ou bien si j'aime un roi.
Rien n'aide un pauvre cœur qui soi-même s'ampute.
Je me condamne à mort et ma main m'exécute.
Ma mort sera d'attendre, attendre en ce palais.
Est-il un prince aimé, Renaud, comme tu l'es?
Je m'oblige au devoir. Je tremble de me vaincre.
Contre toute mon âme il me faut te convaincre.
J'empêche de bondir un cœur mal enfermé,
Cruel! Et tu me dis que tu n'es pas aimé?

RENAUD

Se peut-il que le Ciel nous joigne et nous sépare?
Que je laisse l'amour se soumettre à la gloire?
Aimons-nous. Oublions. Vivons. Restons ici.

ARMIDE

Renaud, à me convaincre aurais-tu réussi?
Je cède. Mon effort arrive à ses limites.
Je ne me souviens plus des choses que j'ai dites.
Peut-on brûler d'amour et se le reprocher?
Mets ton navire en fuite avec notre bûcher.
Brûlons!

RENAUD

Aimons!

*Il s'élance vers Armide. On entend la
voix d'Olivier. Renaud s'arrête.*

SCÈNE VII

RENAUD, ARMIDE, OLIVIER

OLIVIER, *sans voir Armide. Il est casqué.*
          Renaud ! Monseigneur ! Tout est joie !
On embarque. La troupe auprès de vous m'envoie.
L'enchantement est mort. Les murs ont disparu.
Libres sont les jardins où je suis accouru.
Écoutez les tambours. Écoutez la fanfare.
La foule avec des cris se presse autour du phare,
Elle acclame vos chefs et les orne de fleurs.
On voit des pavillons de toutes les couleurs.
On n'attend plus que vous... Mais, le départ m'enivre...
J'oubliais...

RENAUD
      Olivier, je ne peux pas te suivre.

OLIVIER
Je vous retrouve ici captif, aveugle, sourd,
Pareil !

RENAUD
    Non, je ne suis qu'un captif de l'amour.
                 Il montre Armide.

OLIVIER
Vous, Madame ?

RENAUD
      Voilà mon Armide trouvée.
Elle-même voulait, avant ton arrivée,
M'obliger à vous suivre, à ne la plus revoir.
Mais je pèse en mon cœur quel est mon vrai devoir.
Je reste. A m'en aller, par amour je renonce.
Retourne vers les chefs. Porte-leur ma réponse.

OLIVIER

Madame, d'un roi fou chassez l'égarement.

ARMIDE

Il ira retrouver vos chefs dans un moment.

RENAUD

Quoi ?

ARMIDE

Laissez-nous. Courez. Vous avez ma promesse.

RENAUD

Armide, que fais-tu ?

OLIVIER

Une messe ! Une messe !
Que pour vous, chaque jour, la servent nos amis.

ARMIDE

Partez ! partez !

OLIVIER

Je pars.

ARMIDE

Il ira. C'est promis.

OLIVIER

Je descends jusqu'au port annoncer la nouvelle.

Il sort en courant.

SCÈNE VIII

RENAUD, ARMIDE

ARMIDE

Armide a reconnu ce que tu fais pour elle.
Sois libre.

RENAUD

Libre ? Quoi ? Libre ? Pour aller où ?
Je deviens fou.

ARMIDE

J'étais folle. Tu n'es plus fou.
Tu dois régner.

RENAUD

Alors que ce pacte nous lie !
Et comment régnerai-je, en proie à la folie ?
Comment te quitterai-je ?

ARMIDE

Écoute le destin
Battre la peau sans cœur des tambours du matin.
Il n'est plus de motifs que mon peuple me craigne.
Forme ton successeur. Viens partager mon règne.
Armide sait attendre.

RENAUD

En aurai-je le temps ?
Si je mourais, Armide, alors que tu m'attends,
Et si, morte vivante, assise à la fenêtre,
Tu cherchais un vaisseau qui ne peut plus paraître ?

ARMIDE

Mon pays ne connaît que la belle saison.
Je verrai ton vaisseau paraître à l'horizon.
Je verrai ton vaisseau. Je le vois. Il découpe
Sur le ciel sa mâture et son château de poupe.
Il approche. A l'avant, debout...

RENAUD

C'est moi !

ARMIDE

C'est toi.
Renaud, tu peux partir et vivre sous ton toit.
Je t'attendrai. Je t'aime.

RENAUD

Armide ! Que je parte ?

ARMIDE

C'est par amour, Renaud, que de moi je t'écarte.
Je t'aime libre et fort et je t'aimais vaincu,
Quand mon cœur de t'aimer était mal convaincu.
Je t'aimerai vainqueur et maître de ton rêve.

RENAUD

L'absence sera longue.

ARMIDE

Elle paraîtra brève.

RENAUD

Pourrai-je supporter l'insupportable ennui ?

ARMIDE

Nous nous visiterons dans nos songes, la nuit.

RENAUD

Armide !

ARMIDE

Ayons pitié de notre cœur qui saigne.
Ne trouble plus le mien, Renaud, qui te renseigne.
Crois-moi, ne cherche pas à nous appesantir.
C'est assez que ma voix te dise de partir.
Que pas un seul regard de toi ne m'attendrisse.
Encourage ta reine à notre sacrifice.
Le moindre mot d'appel mettrait son cœur en sang.
Prouve-lui ton amour, prouve en obéissant.
Pas un mot tendre, pas un regard, pas un geste.
Habituons notre âme à ses douleurs.

RENAUD

Je reste.

Je refuse...

ARMIDE

Tais-toi.

RENAUD

Je...

ARMIDE

Tais-toi. Les tambours !
Les tambours ! C'en est fait. Que peuvent les discours ?
Regarde-moi, Renaud. Regarde bien Armide.

RENAUD

C'est trop !

ARMIDE

Tu la retrouveras sans une ride.

RENAUD

Contrainte insupportable ! Embarquement haï !

ARMIDE

Si tu tardes, les chefs croiront que j'ai trahi.

RENAUD

Ne t'inquiète pas de ce qu'ils peuvent croire.

ARMIDE

Détourne-toi de moi. Tourne-toi vers ta gloire.

RENAUD

J'aspire à notre mort.

ARMIDE

Aspire à m'épouser.

RENAUD

Armide ! Embrasse-moi.

ARMIDE, *écartant le visage de Renaud avec sa main*

Je te touche...

RENAUD

Un baiser !

ARMIDE

Je te touche.

RENAUD

Un baiser ! Un baiser de ta bouche,
Armide...

ARMIDE

Pauvre amour, laisse que je te touche.
Sois calme. Sois docile et fais ce que je veux.
Laisse-moi caresser ta joue et tes cheveux.
Laisse ma main, par cœur, apprendre ton visage.

RENAUD

Un baiser...

ARMIDE

Voudrais-tu m'enlever mon courage ?
Attendons les sommeils où tu m'embrasseras.

Renaud

Armide !

Armide

Cher Renaud. Serre-moi dans tes bras.
Mais surtout, mais surtout n'approche pas mes lèvres.

Renaud

Pourquoi ne pas calmer cette soif de nos fièvres ?

Armide

Tu ne pourrais partir. Laisse-moi m'arracher
De toi. Ferme les yeux. Te toucher... Te toucher...
Te toucher... Et me faire, au lieu de mains de gloire,
Des mains qui de ton corps garderont la mémoire.

Renaud

Armide !

Armide

Adieu, Renaud. Retourne à ton pays.
Tu me dois obéir.

Renaud

Armide... j'obéis !
        Sans regarder Armide, il s'élance
        vers les jardins.

Armide

Faites qu'à ce baiser, mon Dieu, je me décide.
        Renaud va disparaître. Elle crie :
Embrasse-moi, Renaud !
        Renaud revient vers elle.

Renaud

Armide...
        Il la prend dans ses bras et l'em-
        brasse. Elle meurt.

Armide !
        Elle tombe.
        Il se jette sur elle.
        Armide !

Rideau.

L'AIGLE A DEUX TÊTES

Elle ne pouvait compter sur rien,
pas même sur le hasard. Car il y a
des vies sans hasard.

H. DE BALZAC.

PRÉFACE

On connaît la mort étonnante de Louis II de Bavière, l'énigme qu'elle pose et les innombrables textes qui cherchent à la résoudre. J'ai pensé, en relisant quelques-uns de ces textes, qu'il serait intéressant et propice au grand jeu du théâtre, d'inventer un fait divers historique de cet ordre et d'écrire ensuite une pièce pour en dévoiler le secret.

Ces lectures de livres sur la mort du roi m'avaient replongé dans l'atmosphère de cette famille qui, faute de pouvoir créer des chefs-d'œuvre, en voulait être, et même qui se terminassent le plus mal possible, comme il se doit.

Il me fallait inventer l'histoire, le lieu, les personnages, les héros, capables de donner le change et propres à flatter ce goût de reconnaître que le public préfère à celui de connaître, sans doute parce qu'il exige un moindre effort.

La belle étude de Rémy de Gourmont dans les Portraits littéraires me donna le style de ma reine. Elle aurait l'orgueil naïf, la grâce, le feu, le courage, l'élégance, le sens du destin, de l'impératrice Elisabeth d'Autriche. J'empruntai même une ou deux phrases qu'on lui prête.

Le vrai malheur de ces princes, supérieurs à leur rôle, c'est qu'ils sont plus des idées que des êtres.

*Du reste il n'est pas rare qu'une autre idée les tue.
J'imaginai donc de mettre en scène deux idées qui
s'affrontent et l'obligation où elles se trouvent de
prendre corps. Une reine d'esprit anarchiste, un
anarchiste d'esprit royal, si le crime tarde, s'ils se
parlent, si ce n'est plus le coup de couteau dans le
dos de l'embarcadère du lac de Genève, notre reine
ne sera pas longue à devenir une femme, pas long
notre anarchiste à redevenir un homme. Ils trahis-
sent leurs causes pour en former une. Ils deviennent
une constellation, ou mieux un météore qui flambe
une seconde et disparaît.*

*Depuis quelque temps je cherchais les causes
d'une certaine dégénérescence du drame, d'une chute
du théâtre actif en faveur d'un théâtre de paroles et
de mise en scène. Je les mets sur le compte du cinématographe qui, d'une part oblige le public à voir les
héros interprétés par des artistes jeunes, d'autre part
habitue ces jeunes artistes à parler bas et à remuer
le moins possible. Il en résulta que les bases mêmes
des conventions théâtrales furent ébranlées, que disparurent les Monstres sacrés, qui de leurs tics, de
leurs timbres, de leurs masques de vieux fauves, de
leurs poitrines puissantes, de leur propre légende,
formaient le relief indispensable au recul des planches et aux lumières d'une rampe qui mange presque
tout. Ces vieux Oreste, ces vieilles Hermione se
démodèrent, hélas, et, faute de cariatides pour les
porter, les grands rôles disparurent avec. On leur
substitua, sans même s'en rendre compte, la parole
pour la parole et la mise en scène. Paroles et mise en
scène prirent alors une place dont les Sarah
Bernhardt, les de Max, les Réjane, les Mounet-Sully,
les Lucien Guitry, n'eurent jamais la moindre idée.
Sur les planches où évoluaient ces ancêtres, la mise
en scène se faisait toute seule et le décor ne parlait
pas plus haut qu'eux.*

C'est pourquoi j'admirai tant le Richard III *du* Old Vic Theater *où, depuis la démarche des femmes jusqu'à la manière dont Laurence Olivier traîne la jambe et relève ses cheveux, tout n'est que trouvailles, où les toiles semblent de vieilles toiles, les costumes de vieux costumes, les acteurs des acteurs conventionnels, alors qu'il n'en est rien et que le moindre détail est inventé pour mettre en valeur le génie d'un comédien qui garde son relief d'un bout à l'autre, sans aplatir le jeu de ses camarades.*

L'apparition du comédien-tragédien est la grande nouveauté du théâtre de notre époque. C'est en grossissant à l'extrême les lignes de la comédie qu'il arrive à rejoindre sans ridicule les grimaces sublimes dont nous prive l'écran. M. Jean Marais nous en donna le premier exemple dans Les Parents Terribles *où il décida de jouer sans goût, bref de vivre, de crier, de pleurer, de remuer, comme il croyait que le firent ses illustres prédécesseurs.*

Un autre exemple de cette entreprise me fut le Britannicus *où il inventa un* Néron *inoubliable.*

Sans Edwige Feuillère, digne des plus grands rôles, sans Marais, qui a fait ses preuves, jamais je n'eusse osé monter cette machine épuisante pour des acteurs modernes.

P.-S. — Ajouterai-je qu'un grand rôle n'a rien à voir avec une pièce. Ecrire des pièces et de grands rôles est un des prodiges de Racine. Mmes Sarah Bernhardt et Réjane, MM. de Max et Mounet-Sully s'illustrèrent par une multitude de pièces médiocres où de grands rôles ne furent que prétextes à mettre leur génie en vue. Marier ces deux forces — la pièce humaine et le grand rôle — n'est-ce pas le moyen de sauver le théâtre et lui rendre son efficacité ?

L'entreprise est dangereuse. Il est vrai que le véritable public s'écarte d'un théâtre trop intellectuel.

*Mais une grosse élite déshabituée de l'action vio-
lente, bercée de phrases, risque de prendre fort mal
ce réveil en fanfare et de le confondre avec le mélodrame.*

   Peu importe. Il le faut.

   P.-S. — *Je souligne que la psychologie, en quelque
sorte* héraldique, *des personnages n'a pas plus de
rapport avec la psychologie proprement dite que les
animaux fabuleux (Lion qui porte sa bannière, Licorne qui se mire dans une glace) n'offrent de ressemblance avec des animaux véritables.*

La tragédie de Krantz restera toujours une énigme. Comment l'assassin s'était-il introduit chez la reine ? Au moyen de quelle menace avait-il pu rester trois jours auprès d'elle ? On retrouva la reine poignardée dans le dos, en haut de l'escalier de la bibliothèque. Elle portait une robe d'amazone et venait, à la fenêtre, de saluer ses soldats. Pour la première fois, elle s'y présentait à visage découvert.

L'assassin gisait au bas des marches, foudroyé par un poison. La tragédie offre de nombreuses descriptions. Il en est d'historiques, de scientifiques, de poétiques, de passionnées, de sectaires, toutes sont vraisemblables.

L'AIGLE A DEUX TÊTES

emmené d'abord à Bruxelles et à Lyon, par le
Théâtre Hébertot, *a été joué à Paris en novembre* 1946.

PERSONNAGES

LA REINE, 30 ans ....   Edwige Feuillère.
EDITH DE BERG, 23 ans ....   Silvia Monfort
STANISLAS (dit Azraël), 25 ans..   Jean Marais.
FÉLIX DE WILLENSTEIN, 36 ans..   Georges Marny.
LE COMTE DE FOÉHN, 45 ans ....   Jacques Varennes.
TONY (nègre sourd-muet au ser-
   vice de la reine) ....   Georges Aminel.

Robes de Christian Bérard.
Décors d'André Beaurepaire.
Hymne royal de Georges Auric.

Premier acte : *Chambre de la reine.*

Deuxième acte : *Bibliothèque de la reine.*

Troisième acte : *Même décor.*

ACTE I

Le décor représente une des chambres de la reine, au château de Krantz. Car la reine change souvent de château et chaque soir de chambre : elle ne couche jamais dans la même. Il arrive qu'après avoir abandonné sa chambre et habité plusieurs autres, elle y retourne. Je voulais dire qu'elle ne couche jamais dans la même chambre deux soirs de suite.

Cette chambre est assez vaste. Un lit à baldaquin occupe le milieu. En pan coupé à droite, une haute fenêtre ouverte sur le parc dont on devine la cime des arbres. Sur le pan coupé à gauche, un immense portrait du roi, une cheminée qui flambe et jette des ombres. C'est la nuit. Une nuit d'orage et d'éclairs silencieux. Candélabres. La reine n'aime que l'éclairage des bougies. Au premier plan, non loin du feu, une petite table recouverte d'une nappe, seule tache blanche de ce décor fait d'ombres qui bougent, de pénombres, de lueurs du feu et des éclairs. La table est servie d'une légère collation de vin dans un seau à glace, de fromage de chèvre, de miel, de fruits et de ces gâteaux paysans noués comme des monogrammes. Un candélabre d'argent orne la table et concentre la lumière sur la nappe, les deux couverts face à face et les deux fauteuils vides. Une petite porte secrète, masquée par le portrait du roi, à gauche du lit, donne accès au corridor par lequel la reine entre chez elle. Au premier plan à droite, une porte à deux battants. Au lever du rideau, Edith de Berg, lectrice de la reine, va poser le candélabre sur la table.

Félix, duc de Willenstein, met une bûche sur le feu. Edith porte une robe du soir. Elle tient le candélabre. Félix est en uniforme de cour.

SCÈNE I

EDITH, FÉLIX

EDITH. — Félix, vous êtes un maladroit.

FÉLIX, *il se détourne un peu, sa bûche à la main.* — Merci.

EDITH. — Alors, vous ne savez même plus mettre une bûche?

FÉLIX. — J'hésitais à mettre une bûche parce que je ne trouve pas ce feu très utile. Il y a de l'orage. On étouffe.

EDITH. — Votre opinion n'a aucune importance. Gardez-la pour vous et mettez une bûche. La reine aime voir le feu. Elle aime le feu et les fenêtres ouvertes.

FÉLIX. — Si c'était moi, je fermerais la fenêtre et je n'allumerais pas le feu. Par la fenêtre ouverte, le feu attire les insectes et les chauves-souris.

EDITH. — La reine aime les insectes et les chauves-souris. Aimez-vous la reine, Félix?

FÉLIX, *il lâche sa bûche et se redresse.* — Quoi?

EDITH. — Qu'est-ce qui vous prend? Je vous demande si vous aimez la reine et lui obéir ou si vous préférez vos propres goûts et si vous espérez l'en convaincre?

FÉLIX. — Vous ne pouvez pas ouvrir la bouche sans me dire une chose désagréable.

EDITH. — Vous les attirez, mon cher Félix.

FÉLIX. — Dites-moi ce qu'il faut que je fasse pour vous plaire.

Edith. — Rien.

Félix. — Si, si, dites. Je suis curieux de l'apprendre.

Edith. — Votre service.

Félix. — Allons, bon ! J'ai commis une faute ?

Edith. — Vous commettez faute sur faute et votre maladresse dépasse les bornes. Vous ne savez plus où vous avez la tête. On dirait que, chaque fois, vous découvrez l'étiquette, le cérémonial.

Félix. — Sa Majesté se moque de l'étiquette et du cérémonial.

Edith. — C'est bien pour cela que l'archiduchesse, sa belle-mère, m'oblige à les maintenir partout.

Félix. — Vous êtes auprès de la reine par la volonté de l'archiduchesse sa belle-mère. Je suis auprès de la reine par la volonté du roi.

Edith. — Le roi est mort, mon brave Félix, et l'archiduchesse est vivante. Tenez-vous-le pour dit.

Un silence.

Edith, *signe de tête.* — ... les fauteuils.

Félix. — Quoi, les fauteuils ? (*Edith hausse les épaules.*) Ah ! oui !...

Il les écarte chacun de la table.

Edith. — Le candélabre...

Félix. — Quel candélabre ?

Edith. — Est-ce à moi de vous rappeler que seul un duc peut toucher à la table de la reine si la reine soupe dans sa chambre. Vous avez daigné mettre un candélabre à sa place. Où est l'autre ?

Félix, *il cherche partout du regard.* — Je suis stupide !

Edith. — Je ne vous le fais pas dire... Félix !

Félix, *il s'élance.* — Mon Dieu ! (*Il la décharge du candélabre et le pose sur la table.*) Je vous trouvais très belle avec ce candélabre, Edith, et j'oubliais, en vous regardant, que je devais vous le prendre des mains.

EDITH, *de plus en plus ironique.* — Vous me trouviez très belle avec ce candélabre ?

FÉLIX. — Très belle. (*Un silence. Roulement de tonnerre lointain.*) Je n'aime pas l'orage.

EDITH. — La reine sera contente. Elle adore l'orage et elle se moque de moi parce que je le déteste autant que vous. Il y a un an, vous vous souvenez de l'orage ici, la veille de notre départ pour Oberwald. La reine se cramponnait à la fenêtre. A chaque éclair, je la suppliais de rentrer dans la chambre. Elle riait, elle criait : « Encore un, Edith, encore un ! » J'ai eu toutes les peines du monde à l'empêcher de courir dans le parc où la foudre déracinait les arbres sous un déluge. Ce matin, elle m'a dit : « J'ai de la chance, Edith. Pour ma première nuit à Krantz, j'aurai mon orage ! »

FÉLIX. — Elle n'aime que la violence.

EDITH. — Prenez-en de la graine, mon cher duc.

FÉLIX. — Elle n'aime pas votre violence, Edith.

EDITH. — Elle le dit, mais si j'étais molle et docile, elle ne me supporterait pas une minute auprès d'elle.

FÉLIX. — Ce qui veut dire, comme vous me trouvez docile et mou, qu'elle me supporte mal auprès d'elle.

EDITH. — Vous êtes pour Sa Majesté, un meuble, un objet, mon cher Félix. Il importe de vous résigner à tenir ce rôle.

FÉLIX. — J'étais un ami du roi.

EDITH. — C'est sans doute l'unique raison qui la rend si indulgente à votre égard.

FÉLIX. — Pendant le voyage, en voiture, elle m'a adressé quatre fois la parole.

EDITH. — Sa politesse. Elle la met comme des gants fourrés pour le voyage. Elle vous a parlé des montagnes, de la neige, des chevaux. Quand elle

s'adresse aux gens, elle n'emploie que la partie
d'elle-même qui lui soit commune avec eux. N'y
trouvez pas les motifs d'une exaltation ridicule.

FÉLIX, *après un silence et un roulement de tonnerre.* — Mais... Dieu me pardonne, Edith... Seriez-
vous jalouse ?

EDITH, *avec un rire de folle.* — Jalouse ? Moi ?
De qui, de quoi ? Par exemple ! Jalouse ! J'exige que
vous expliquiez immédiatement le sens de cette insulte. Je n'ose pas — m'entendez-vous — je n'ose
pas comprendre.

FÉLIX. — Du calme, Edith, du calme. D'abord,
c'est vous qui m'insultez sans cesse, ce n'est pas
moi. Ensuite, si vous voulez la vérité, il m'a semblé
me rendre compte que mon énervement en face de
cette place vide (*il désigne un des fauteuils*) vous
agaçait au point de vous faire perdre votre contrôle.

EDITH. — Vous êtes for-mi-da-ble ! Ainsi, je ne
me trompais pas. Savez-vous, monsieur le duc de
Willenstein, quelle est la date exacte ? Il y a dix ans,
jour pour jour, que votre maître le roi Frédéric a
été assassiné le matin de son mariage. Vous avez été
témoin de ce meurtre. Où se rendaient le roi, la reine
et leur escorte ? Ici même où nous sommes. Vous
avez la mémoire courte. Et vous connaissez mal
votre reine. C'est donc avec l'ombre du roi que Sa
Majesté soupe cette nuit d'orage dans la chambre
qui devait être celle de leurs noces. Et voilà le
convive mystérieux dont vous vous permettez d'être
jaloux. Et voilà l'homme que vous êtes et qui se
permet d'aimer la reine, de l'aimer d'amour et d'être
jaloux de l'ombre du roi.

FÉLIX. — Vous êtes folle !

EDITH. — Il est beau de vous l'entendre dire. Je
ne suis pas folle. Je l'ai été. J'ai eu la sottise de
l'être de vous.

FÉLIX, *essayant de la calmer.* — Edith !...

EDITH. — Laissez-moi tranquille. La reine s'habille et ne peut pas nous entendre. Je viderai mon sac.

FÉLIX. — L'archiduchesse s'est opposée à notre mariage.

EDITH. — L'archiduchesse a un regard d'aigle. Elle vous a percé avant moi. Et si vous désirez connaître les motifs de mon changement à votre égard, c'est elle qui m'a ouvert les yeux. « Ce jeune imbécile ne vous aime pas, ma petite, observez-le. Il cherche tous les moyens de s'approcher de la reine. » Le coup était dur. J'ai d'abord voulu croire que l'archiduchesse craignait auprès d'une fille de sa suite l'influence d'un des amis du roi, d'un de ces amis qu'elle rend responsable de son mariage avec une princesse qu'elle n'a jamais aimée. J'essayais d'être aveugle et sourde. Et j'ai vu, j'ai entendu.

FÉLIX. — Qu'est-ce que vous avez vu? Qu'est-ce que vous avez entendu?

EDITH. — Je vous ai vu regarder la reine. Je vous ai vu rougir comme une jeune fille quand elle vous adressait la parole. En ce qui me concerne, vous n'avez même pas eu la force de continuer vos mensonges. En moins d'une semaine vous avez renoncé à toute comédie, vous m'avez traitée comme une rivale, comme une personne dont la clairvoyance devenait un obstacle entre la reine et vous. Osez me dire le contraire.

FÉLIX. — Pourquoi aurai-je eu besoin de votre entremise pour approcher la reine, puisque je l'approche, si je ne me trompe, autant que vous?

EDITH. — Autant que moi ! Je suis la lectrice de la reine et sa seule confidente. Ne confondez pas mon poste avec celui d'un domestique de sa maison.

FÉLIX. — Nous sommes les domestiques de sa maison.

EDITH. — La reine ne vous aime pas, Félix. Rési-

gnez-vous à l'admettre. Elle ne vous aime pas et je
ne vous aime plus.

Félix. — Franchise pour franchise, je vous avouerai donc que je n'aime pas votre rôle d'espionne aux
gages de l'archiduchesse.

Edith. — Vous osez !...

Félix. — Au point où nous en sommes, le mieux
est de tout se dire. Je vous aimais, Edith, et peut-
être que je vous aime encore. Vous m'affirmez que
je ne vous aime plus parce que j'aime la reine. C'est
possible. La reine n'en peut recevoir aucune ombre,
ni vous. L'amour que je lui porte s'adresse à la divi-
nité. Elle est hors d'atteinte. Je rêvais que nous
l'aimerions ensemble. C'est impossible, parce que
vous êtes une femme et que la reine n'en est pas
une. Puisque vous refusez de me comprendre, et
puisque l'archiduchesse vous refuse de partager ma
vie, je ne la partagerai avec personne. Je me conten-
terai de servir auprès de vous et mon bonheur sera
de guetter un sourire de la reine.

Edith. — Vous oubliez que, depuis la mort du
roi, je suis la seule à qui elle montre son visage.

Félix. — Un voile et un éventail n'empêchent pas
son visage de faire sa route et de me traverser le
cœur.

Edith. — Un jour où je vous demandais s'il vous
serait possible de m'aimer dans le rayonnement de
la reine, car je prévoyais votre folie, ne m'avez-
vous pas expliqué qu'il vous serait impossible d'aimer une femme qui cache son visage, d'aimer un
fantôme ?

Félix *s'approche d'Edith et très bas.* — J'ai vu
son visage, Edith.

                    Roulement de tonnerre.

Edith. — Quoi ?
Félix. — Je l'ai vu.

EDITH. — Où ?... Comment ?...

FÉLIX. — C'était à Wolmar. Je traversais la galerie d'Achille. J'ai entendu le bruit d'une porte, et
il n'y a qu'elle qui ose claquer les portes de cette
façon. Je me suis caché derrière le socle de la
statue. Les chevilles et les jambes d'Achille formaient une grande lyre de vide. A travers cette lyre,
je voyais toute la galerie en perspective et la reine
au bout qui grandissait en marchant sur moi. Elle
marchait sur moi, Edith, seule au monde. J'étais le
chasseur en train de viser un gibier qui se croit invisible et qui ne pense pas qu'il existe des hommes.
Elle avançait sans éventail et sans voile. Une longue, longue robe noire et sa tête si haute, si pâle,
si petite, si détachée, qu'elle ressemblait à ces têtes
d'aristocrates que la foule des révolutions porte au
bout d'une pique. La reine devait souffrir de quelque
souffrance affreuse. Ses mains avaient l'air de fermer
de force la bouche d'une blessure en train d'appeler
au secours. Elle les écrasait contre sa poitrine. Elle
trébuchait. Elle approchait. Elle regardait ma cachette. Pendant une seconde insupportable elle
s'arrêta. Voulait-elle se rendre vers un souvenir de
Frédéric et n'en eut-elle pas le courage? Elle, la
courageuse, elle s'appuya contre une des grandes
glaces, chancela, se redressa, hésita et, de dos, avec
cette même démarche de somnambule, s'en retourna
vers la porte par laquelle je l'avais vue venir. En
vérité, Edith, je vous l'affirme, je voyais ce qu'il
est interdit de voir, je voyais à travers cette lyre de
marbre ce qu'il est impossible de voir sans crever
d'amour ou de honte. Mon cœur de criminel battait
de tels coups que j'avais peur. Allait-elle l'entendre, se retourner, me découvrir et tomber morte en
poussant un cri?

Mais non. Je regardais de toutes mes forces et
elle s'éloignait du socle. Imaginez le jockey bossu et

le pur-sang blessé qu'il ramène boiteux après la
course. Imaginez une pauvre silhouette de femme
entraînée par le courant de ce canal d'or et de glaces. La porte qui claque. C'était la fin. J'ai vu le
visage de la reine, Edith. J'ai vu la reine. Et ni vous,
ni personne ne l'avez jamais vue.

> *Long silence. Léger tonnerre.*

Edith, *entre ses dents.* — Un jockey bossu, un
cheval qui boite ! La démarche de la reine est célèbre
dans le monde entier.

Félix. — Elle souffrait une grande souffrance,
Édith. Je n'oublierai jamais ce spectacle. Elle rayon-
nait de poignards comme une vierge espagnole. Son
visage était si beau qu'il faisait peur.

Edith. — Evidemment... C'est plus grave que je
ne pouvais m'y attendre.

Félix. — L'aveu d'un crime ne m'aurait pas
coûté plus d'efforts.

Edith. — Il y aura au moins un secret entre nous.

Félix. — Si la reine l'apprenait, je me tuerais.

Edith. — *Elle* vous tuerait. Elle en est capable.
C'est une tireuse de premier ordre.

> *On entend une sonnerie prolongée*
> *dans la chambre.*

Félix. — Voilà la reine !

Edith. — Sortez avant la dernière sonnerie. Je
dois être seule lorsque Sa Majesté s'annonce. Sortez vite.

Félix, *bas, au moment de sortir.* — J'ai vu la
reine, Edith. C'est une morte.

Edith, *frappant du pied.* — Sortirez-vous ?

> *Elle ouvre la porte de droite et la re-*
> *ferme sur Félix qui sort.*

SCÈNE II

EDITH *seule,* *puis* LA REINE

*Edith s'approche de la fenêtre. Un grondement
plus fort se fait entendre et un éclair découpe la
cime des arbres du parc. La pluie commence à tomber sur les feuilles. Edith s'écarte avec crainte. Dernière sonnerie. Elle va jusqu'à la table, vérifie le
service, les fauteuils, le feu.*

*Le portrait pivote. La reine paraît. Elle cache son
visage derrière un éventail de dentelle noire. Elle
porte la grande toilette de cour, ses ordres, des
gants, des bijoux. Elle claque la porte derrière elle,
Un éclair' et un souffle sur les bougies accompa-
gnent son entrée.*

Edith fait la révérence.

LA REINE. — Vous êtes seule ?

EDITH. — Oui, Madame. Le duc de Willenstein
est parti à la première sonnette.

LA REINE. — Bon. (*Elle claque son éventail et le
jette sur le lit.*) Quel feu lamentable. (*Elle se penche
vers la cheminée.*) C'est du travail de Félix. Il devait
vous contempler et mettre les bûches n'importe
comment. Il n'y a que moi qui sache faire les feux.

> *Elle pousse une bûche avec son pied.*

EDITH, *qui veut se précipiter.* — Madame !...

LA REINE. — Que vous êtes ennuyeuse, ma petite
fille. Je vais brûler mon soulier et flamber ma robe.

Voilà ce que vous alliez dire. Je sais toujours ce que vous alliez dire.

L'orage redouble.

Le bel orage !

EDITH. — Madame veut-elle que je tire les volets ?

LA REINE. — Encore une phrase que j'aurais été surprise de ne pas entendre. (*Elle monte jusqu'à la fenêtre.*) Les volets ! Fermer les fenêtres, tirer les rideaux, se calfeutrer, se cacher derrière une armoire. Se priver de ce magnifique spectacle. Les arbres dorment debout et respirent l'inquiétude. Ils craignent l'orage comme un bétail. C'est mon temps à moi, Edith, le temps de personne. Mes cheveux crépitent, mes éclairs et ceux du ciel s'accordent. Je respire. Je voudrais être à cheval et galoper dans la montagne. Et mon cheval aurait peur et je me moquerais de lui.

EDITH. — Que la foudre épargne Votre Majesté.

LA REINE. — La foudre a ses caprices. J'ai les miens. Qu'elle entre, qu'elle entre, Edith. Je la chasserai de ma chambre à coups de cravache.

EDITH. — La foudre brise les arbres.

LA REINE. — Mon arbre généalogique ne l'intéresse pas. Il est trop vieux. Il sait fort bien se détruire lui-même. Il n'a besoin de personne. Depuis ce matin, toutes ses vieilles branches tordues sentaient cet orage et m'en apportaient les merveilles. Le roi avait fait construire Krantz avant de me connaître. Lui aussi aimait les orages et c'est pourquoi il avait choisi ce carrefour où le ciel s'acharne à se battre et à tirer le canon. (*Coups de tonnerre très fort. Edith se signe.*) Vous avez peur ?

EDITH. — Je n'ai aucune honte à ce que Votre Majesté sache que j'ai peur.

LA REINE. — Peur de quoi ? De la mort ?

EDITH. — J'ai peur tout court. C'est une peur qui ne s'analyse pas.

La reine. — C'est drôle. Je n'ai jamais eu peur que du calme.

La reine redescend vers la table.

Rien ne manque?

Edith. — Non, Madame. J'ai surveillé le duc.

La reine. — Appelez-le Félix. Ce que vous pouvez être agaçante quand vous dites le duc.

Edith. — Je me conforme à l'étiquette.

La reine. — Savez-vous pourquoi j'aime tant l'orage? J'aime l'orage parce qu'il arrache les étiquettes et que son désordre offense le vieux cérémonial des arbres et des animaux. L'archiduchesse, ma belle-mère, c'est l'étiquette. Moi, c'est l'orage. Je comprends qu'elle me craigne, qu'elle me combatte et qu'elle me surveille de loin. Vous lui écrirez sans doute que je soupe cette nuit avec le roi.

Edith. — Oh! Madame...

La reine. — Ecrivez-le-lui. Elle s'écriera : « La pauvre folle. » Et pourtant, j'invente une étiquette. Elle devrait être contente. Vous pouvez vous coucher, Edith. Fourrez-vous sous les couvertures, priez et tâchez de dormir. Vous devez être bien fatiguée du voyage. Si j'ai besoin de la moindre chose, je préviendrai Tony. Encore un que l'orage effraye. Il ne se couchera pas de si tôt.

Edith. — L'archiduchesse me punirait si elle apprenait que la reine est restée seule.

La reine. — Etes-vous aux ordres de l'archiduchesse, Edith, ou êtes-vous aux miens? Je vous ordonne de me laisser seule et d'aller dormir.

Edith, *après une longue révérence.* — Je crains, hélas, sur ce second article, de ne pouvoir obéir à la reine. Je veillerai. Je serai prête à lui rendre service au cas où elle aurait besoin de ma présence.

La reine. — Nous sommes bien d'accord, n'est-ce pas? L'étiquette vous autorise à entrer dans ma chambre à n'importe quelle heure du jour ou de la nuit. Mais mon étiquette, à moi (*elle souligne*), mon étiquette à moi, exige que personne au monde ne pénètre cette nuit dans ma chambre, même si la foudre tombe sur le château. C'est notre bon plaisir (*Elle rit.*) Cher bon plaisir ! Voilà le dernier refuge des souverains. Leur dernière petite chance. Leur libre arbitre en quelque sorte. Bonsoir, mademoiselle de Berg. (*Elle rit.*) Je plaisantais. Bonsoir, ma petite Edith. Mes femmes me déshabilleront. Elles ne dorment que d'un œil. Allez vous étendre, vous cacher la tête sous une table ou jouer aux échecs. Vous êtes libre.

Elle agite la main.
Edith fait ses trois plongeons, recule
et sort par la porte de droite.

SCÈNE III

LA REINE *seule*

Restée seule, la reine s'immobilise, debout contre la porte. Elle écoute. Ensuite, elle respire l'odeur du parc orageux et de la pluie, devant la fenêtre. Un éclair et le tonnerre l'enveloppent. Elle va jusqu'à la table, surveille les bougies, constate que tout est comme elle le veut. Elle tisonne les braises. Elle s'arrête devant le portrait du roi. Le roi, âgé de 20 ans, y porte le costume des montagnards. La reine tend la main vers le portrait.

La reine. — Frédéric !... Venez, mon chéri. (*Elle*

feint d'accompagner le roi, par la main, jusqu'à la
table. Toute la scène sera mimée par l'actrice
comme si le roi se trouvait dans la chambre.)

Nous avons bien mérité d'être un peu tranquilles.
Seuls avec un orage qui se déchaîne exprès pour
nous séparer du reste du monde. Le ciel qui tonne,
le feu qui flambe et le repas de campagne de nos
belles chasses au chamois.

Buvez, mon ange. (*Elle enlève la bouteille du seau*
à glace et verse à boire.) Trinquons. (*Elle heurte son*
verre contre celui du roi.) C'est un vrai vin de montagnards. Voilà qui nous change de cette effroyable
cérémonie. Frédéric, vous faisiez une si drôle de
grimace. — Quoi ? — C'était la couronne. Elle
n'était pas faite pour vous, mon pauvre amour et
l'archevêque avait bien du mal à la mettre en équilibre sur votre tête. Vous avez failli éclater de rire.
Et l'archiduchesse qui me répétait toutes les cinq
minutes : « Tenez-vous droite. » Je me tenais droite.
Je traversais en rêve cette foule, ces acclamations,
ces pétards, ce bombardement de fleurs. On ne nous
a pas épargné une seule épreuve de cette interminable apothéose.

Le soir, nous sommes montés en chaise de poste...
et nous voilà. Nous ne sommes plus un roi et une
reine. Nous sommes un mari et une femme fous l'un
de l'autre et qui soupent ensemble. C'est à peine
croyable. Dans cette chaise de poste, je me disais :
Impossible. Nous ne serons jamais seuls.

                    L'orage se déchaîne.

Et maintenant, Frédéric, puisque vous buvez, que
vous mangez, que vous riez et que l'archiduchesse
n'est pas là pour me le défendre, je vais vous tirer
les cartes. Pendant nos chasses, nous nous les faisions tirer en cachette par les bohémiennes. Tu te
rappelles... Et je suis devenue leur élève. Et tu
m'entraînais dans le grenier du palais pour que je

te les tire et que personne ne nous y découvre. (*Elle
se lève et va chercher un jeu de cartes à l'angle de
la cheminée. Elle le bat.*)

Coupe. (*Elle pose le jeu de cartes sur la table et
fait comme si le roi coupait. Puis elle s'assoit et
dispose les cartes en éventail.*)

Le grand jeu.

> *A travers l'orage, on entend un coup
> de fusil lointain, un autre, un troisième.
> La reine lève la tête et s'immobilise.*

Ces pétards de la foule nous poursuivront jusqu'à
Krantz. On tire, Frédéric, on tire. Arriverait-il du
neuf? (*Elle termine son éventail de cartes.*) Cela
m'étonnerait. On peut battre et rebattre les cartes,
couper et varier leur éventail, elles répètent toujours
la même chose, obstinément. Je me sers d'un éventail noir pour cacher mon visage. Le destin se sert
d'un éventail noir et rouge pour montrer le sien.
Mais le sien ne change jamais. Regarde, Frédéric. Toi, moi, les traîtres, l'argent, les ennuis, la
mort. Qu'on les tire dans la montagne, au grenier
ou à Krantz, les cartes n'annoncent rien qu'on ne
sache. (*Elle compte avec l'index.*) Un, deux, trois,
quatre, cinq — la reine. Un, deux, trois, quatre,
cinq — le roi. Un, deux, trois, quatre, cinq... (*nouvelle fusillade lointaine*). Frédéric écoute... (*Elle reprend*) Un, deux, trois, quatre, cinq. Une méchante
femme... tu la reconnais... Un, deux, trois, quatre,
cinq... une jeune fille brune : Edith de Berg — un,
deux, trois, quatre, cinq — des ennuis d'argent (*Elle
rit.*) C'est toujours ton théâtre ruineux et mes châteaux néfastes. Un, deux, trois, quatre, cinq : un
méchant homme. Salut, comte de Foëhn, vous ne
manquez pas à l'appel. Un, deux, trois, quatre, cinq :
la mort. Un, deux trois, quatre, cinq (*Tirs plus rap-
prochés. La reine reste le doigt en l'air et regarde la*

fenêtre. Elle reprend) : Un, deux, trois, quatre, cinq.
Et voilà le jeune homme blond qui nous intriguait
tant. Qui est-ce Frédéric? Je me le demande... Un,
deux, trois, quatre, cinq...

> *Eclair et coup de tonnerre plus forts
> que les autres. Lueur intense. Soudain,
> s'accrochant au balcon, une forme l'es-
> calade, retombe, se dresse debout dans
> le cadre de la fenêtre et descend d'un
> pas dans la chambre. C'est un jeune
> homme, exactement semblable au por-
> trait du roi. Il porte le costume des
> montagnards. Il est décoiffé, inondé,
> hagard. Son genou droit est barbouillé
> de sang.*

SCÈNE IV

LA REINE, LE JEUNE HOMME

La reine, *poussant un cri terrible.* — Frédéric!
(*Elle se lève d'une pièce, dressée derrière la table.
Le jeune homme demeure immobile, debout.*)

Frédéric !... (*Elle repousse la table en balayant les
cartes. Au moment où elle va s'élancer vers l'apparition, le jeune homme tombe raide à l'intérieur de la
chambre. On entend des coups de feu et des appels.
La reine n'est plus derrière la table. Elle n'hésite
pas. Elle se précipite vers le jeune homme évanoui,
se détourne, empoigne une serviette, la plonge dans
le seau à glace, s'agenouille près du jeune homme et*

*le gifle avec la serviette glacée. Elle le soulève. Il
ouvre les yeux et regarde autour de lui.*)

> *Dans la scène suivante, la reine dé-
> ploiera cette décision et cette puissance
> sportive qu'on devine sous son aspect
> fragile.*

Vite. Faites un effort. Levez-vous. (*Elle essaye de
le soulever.*) Vous m'entendez? Levez-vous. Levez-
vous immédiatement.

> *Le jeune homme tente de se lever,
> trébuche et se dresse sur les genoux.
> A ce moment la sonnette tinte.*

LA REINE. — Je vous lèverai de force. (*La reine le
prend sous les bras et l'aide. Le jeune homme se redresse comme un ivrogne. Elle le secoue par les
cheveux. Il fait un pas.*)

> *Bas, l'entraînant vers le baldaquin.*

Comprenez-moi. Vous n'avez qu'une seconde pour
vous cacher. On vient. (*Deuxième sonnette.*) Allez,
allez. (*Elle le pousse derrière le baldaquin.*) Et ne
bougez plus. (*On frappe à la porte de droite.*) Si
vous remuez, si vous vous laissez tomber, vous êtes
mort. Vous avez mis du sang partout. (*Elle arrache
un couvre pied de fourrure et le jette sur le tapis.*)
(*Haut.*)

Qui est là? C'est vous, Edith?

VOIX D'EDITH *derrière la porte.* — Madame!

LA REINE. — Eh bien, entrez. (*Edith entre et referme la porte. Elle est pâle, bouleversée. Elle peut
à peine ouvrir la bouche.*) Qu'est-ce que c'est? Je
vous donne des ordres et vous passez outre. Expliquez-vous. Vous êtes malade?

SCÈNE V

LA REINE, EDITH

Edith. — C'était si grave. J'ai cru que je pouvais me permettre...

La reine. — Qu'est-ce qui est grave ? Vous avez vu un fantôme ? Qu'est-ce que vous avez ? Ce qui est grave, c'est de me désobéir.

Edith. — La reine a entendu les coups de feu...

La reine. — Je vous quitte mourante de peur à cause d'un orage et je vous retrouve presque évanouie à cause d'un coup de feu. C'est le comble. Alors, mademoiselle de Berg, l'orage vous énerve, vous entendez tirer, dans le parc, je ne sais qui sur je ne sais quoi et vous en profitez pour prendre sur vous de venir me déranger dans ma chambre.

Edith. — Que Madame me laisse parler.

La reine. — Parlez, mademoiselle, si cela vous est possible.

Edith. — La police...

La reine. — La police ? Quelle police ?

Edith. — La police de Sa Majesté, c'est elle qui tirait. Les hommes sont en bas.

La reine. — Je ne comprends rien à vos explications. Tâchez d'être claire. M. de Foëhn est en bas ?

Edith. — Non, Madame. Le comte de Foëhn n'accompagne pas sa brigade, mais le chef se recommande du comte de Foëhn auprès de Votre Majesté.

La reine. — Que veut-il ?

Edith. — Ils avaient organisé une véritable battue

dans la montagne contre un malfaiteur. Le malfaiteur s'est introduit dans le parc du château de
Krantz. Votre Majesté n'a rien aperçu de suspect?

LA REINE. — Allez... allez...

EDITH. — Le chef sollicite de Votre Majesté le
droit de fouiller le parc et les communs.

LA REINE. — Qu'ils fouillent et qu'ils tirent tant
qu'ils le veulent pourvu qu'on ne me rebatte plus les
oreilles avec ces niaiseries.

EDITH. — Oh! Madame. Ce ne sont pas des niaiseries...

LA REINE. — Et qu'est-ce que c'est alors, s'il vous
plaît?

EDITH. — Que Sa Majesté m'autorise à tout lui
dire.

LA REINE. — Il y a une heure que je vous le
demande.

EDITH. — Je n'osais pas.

LA REINE. — Vous n'osiez pas? Serait-ce une
affaire qui me concerne?

EDITH. — Oui, Madame.

LA REINE. — Par exemple! Et quel est ce singulier
malfaiteur contre lequel ma police organise des bat-
tues?

EDITH, *elle se cache la figure dans les mains.* —
Un assassin.

LA REINE. — Il a tué un homme?

EDITH. — Non, Madame, il voulait tuer.

LA REINE. — Qui?

EDITH. — Vous. (*Se reprenant.*) Enfin... la reine.

LA REINE. — De mieux en mieux. La police est
bien instruite et les assassins ont double vue. Vous
oubliez Edith, que je me déplace de château en château sans prévenir personne. J'ai décidé hier, à
Wolmar, de coucher cette nuit à Krantz. J'ai fait le
voyage d'une traite. Il est bizarre que les assassins
et la police soient instruits de mes démarches les

plus secrètes. Si je décidais d'alerter ma police, un courrier rapide ne la préviendrait pas avant demain.

EDITH. — Voilà ce que m'a expliqué le chef. Un groupement dangereux complote contre Votre Majesté. Un jeune homme a été choisi pour exécuter les ordres. Ce jeune homme ne sachant où trouver la reine, s'est d'abord rendu chez sa mère, une paysanne qui habite le village de Krantz. Le comte de Foëhn — que Votre Majesté m'excuse — qui savait ou prévoyait le séjour anniversaire de Votre Majesté à Krantz, a cru que le criminel se rendait à Krantz pour tenter de l'y joindre et faire son coup. Une brigade l'a suivi à la piste. Mais au moment où cette brigade cernait la maison du village, le criminel s'est sauvé. Il est libre. On le cherche. Il rôde. Il se dissimule dans le parc. Madame comprendra peut-être mon angoisse et que j'avais une excuse pour lui déplaire et pour lui désobéir.

Elle fond en larmes.

LA REINE. — Ah ! je vous en prie, ne pleurez pas. Est-ce que je pleure ? Suis-je morte ? Non. Et les hommes du comte de Foëhn gardent le château. Ils montent la garde sous mes fenêtres. (*La reine marche dans la chambre, les mains dans le dos.*) De plus en plus étrange... On prépare un attentat contre la reine et le comte de Foëhn ne se dérange pas en personne. Il envoie une brigade ! Et... puis-je savoir si le chef de sa police possède quelques lumières sur l'identité du criminel ?

EDITH. — Votre Majesté le connaît.

LA REINE. — Serait-ce le comte de Foëhn ?

EDITH, *très choquée.* — Votre Majesté plaisante. Le criminel est l'auteur de ce poème paru dans une publication clandestine et que la Reine a eu l'extrême faiblesse d'approuver et d'apprendre par cœur.

LA REINE, *vivement.* — C'est « Fin de la Royauté » que vous voulez dire ?

Edith. — Je préfère que ce titre sorte de la bouche de Votre Majesté que de la mienne.

La reine. — Vous êtes invraisemblable... Eh bien ! ma bonne Edith... Vous m'avez trouvée saine et sauve, l'orage s'apaise, la police veille, et vous pourrez enfin dormir. Vous avez une figure de l'autre monde. Qu'on offre à boire aux hommes et que le chef agisse à sa guise. Ne me dérangez plus. Cette fois, je risquerais de le prendre mal.

Edith, *au point de sortir.* — Madame... que Votre Majesté... me laisse au moins... fermer la fenêtre. On peut grimper par le lierre. Je ne dormirais pas si je sentais de loin Votre Majesté avec cette fenêtre grande ouverte sur l'inconnu. Je lui demande cette grâce.

La reine. — Fermez la fenêtre, Edith. Fermez la fenêtre. Maintenant, cela n'a plus aucune importance.

> *Edith cadenasse les volets, ferme la fenêtre et tire les lourds rideaux. Puis elle fait ses trois révérences et quitte la chambre en fermant lentement la porte.*

SCÈNE VI

LA REINE, STANISLAS

La reine écoute le départ d'Edith de Berg et ses portes qui se ferment. Elle avance dans la chambre, de quatre pas.

La reine, *vers le lit.* — Sortez.

> *Stanislas sort de derrière le balda-*
> *quin. Il reste à l'angle de la tête du*
> *lit, immobile.*

Vous n'avez rien à craindre.

> *Le genou de Stanislas saigne tou-*
> *jours. Il ne lève pas les yeux sur la*
> *reine qui marche de long en large.*

Eh bien ! cher monsieur, vous avez entendu ? Je suppose que nous n'avons plus beaucoup à apprendre l'un de l'autre.

> *Elle ramasse son éventail sur le lit,*
> *mais ne l'ouvre pas. Elle s'en servira*
> *comme d'un bâton, pour frapper les*
> *meubles et scander ses paroles.*

Comment vous appelez-vous ?

> *Silence.*

Vous refusez de me dire votre nom. Je vais vous le dire. La mémoire des souverains est terrifiante. Vous vous appelez Stanislas. Votre nom de famille, je ne le connais pas et je ne veux pas le connaître.

Vous avez publié sous le titre Fin de la Royauté, — et sous le pseudonyme d'Azraël — un beau nom !... l'ange de la mort... — un court poème qui cherchait à m'atteindre et qui a fait scandale. On se passait la publication clandestine, de main en main. J'admire ce poème, cher monsieur. Et, l'avouerai-je, je le connais par cœur.

On a publié contre nous des poèmes interminables. Ils étaient tous d'une éloquence médiocre. Le vôtre était court et il était beau. J'ai remarqué, en outre, et je vous en félicite, que le scandale venait davantage de la forme du poème que de ce qu'il exprime. On le trouvait obscur et, pour tout dire, absurde. Ce n'étaient ni des vers ni de la prose et cela — ce n'est pas moi qui parle —- ne ressemblait à rien.

C'était un motif pour me plaire.

Ne ressembler à rien. Ne ressembler à personne. Il n'existe pas d'éloge qui puisse me toucher davantage.

Pour moi, cher monsieur, Stanislas n'existe plus. Vous êtes Azraël, l'ange de la mort, et c'est le nom que je vous donne.

Silence.

Approchez.

Stanislas ne bouge pas. La Reine frappe du pied.

Approchez ! (*Stanislas avance d'un pas.*) Voici le portrait du roi. (*Elle le désigne de l'éventail. Stanislas lève les yeux sur le portrait et les baisse aussitôt.*) Ce portrait a été peint pendant nos fiançailles. Le roi y porte votre costume. Il avait vingt ans.

Quel âge avez-vous ?

Silence.

... Vous deviez avoir dix ans à cette époque et sans doute étiez-vous un des garnements qui jetaient des pétards et couraient après notre carrosse.

Vous n'ignorez pas, je suppose, cette extraordinaire ressemblance ? Je devine qu'elle n'est pas étrangère à votre apparition. Ne mentez pas ! — Sans doute vos complices ont-ils estimé — à juste titre — que cette ressemblance me surprendrait, m'immobiliserait, et vous aiderait à réussir votre coup.

Mais, cher monsieur, les choses n'arrivent jamais comme on les imagine. Je me trompe ?

Stanislas garde le silence.

C'est la troisième fois que la reine vous interroge.

Silence.

Soit. Les circonstances où nous sommes abolissent l'étiquette et nous obligent à inventer nos rapports.

Un temps.

Vous saviez que j'habitais le château de Krantz ?

Silence.

Je vois. On vous a cousu la bouche. Et, cependant, on aime parler dans vos groupes. Avez-vous dû parler, en dire et en entendre dire !

Eh bien ! cher monsieur, il se trouve que, moi, je me tais depuis dix ans. Il y a dix ans que je m'oblige à me taire et à ne montrer mon visage à personne, sauf à ma lectrice. Je le cache sous un voile ou derrière un éventail.

Cette nuit, je montre mon visage et je parle.

Dès neuf heures du soir (était-ce l'orage ou un pressentiment) j'ai parlé à ma lectrice. Il est vrai que je ne lui dis que ce que je désire qu'elle répète.

J'ai parlé à ma lectrice, et, après j'ai parlé toute seule. Je continue. Je parle. Je parle. Je vous parle. Je me sens parfaitement capable de faire les questions et les réponses. Moi qui me plaignais qu'il ne se produise rien de neuf[1] ! Il y a du neuf à Krantz. Il y a du neuf. Je suis libre. Je peux parler et me montrer. C'est magnifique.

> *La reine se dirige vers le fauteuil de la table.*

Racontez-moi donc votre aventure... (*Elle va s'asseoir et brusquement se ravise, trempe une serviette dans le seau à glace, marche vers Stanislas.*) Tenez... Bandez d'abord votre genou. Le sang coule sur votre jambière (*Stanislas recule.*) Il faudra donc que je bande votre genou moi-même. Tendez la jambe. (*Stanislas s'écarte davantage.*) Mais vous êtes impossible ! Soignez-vous ou laissez-vous soigner. (*Elle lui jette la serviette.*) Je supporte fort bien le silence. Mais je n'aime pas la vue du sang. (*Stanislas a pris la serviette et se bande le genou. La reine retourne s'asseoir dans son fauteuil.*)

Racontez-moi votre aventure. (*Silence.*) Où avais-

---

1. Les acteurs doivent respecter les fautes de syntaxe du langage parlé.

je la tête ? J'oubliais que c'est à moi de vous la
raconter. *(Elle s'installe et s'évente.)*

On vous donne l'ordre de me tuer. On vous arme.
On vous charge de découvrir le château dans lequel
je me trouve, car je change sans cesse de résidence.
Peut-être vous avait-on indiqué Wolmar... peut-être
Krantz. Mais, même en admettant qu'une influence
secrète, et dont je me doute, ait deviné que j'habite-
rais à Krantz cette nuit, il était impossible de vous
indiquer ma chambre. J'en possède quatre.

Vous êtes monté droit dans ma chambre. *(Elle
agite la dernière carte du grand jeu.)* Il m'est impossible de ne pas saluer en vous le destin.

> *Stanislas a fini de nouer le panse-*
> *ment. Il se redresse et demeure immo-*
> *bile à la même place.*

Vous quittez ma ville. Vous ne doutez pas de
l'issue de votre entreprise. Elle entraînera ma mort
et la vôtre.

Avant de vous mettre en route, vous embrasserez
votre mère. C'est une paysanne de Krantz. Les policiers vous suivent. Ils cernent le chalet. Vous en
connaissez les moindres cachettes. Vous vous échappez. L'orage vous aide. Et, là commencent les pour-
suites, la chasse, les roches, les ronces, les chiens,
le feu des hommes et du ciel qui vous tirent dessus.
Cette course épuisante de bête traquée vous mène
jusqu'au château.

> *Un temps.*

Dans cette chambre — imaginez-vous — je fêtais
un anniversaire. L'anniversaire de la mort du roi.
Ce fauteuil vide était le sien. Ce miel et ce fromage
de chèvre, le genre de repas qu'il aime.

En bas, dans l'ombre, votre blessure saigne. Vous
manquez vous trouver mal de fatigue. Un coup de
feu. Les chiens aboient. Encore un effort. Une fenê-

tre ouverte. Vous vous accrochez aux lierres, vous
grimpez, vous escaladez, vous m'apparaissez.

J'ai cru, je l'avoue, voir le spectre du roi. J'ai
cru que votre sang était le sien. J'ai crié son nom.

— Vous vous êtes évanoui.

Mais ce n'est pas de cette façon que les spectres
s'évanouissent. Ils ne s'évanouissent qu'au chant du
coq.

> *La reine ferme son éventail et le cla-*
> *que. Elle se lève.*

Réchauffez-vous. Approchez-vous du feu. Vos vê-
tements ne doivent plus être qu'une éponge.

> *Comme hypnotisé, Stanislas traverse*
> *la chambre et s'accroupit devant le feu.*
> *La reine tourne autour de la table et se*
> *place, debout derrière le fauteuil du*
> *roi.*

Le roi — vous le savez, a été assassiné en chaise
de poste. Nous nous rendions à Krantz, après la
cérémonie. Un homme a sauté sur le marchepied,
un bouquet à la main. J'ai cru qu'il écrasait les fleurs
contre la poitrine de Frédéric. Je riais.

Les fleurs cachaient un couteau. Le roi est mort
avant que j'arrive à rien comprendre.

Par exemple, ce que vous ne savez pas, c'est qu'il
portait le costume des montagnards, et que, quand
on a retiré le couteau, le sang a jailli sur ses genoux.

> *La reine s'approche de la table.*

Mangez. Buvez. Vous devez avoir faim et soif.

> *Stanislas reste accroupi devant le feu,*
> *son visage fermé à triple tour.*

Je ne vous demande pas de me parler. Je vous
demande de vous asseoir. Vous avez perdu beaucoup
de sang. Prenez ce siège. C'est le fauteuil du roi.
Et si je vous offre de vous y asseoir, c'est parce que
j'ai décidé — dé-ci-dé — de vous traiter d'égal à

égal. En ce qui me concerne, je ne peux plus vous
envisager comme un homme.

Quoi? Vous me demandez qui vous êtes? Mais,
cher monsieur, vous êtes ma mort.

C'est *ma* mort que je sauve. C'est *ma* mort que je
cache. C'est *ma* mort que je réchauffe. C'est *ma*
mort que je soigne. Ne vous y trompez pas.

> *Stanislas se lève, s'approche du fau-*
> *teuil et s'y laisse glisser.*

Parfait. Vous m'avez comprise.

> *Elle lui verse à boire.*

On a tué le roi parce qu'il voulait bâtir un théâtre
et on veut me tuer parce que je construis des châteaux.

Que voulez-vous? Nos familles ont le culte enragé
de l'art. A force d'écrire des vers médiocres, de
peindre des tableaux médiocres, mon beau-père, mes
oncles, mes cousins se sont lassés et ils ont changé
de méthode. Ils ont voulu devenir des spectacles.

Moi, je rêve de devenir une tragédie. Ce qui n'est
pas commode, avouez-le. On ne compose rien de bon
dans le tumulte. Alors, je m'enferme dans mes châteaux.

Depuis la mort du roi, je suis morte. Mais le deuil
le plus dur n'est pas une vraie mort. C'est morte
comme le roi qu'il me faut être. Et ne pas prendre,
pour la mort, une route de hasard où je risquerais
de me perdre et de ne pas arriver jusqu'à lui.

> *La reine montre à Stanislas un mé-*
> *daillon qu'elle porte au cou.*

J'ai même obtenu de mes chimistes un poison que
j'ai suspendu à mon cou et qui est une merveille. La
capsule est longue à se dissoudre. On l'absorbe. On
sourit à sa lectrice. On sait qu'on porte sa fin en
soi et nul ne s'en doute. On s'habille en amazone. On
monte à cheval. On saute des obstacles. On galope.
On galope. On s'exalte. Quelques minutes après, on

tombe de cheval. Le cheval vous traîne. Le tour est
joué.

Je conserve cette capsule par caprice. Je ne l'em-
ploierai pas. Je me suis vite rendu compte que le
destin doit agir tout seul.

Voilà dix ans que j'interroge une bouche d'ombre
qui garde le silence. Dix ans que rien ne s'exprime
du dehors. Dix ans que je triche. Dix ans que tout
ce qui m'arrive me vient de moi et que c'est moi
qui le décide. Dix ans d'attente. Dix ans d'horreur.
J'avais raison d'aimer l'orage. J'avais raison d'aimer la foudre et ses effrayantes espiègleries. La foudre vous a jeté dans ma chambre. Et vous êtes mon
destin. Et ce destin me plaît.

> *Stanislas ouvre la bouche comme pour*
> *parler.*

Que dites-vous?

> *Stanislas referme la bouche. Il se*
> *crispe dans son silence.*

Mais dénouez-vous donc, tête de mule! Vos veines
éclatent. Vos poings éclatent. Votre cou éclate. Sortez de ce silence qui vous tue. Qui d'autre que moi
peut vous entendre? Criez! Trépignez! Insultez-moi.
Tête de mule! Tête de mule! Vous rendez-vous
compte de ce qui se passe?

> *La reine s'élance vers la fenêtre.*
> *Elle s'y retourne et parle plantée de-*
> *bout, devant le rideau.*

Au lieu de chanceler à cette place où je me trouve,
au lieu d'être épuisé par votre course et par votre
blessure, si vous m'aviez reconnue et abattue?
Hein? Dites-moi qui vous étiez? Dites-le-moi? Dites ce mot qui vous sort de la bouche, écrit sur une
banderole. — Un assassin. Vous vous êtes évanoui.
Est-ce ma faute? Je vous ai relevé, caché, sauvé,
je vous ai fait asseoir à ma table. J'ai rompu, en
votre honneur, avec toutes les convenances, tous les

protocoles qui règlent la conduite des souverains.
Me tuer va être plus difficile, je vous l'accorde. C'est
une autre affaire. Il va vous falloir devenir un héros.
Ce n'est rien de tuer par surprise, par élan. Tuer,
la tête froide et la main chaude exige une autre
poigne. Vous ne pouvez plus reculer devant votre
acte. Il est en vous. Il est vous. Votre crime vous
travaille. Aucune force humaine ne pourrait vous en
éviter le dénouement. Aucune ! Sauf la pire de toutes !
la faiblesse. Et je ne vous fais pas l'injure de vous
croire capable d'un échec aussi ridicule. Et autant
il me déplairait d'être la victime d'un meurtre, autant il m'arrange qu'un héros me tue.

> *Stanislas qui se cramponne à la table*
> *tire la nappe et entraîne ce qui se trouve*
> *dessus.*

A la bonne heure ! Arrachez ! Renversez ! Cassez !
Soyez un orage !

> *Elle marche sur lui.*

Une reine ! « Qu'est-ce que je sais d'une reine ?
« Ce qu'elle raconte et qui n'est peut-être que des
« mensonges. Qu'est-ce que je vois d'une reine ?
« Une femme en robe de cour qui tâche de gagner
« du temps.

« Ce luxe, ces candélabres, ces bijoux m'insultent
« et insultent mes camarades. Vous méprisez la
« foule. J'en sors. »

> *La reine frappe du pied.*

Taisez-vous ! Taisez-vous ! ou je vous frappe au
visage.

> *La reine passe la main sur ses yeux.*

Que savez-vous de la foule ?
Je me montre. La foule m'acclame.
Je me cache. La foule adopte la politique de l'ar-
chiduchesse et du comte de Foëhn.

> *La reine s'assoit au bout du lit.*

Au sujet du comte de Foëhn, il y a beaucoup à

dire. C'est le chef de ma police. Le connaissez-vous, petit homme ? C'est une fort laide figure. Il complote. Il rêve d'une régence et d'en tenir le gouvernail. L'archiduchesse le pousse. Je la crois amoureuse de lui.

Il serait drôle, sans le savoir, que vous fussiez son arme secrète. Cela m'expliquerait votre fuite, la mollesse de la brigade, et avec quelle aisance vous avez glissé entre ses mains. D'habitude, Foëhn ne rate pas son homme. Il est vrai qu'il n'a pas daigné se déranger lui-même lorsque la vie de sa reine était en jeu.

Pauvre comte ! S'il pouvait se douter du service qu'il vient de me rendre...

> *Pendant ce qui précède les yeux de Stanislas se sont posés, dans la chambre, un peu partout. Il les ramène à la table et les baisse.*

Mais laissons là ce personnage et réglons nos propres affaires. (*D'une voix de chef.*) Vous êtes mon prisonnier. Un prisonnier libre. Avez-vous un couteau ? Un pistolet ?... Je vous les laisse. Je vous donne trois jours pour me rendre le service que j'attends de vous. Si, par malheur, vous m'épargnez, je ne vous épargnerai pas. Je hais les faibles.

Vous n'aurez de contact qu'avec moi. Vous rencontrerez Mlle de Berg et le duc de Willenstein qui assurent mon service intime. Ce sera le bout du monde.

Mlle de Berg est ma lectrice. On ne lit pas plus mal. Je dirai que vous êtes mon nouveau lecteur et que, pour vous introduire à Krantz, j'ai machiné cette nuit romanesque. De moi, rien ne les étonne.

Ils vous haïront, mais ils vous respecteront, parce que je suis la reine. Après-demain, Mlle de Berg, qui renseigne l'archiduchesse, aura ébruité le scandale. Nous n'avons, vous le voyez, pas un jour à perdre. Je me résume : si vous ne m'abattez pas, je vous abats.

> *Pendant que la reine parle, sans re-*
> *garder Stanislas, comme un capitaine,*
> *il s'est passé ceci : Stanislas, à force de*
> *tension intérieure, est presque tombé en*
> *syncope. Il a chancelé, s'est appuyé au*
> *fauteuil. Il porte la main à ses yeux et*
> *tombe assis comme une masse. La reine*
> *se méprend et croit que Stanislas se*
> *force à commettre une grossièreté. Elle*
> *secoue la tête de droite à gauche avec*
> *tristesse et le regarde.*

Non, monsieur, merci. Je ne sens jamais la fatigue. Souffrez que je reste debout.

> *La reine retourne vers la fenêtre et*
> *tire les rideaux. Elle ouvre la fenêtre,*
> *décadenasse les volets, les écarte. La*
> *nuit est calme. Une nuit de glaciers et*
> *d'étoiles.*

Plus d'orage. La paix. Le parfum des arbres. Les étoiles. Et la lune qui promène sa ruine autour des nôtres. La neige. Les glaciers.

Que les orages sont courts ! Que la violence est courte ! Tout retombe et tout s'endort.

> *La reine regarde longuement les*
> *étoiles. Elle referme lentement les vo-*
> *lets, lentement la fenêtre et tire lente-*
> *ment les rideaux. Lorsqu'elle se re-*
> *tourne, elle croit que Stanislas s'est*
> *endormi. Sa tête penche jusqu'à tou-*
> *cher la table. Une de ses mains pend.*
> *La reine s'empare d'un des flambeaux*
> *et l'approche du visage de Stanislas,*
> *l'éclaire, l'observe de près. Elle pose*
> *légèrement le revers de sa main, qu'elle*
> *a dégantée, sur son front.*

Puis elle ouvre la porte secrète.
Tony paraît. C'est un noir en uniforme
de mameluck. Il s'incline et s'arrête
sur le seuil. Il est sourd-muet. La reine
remue les lèvres. Tony s'incline. La
reine se trouve, à ce moment, derrière
le fauteuil de Stanislas. Elle ramasse
son éventail sur la table et lui frappe
l'épaule. Il ne bouge pas. Elle con-
tourne le fauteuil et le secoue douce-
ment. Elle secoue davantage.

Mais... Dieu me pardonne!... Tony! Puisque tu
ne peux pas m'entendre, je vais te dire la vérité!
Ce garçon se trouve mal parce qu'il crève de faim.

Elle l'appelle.

Monsieur !... Monsieur !...

Stanislas remue. Il ouvre les yeux.
Il les cligne. Il se dresse debout, ha-
gard.

STANISLAS, *d'une voix de fou.* — Qu'est-ce que
c'est? Qu'est-ce que c'est? Qu'est-ce qu'il y a?...
(*Il regarde autour de lui et aperçoit Tony dans l'om-*
bre.) Mon Dieu!

LA REINE. — Qu'avez-vous?... Voyons petit
homme. Tony vous effraye? Il n'y a pas de quoi.
C'est le seul être en qui je puisse avoir confiance.
Il est sourd-muet, et lui, c'est un sourd-muet véritable.

Elle rit d'un rire ravissant.

Nous bavardons par signes. Il lit les mots sur ma
bouche. J'ai pu lui donner mes ordres sans déranger
votre sommeil.

Stanislas a un nouveau malaise. Il
s'appuie, la tête en arrière, de dos,
contre la table qui glisse.

Hé là !... mais vous n'êtes pas bien du tout. (*Elle*
le soutient. Et avec une grâce maternelle.) Je sais

ce que vous avez, tête de mule. Et puisque vous
refusez ce qui se trouve sur cette table, Tony vous
servira dans votre chambre. Il va vous y conduire.
Il est fort. Il vous soignera, il vous gavera, il vous
couchera, il vous bordera. Et demain, il vous habil-
lera.

> *Tony descend jusqu'à la table, prend*
> *un des candélabres qui brûle et se di-*
> *rige vers la petite porte. Il l'ouvre et*
> *disparaît dans le couloir. Stanislas s'ap-*
> *prête à le suivre. Il se retourne avant*
> *de disparaître.*

Nourrissez-vous et couchez-vous. Prenez des forces... Bonne nuit. La journée sera rude. A demain.

Rideau.

ACTE II

*La bibliothèque de la Reine, à Krantz. C'est une grande
pièce pleine de livres sur des rayons et sur des tables. Au
fond, un escalier de bois monte, largement et de face, à
la galerie supérieure, elle-même revêtue de livres et ornée
de têtes de chevaux. En haut de cet escalier à rampe et
à boules de cuivre, petit palier et vaste fenêtre ouverte
sur le ciel du parc. A gauche et à droite de cette fenêtre
bustes de Minerve et de Socrate.*
*Au premier plan à droite, une grande table ronde porte
une sphère céleste et un candélabre. Large fauteuil et
chaise près de la table. Au fond, derrière la table, une
sorte de chevalet de tir où s'accrochent des cibles. Sur le
sol, partant de ce chevalet jusqu'à l'extrême gauche où
s'ouvre une porte, prise dans la bibliothèque, un chemin
de linoléum. Auprès des cibles, râtelier de carabines et de
pistolets. A droite et à gauche, portes parmi les livres.
Entre la porte et le premier plan de gauche, le mur est
recouvert d'une immense carte de géographie au-dessus
d'un poêle de faïence blanche. Devant le poêle, chaises et
fauteuils confortables. Parquet qui miroite et carpettes
rouges.*
Lumière de l'après-midi.
*Au lever du rideau, Félix de Willenstein, aidé de Tony,
arme les carabines, les pistolets et les range sur le râtelier.
Il fait fonctionner le chevalet qui avance et recule sur des
rails jusque dans un renfoncement hors de vue du public.*
Tony lui passera les cibles qu'il fixe sur le chevalet.

SCÈNE I

FÉLIX, TONY

FÉLIX, *il s'arrange pour que sa bouche ne soit pas vue de Tony, car il peut lire sur les lèvres.* — Tiens, créature immonde, frotte les canons. (*Il lui passe une peau.*) Et que ça brille.

Le duc de Willenstein aux ordres d'un singe ! Et la reine tolère cela. Et la reine l'encourage. Et la reine te montre sa figure. Il est vrai qu'elle la montre à un singe. Ne t'imagine pas que c'est un privilège. C'est l'expression parfaite de son dégoût.

> *Pendant qu'il achève de vérifier et de ranger les armes, Edith entre par la galerie de droite et descend l'escalier.*

SCÈNE II

FÉLIX, TONY, EDITH

EDITH. — Vous parlez tout seul ?

FÉLIX. — Non. Je profite de ce que Tony ne peut pas m'entendre pour lui dire quelques gentillesses.

EDITH, *en bas de l'escalier.* — Méfiez-vous, Félix. Il entend d'après le mouvement des lèvres.

Félix. — Je m'arrange pour qu'il ne puisse pas me voir.

Edith. — Il est capable d'entendre avec sa peau.

Félix. — Qu'il m'entende, après tout. Peu m'importe.

Edith. — La reine exige qu'on le respecte.

Félix. — Mais je le respecte, Edith, je le respecte. Tenez. (*Il salue Tony.*) Tu peux filer, ordure. Je t'ai assez vu.

> *Tony salue gravement, regarde une dernière fois les armes et s'éloigne. Il monte l'escalier et disparaît par la galerie de gauche. Bruit de porte.*

SCÈNE III

EDITH, FÉLIX

Edith, *bas.* — Vous savez ce qui se passe...

Félix. — Je sais que le château est sens dessus dessous après l'alerte de cette nuit. On n'a pas trouvé l'homme ?

Edith. — L'homme est dans le château.

Félix, *soubresaut.* — Vous dites ?

Edith. — Félix, c'est une histoire incroyable. L'homme est dans le château. Il l'habite. Et c'est la reine qui l'y a fait venir.

Félix. — Vous êtes folle.

Edith. — On pourrait l'être à moins. Ce souper pour le roi, cette volonté de rester seule, toute cette nuit inquiétante, c'était une comédie de Sa Majesté.

Félix. — Comment le savez-vous ?

Edith. — Elle me l'a avoué ce matin. Elle éclatait
de rire. Elle m'a dit qu'elle n'oublierait jamais ma
tête. Que c'était trop drôle. Que Krantz était sinistre. Qu'elle avait bien le droit de s'amuser un peu.

Félix. — Je ne comprends rien.

Edith. — Moi non plus.

Félix. — La reine sait que vous êtes peureuse.
Elle a voulu se moquer de vous.

Edith. — La reine ne ment jamais. L'homme est
à Krantz. Elle le cache. Il s'était blessé dans le parc.
Il y a du sang sur le tapis.

Félix. — Je crois que je rêve. Vous dites que la
reine a fait entrer à Krantz un anarchiste qui voulait la tuer.

Edith. — Comédie. La reine estime que je suis la
plus mauvaise lectrice qui soit au monde. Elle voulait
un lecteur et elle savait bien lequel. Quand la reine
décide une chose, ce n'est pas à moi de vous apprendre qu'elle ne se laisse influencer par personne et
qu'elle arrive toujours à ce qu'elle veut.

Félix, *avec un geste de rage.* — Qui est cet
homme ?

Edith. — Vous avez bien dit cela ! Et bien, Félix,
il va falloir éteindre votre œil et vous tenir tranquille.
La reine m'a chargée de vous donner ses ordres. Cet
homme est venu à Krantz, entré à Krantz par un
caprice de la reine. Il est son hôte et elle vous prie
de le considérer comme tel.

Félix. — Mais qui ? qui ? qui ?

Edith. — Je vous ménage plusieurs surprises.
L'homme est l'auteur du poème scandaleux dont la
reine nous chante les louanges. Comment n'ai-je pas
deviné que cette admiration extravagante renfermait
une bravade et que la reine ne s'en tiendrait pas là ?

Félix. — L'individu qui signe Azraël serait à Krantz? Habiterait Krantz?

Edith. — La reine était attaquée. Il lui fallait vaincre. Du moins, je le suppose. Vous la connaissez. Elle ne m'a donné aucun détail. « Son bon plaisir » sur toute la ligne. Les poètes sont des crève-la-faim aux ordres de qui les paye. Elle n'a pas été longue à se renseigner et à faire changer ce poète de bord. Seulement, comme elle supposait bien que toute la cour, toute la police et tout le château multiplieraient les obstacles, elle a trouvé passionnant d'agir en cachette.

Félix. — Et la brigade ! Vous oubliez la brigade !

Edith. — Le comte de Foëhn était-il là? Non. Alors? Le chef de la brigade est du parti de la reine. Son alerte était une fausse alerte. On criait, on tirait, mais on avait ordre de manquer le but. Une fois au château, votre gracieux Tony n'avait plus qu'à prendre l'individu par la main et à le conduire auprès de Sa Majesté.

Félix. — Le temps de prévenir l'archiduchesse et qu'elle intervienne, il peut arriver n'importe quoi.

Edith. — Le principal est de ne pas perdre la tête. Vous ne la perdriez que trop vite. Je vous conseille la plus grande prudence. Vous savez avec quelle vitesse la reine passe du rire à la colère. Nous sommes les seules personnes de Krantz avec qui elle partage ce secret. Quelque révolte qu'il soulève en nous, notre rôle est de nous tenir tranquilles et de copier son attitude. Je me charge du reste.

Félix. — Et Sa Majesté compte me mettre en présence de cet individu?

Edith. — N'en doutez pas. Et je vous réservais le meilleur pour la fin. Cet individu est le sosie du roi.

Félix. — Le sosie du roi !

Edith. — J'allais quitter la chambre de la reine

lorsqu'elle me rappelle. « Edith ! vous recevrez sans
doute un choc en apercevant mon nouveau lecteur.
Il est charitable que je vous avertisse et que vous
préveniez Félix. Vous croiriez voir le roi. C'est une
ressemblance qui tient du prodige. » Et comme je
restais sur place, stupéfaite... « Le roi, a-t-elle
ajouté, ressemblait à un paysan de chez nous. Il
n'y a rien de si extraordinaire à ce qu'un paysan de
chez nous lui ressemble. C'est d'ailleurs cette ressemblance qui m'a décidée. »

Félix. — Mais c'est monstrueux !

Edith. — Félix ! Je n'ai pas coutume de juger la
reine.

Félix. — Dieu m'en garde. Seulement, Edith,
c'est à donner le vertige.

Edith. — Je vous l'accorde.

Félix. — Un paysan ! Quel paysan ? Que peut-il y
avoir de commun entre un paysan et un fonctionnaire qui remplace la comtesse de Berg ? Un lecteur
de la reine ?

Edith. — Ne soyez pas absurde. Un paysan de
Krantz a pu étudier en ville et en savoir davantage
que nous.

Félix. — Il n'en reste pas moins vrai que nous
devons protéger la reine et que ce caprice est une
menace de toutes les minutes.

Edith. — Exact.

Félix. — Que faire ?

Edith. — Tenir votre langue et me laisser ma-
nœuvrer. Vous ne supposez pas qu'un nouveau lecteur prenne ma place sans que j'en ressente quelque
amertume.

Félix. — Vous conservez votre poste ?

Edith. — Vous ne supposez pas non plus que la
reine admette ce nouveau lecteur dans son intimité
et qu'il puisse entrer à toute heure du jour ou de

la nuit auprès d'elle. L'étiquette n'envisage aucun
lecteur supplémentaire et je ne crois pas que cette
innovation de Sa Majesté fasse long feu.

Félix. — La reine a bien voulu faire nommer
l'immonde Tony gouverneur du château d'Oberwald.

Edith. — Tout juste, Félix. Elle n'a pas pu y
parvenir. (*Edith a tendu l'oreille et, sur le même ton,
elle ajoute, bas.*) Taisez-vous !

> *La reine paraît, venant de la galerie
> de gauche. Dès quelle paraît, suivie de
> Tony, en haut des marches, Edith lui
> fait face et plonge. Félix, à côté d'elle,
> dos au public, claque les talons et salue
> de ce salut sec de la tête qui est le salut
> des cours. La reine porte une robe
> d'après-midi, à jupe très vaste. Un
> voile lui cache le visage.*

SCÈNE IV

LA REINE, TONY, EDITH, FÉLIX

La reine *voilée, descendant les marches.* — Bonjour, Félix. Edith, vous l'avez mis au courant ?

Edith. — Oui, Madame.

La reine, *en bas des marches.* — Approchez, Fé-
lix. (*Félix remonte jusqu'à la rampe de l'escalier.*) —
Edith a dû vous dire ce que j'attendais de vous.
J'ai, pour des raisons qui me sont propres, fait venir

à Krantz un nouveau lecteur dont j'ai tout lieu de croire qu'il est de premier ordre. Ce lecteur est un jeune étudiant, natif de Krantz. Sa ressemblance avec le roi est des plus curieuses. Mieux que n'importe quelle recommandation, elle a fini de me convaincre. Il est pauvre. Il ne porte aucun titre. Je me trompe. Il porte le plus beau de tous : Il est poète. Un de ses poèmes vous est connu. Sous le pseudonyme d'Azraël, que je lui garde, il a publié un texte contre ma personne et qui me plaît. La jeunesse est anarchiste. Elle s'insurge contre ce qui est. Elle rêve d'autre chose et d'en être le mobile. Si je n'étais pas reine, je serais anarchiste. En somme je suis une reine anarchiste. C'est ce qui fait que la cour me dénigre et c'est ce qui fait que le peuple m'aime. C'est ce qui fait que ce jeune homme s'est fort vite entendu avec moi.

Je vous devais cette explication. Vous assurez mon service intime et je ne voudrais pour rien au monde que vous puissiez vous méprendre sur mes actes. C'est pourquoi je vous serais reconnaissante de prouver à ce jeune homme qu'il existe de l'élégance d'âme dans vos milieux.

Les cartons sont en place ? Les armes sont propres. Tony a dû vous remettre les balles neuves. Vous êtes libres.

> *Félix s'incline, se dirige vers la porte
> de droite, l'ouvre ; là, il s'efface et se
> retourne vers Edith.*

Edith, *immobile.* — Sa Majesté a peut-être besoin de moi.

La reine. — Non, Edith. Je vous ai dit que vous étiez libre. Et n'entrez jamais sans sonner d'abord.

> *Edith plonge, recule et sort devant
> Félix qui referme la porte.*

SCÈNE V

LA REINE, TONY, *puis* LA REINE, *seule*

Dès que la porte est refermée, la reine frappe sur l'épaule de Tony. Il s'incline, monte l'escalier, et disparaît par la gauche. La reine est seule. Elle relève son voile. Elle décroche une carabine, s'éloigne du coin des cibles sur le chemin de linoléum, s'arrête à l'extrême-gauche, épaule et vise. Elle tire. Elle approche du coin des cibles, regarde, remet la carabine, en prend une autre, retourne à sa place de tireuse et tire une seconde fois. Même jeu. Mais cette fois, elle décroche un pistolet et reprend sa place. Elle abaisse l'arme lorsque Stanislas paraît en haut des marches. Tony s'arrête sur le palier et rebrousse chemin. Stanislas descend. Il porte un costume de ville, sombre, à petite veste boutonnée haut. Un costume du roi.

La reine *qui se trouve à la gauche de l'escalier, invisible à Stanislas et l'arme en l'air.* — C'est vous, cher monsieur ?

> *Stanislas descend les trois dernières marches et voit la reine qui s'avance, son arme encore en l'air à la main.*

Ne vous étonnez pas de me voir avec une arme. Je tirais à la cible. J'aime de moins en moins la chasse. Mais j'aime le tir. Tirez-vous juste ?

Stanislas. — Je ne crois pas être un mauvais tireur.

La reine. — Essayez. (*Elle descend jusqu'à la grande table, y dépose son pistolet, remonte vers les armes, décroche une carabine et la lui tend.*) Mettez-vous où j'étais. C'est une mauvaise place pour ceux qui descendent les marches. D'habitude Tony surveille. Il est vrai que j'ai l'ouïe très fine. J'entends même les domestiques écouter aux portes. J'entends tout. Feu !

> *Stanislas tire.*
>
> *La reine se dirige vers le coin des cibles et déclenche le mécanisme. Le chevalet sort de l'ombre. La reine décroche la cible.*

Mouche. Je vous félicite. J'avais tiré un peu à gauche et un peu en haut.

> *Stanislas dépose la carabine sur le râtelier. La reine garde la cible à la main, et s'en éventera comme de son éventail.*

Asseyez-vous. (*Elle lui désigne un fauteuil à gauche, devant le poêle. Elle s'assoit près de la grande table, s'évente avec la cible et joue avec le pistolet.*)

J'espère que votre genou va mieux et que le pansement de Tony ne vous gêne pas trop. Avez-vous pu dormir à Krantz ?

Stanislas. — Oui, Madame. J'ai très bien dormi et mon genou ne me fait plus mal.

La reine. — C'est superbe. On dort bien à vingt ans. Vous avez ?...

Stanislas. — Vingt-cinq ans.

La reine. — Six ans nous séparent. Je suis une vieille dame à côté de vous. Vous avez fait des études ?

Stanislas. — J'ai travaillé seul ou presque seul. Je n'avais pas les moyens d'étudier.

La reine. — Il n'y a pas que le manque de moyens qui oblige à travailler seul. La première fois que

mon père a tué un aigle, il n'en revenait pas parce
que l'aigle n'avait pas deux têtes comme sur nos
armes. Voilà quel était mon père. Un homme rude et
charmant. Ma mère voulait faire de moi une reine.
Et on ne m'apprenait pas l'orthographe.

Mlle de Berg sait à peine lire sa propre langue.
Je ne perdrai pas au change. J'aimerais vous entendre lire, puisque vous voilà devenu lecteur.

STANISLAS. — Je suis à vos ordres. (*Il se lève.*)

> *La reine se lève et va prendre un livre
> sur la table. Elle dépose la cible près
> du pistolet.*

LA REINE. — Tenez, asseyez-vous là. (*Elle lui désigne le fauteuil qu'elle vient de quitter, auprès de la
table. Stanislas reste debout. Elle lui tend le livre.
Puis elle va s'asseoir dans le fauteuil quitté par Stanislas. Stanislas s'assoit. Il installe le livre sur la
table et repousse le pistolet.*)

Méfiez-vous il est chargé.

Ouvrez, lisez. On peut relire Shakespeare n'importe où.

> *Stanislas ouvre le livre et lit.*

STANISLAS, *lisant.* — Scène IV. Une autre chambre dans le même château. Entrent la reine et Polonius.

Polonius. — Il vient. Faites-lui de vifs reproches.
Dites-lui qu'il a poussé trop loin l'extravagance pour
qu'elle soit supportable et que votre grâce s'est in-
terposée entre lui et une autre colère. Je m'obligerai
au silence. Je vous en prie, soyez ferme.

La reine. — Je vous le promets. N'ayez pas peur.
Cachez-vous, je l'entends venir. (*Polonius se cache.
Entre Hamlet.*)

Hamlet. — Qu'y a-t-il, ma mère?

La reine. — Hamlet, tu as gravement offensé ton
père.

Hamlet. — Madame, vous avez gravement offensé mon père.

La reine. — Allons, allons, vous répondez avec une langue perverse.

Hamlet. — Allez, allez vous questionnez avec une langue coupable.

La reine. — Qu'est-ce à dire, maintenant, Hamlet?

Hamlet. — Qu'est-ce qu'il y a maintenant?

La reine. — Avez-vous oublié qui je suis?

Hamlet. — Non, par la croix! vous êtes la reine; la femme du frère de votre époux, et je voudrais qu'il n'en fût pas ainsi, ma mère!

La reine. — Je vais vous envoyer des gens à qui parler.

Hamlet. — Asseyez-vous. Vous ne bougerez pas, vous ne vous en irez pas avant que je vous aie présenté un miroir où vous puissiez voir le fond de votre âme.

La reine. — Que veux-tu faire? Tu ne veux pas me tuer? Au secours Au secours!

Polonius, caché. — Quoi? Au secours?...

Hamlet. — Qu'est-ce que c'est? Un rat? (*Il frappe Polonius à travers la tapisserie.*) A mort! A mort le rat. Mort! Un ducat qu'il est mort!

La reine, *elle se lève.* — Je n'aime pas le sang et Hamlet ressemble trop à un des princes de ma famille. Lisez autre chose. (*Elle déplace des livres, prend une brochure et la lui tend, après l'avoir ouverte.*) Tenez. (*Stanislas a déposé le livre et s'apprête à prendre la brochure. Il a un recul.*) Tenez... vous ne me refuserez pas de lire votre poème. Je le connais par cœur. Mais j'aimerais l'entendre de votre voix. (*Stanislas prend la brochure. La reine s'éloigne vers l'extrême gauche jusqu'à la carte de géographie.*) Lisez. (*La reine tourne le dos à Stanislas. Elle semble consulter la carte. Stanislas hésite encore.*)

Je vous écoute.

Stanislas, *il commence à lire d'une voix sourde.*
— Madame, dit l'archevêque, il vous faut préparer,
la mort frappe à votre porte.

Après bien des grimaces, la reine se confessa.

L'archevêque entendit une liste où le meurtre, l'in-
ceste, la trahison, faisaient petite figure...

> *Halte. La reine continue de consulter
> la carte. Elle récite la phrase restée en
> l'air.*

La reine. — La mort entra, se bouchant la bouche, le nez, montée sur de hauts patins...

Stanislas. — Montée sur de hauts patins, cousue
dans de la toile cirée noire. Séance interminable !
Vingt fois elle recommença et manqua ses tours. La
foule des courtisans, des princesses, des dames d'honneur, le clergé, l'archevêque même, dormaient debout. La fatigue écartelait les membres. Sous cette
torture, les visages se lâchaient, avouaient. Enfin la
mort se retourna. (*Halte de Stanislas. Il regarde la
reine. Il reprend.*) Et tandis qu'elle saluait, la puan-
teur, le candélabre aux fenêtres, annoncèrent que
c'était fini. Alors les feux d'artifice s'épanouirent
dans le ciel, le vin coula sur les petits échafauds des
bals musettes et les têtes d'ivrognes roulèrent joyeusement partout.

> *Stanislas se lève brusquement jette
> la brochure avec rage au milieu de la
> bibliothèque.*

En voilà assez !

La reine, *elle se retourne d'un bloc.* — Seriez-
vous lâche ?

Stanislas. — Lâche ? Vous me traitez de lâche
parce que je ne prends pas ce pistolet sur cette table
et parce que je ne vous tire pas lâchement dans le
dos.

La reine. — Nous avons fait un pacte.

STANISLAS. — Quel pacte? Je vous le demande. Vous avez décidé, comme vous décidez tout, que j'étais votre destin. Voilà de grands mots qui vous grisent. Vous avez décidé que j'étais une machine à tuer et que mon rôle sur la terre était de vous envoyer au ciel. Entendons-nous : dans ce ciel historique et légendaire qui est le vôtre. Vous n'osez plus vous suicider, ce qui manquerait de sublime, et vous avez voulu vous faire suicider par moi. Que m'offrez-vous en échange? Un prix inestimable. D'être l'instrument d'une cause célèbre. De partager avec vous la gloire étonnante d'un crime fatal et mystérieux.

LA REINE. — Vous êtes venu à Krantz pour me tuer.

STANISLAS. — Vous êtes-vous demandé une seule minute si j'étais un homme, d'où je venais et pourquoi je venais. Vous n'avez rien compris à mon silence. Il était terrible. Mon cœur battait si fort qu'il m'empêchait presque de vous entendre. Et vous parliez! Vous parliez! Comment pouviez-vous comprendre qu'il y a des autres, que les autres existent, qu'ils pensent, qu'ils souffrent, qu'ils vivent. Vous ne pensez qu'à vous.

LA REINE. — Je vous défends...

STANISLAS. — Et moi je vous défends de m'interrompre. Vous ai-je interrompue cette nuit? Je sortais de l'ombre, d'une ombre dont vous ne connaissez rien, dont vous ne devinez rien. Vous croyez sans doute que ma vie commence à la fenêtre du château de Krantz. Je n'existais pas avant. Il existait de moi un poème qui vous stimule et soudain, il a existé de moi un fantôme qui était votre mort. La belle affaire! Votre chambre était chaude, luxueuse, suspendue dans le vide. Vous y jouiez avec la douleur. Et moi, j'arrive. D'où croyez-vous donc que je sorte? Des ténèbres qui sont ce qui n'est pas vous. Et qui m'y a cherché dans ces ténèbres, qui m'y a dépêché des ondes plus rapides que des ordres, qui a fait de moi ce somnambule qui rampait, qui s'épuisait, qui n'entendait que les chiens, les balles et les coups frappés par son cœur? Qui m'a tiré de roche en roche, de crevasse en crevasse, de broussaille en broussaille, qui m'a hissé comme avec une corde jusqu'à cette fenêtre maudite où je me suis trouvé mal? Vous. Vous. Car vous n'êtes pas de celles que le hasard visite. Vous me l'avez dit. Vous rêvez d'être un chef-d'œuvre, mais un chef-d'œuvre exige la part de Dieu. Non. Vous décrétez, vous ordonnez, vous manœuvrez, vous construisez, vous suscitez ce qui arrive. Et même quand vous vous imaginez ne pas le faire, vous le faites. C'est vous qui, sans le savoir, m'avez donné une âme de révolte. C'est vous qui m'avez amené, sans le savoir, à connaître les hommes parmi lesquels j'espérais trouver la violence et la liberté. Sans le savoir, c'est vous qui avez dicté le vote de mes camarades, c'est vous qui m'avez attiré dans un piège! — En vérité, ce sont là des choses qu'aucun tribunal ne pourrait admettre, mais les poètes les savent et je vous les dis.

J'avais quinze ans. Je descendais des montagnes. Tout y était pur, de glace et de feu. Dans votre capitale, j'ai trouvé la misère, le mensonge, l'intrigue, la haine, la police, le vol. J'ai traîné de honte en honte. J'ai rencontré des hommes que ces hontes écœuraient et qui les attribuaient à votre règne. Où étiez-vous? Dans un nuage. Vous y viviez votre songe. Vous y dépensiez des fortunes, vous vous y bâtissiez des temples. Vous évitiez superbement le spectacle de nos malheurs. On vous a tué le roi. Est-ce ma faute? Ce sont les risques de votre métier.

LA REINE. — En tuant le roi, on m'a tuée.

STANISLAS. — On vous a si peu tuée que vous souhaitez que le destin vous tue. Vous adoriez le roi. Quel est cet amour? Depuis votre enfance, on

vous destine au trône. On vous élève pour le trône.
On fait de vous un monstre d'orgueil. Vous êtes conduite devant un homme que vous ne connaissiez pas
la veille et qui occupe le trône. Il vous plaît. Il
vous déplairait que ce serait pareil. Et vous vous
fiancez, et vous chassez ensemble, et vous galopez
ensemble, et vous l'épousez et on le tue.

Moi, depuis mon enfance, j'étouffais d'amour. Je
ne l'attendais de personne. A force de le guetter et
de ne rien voir venir, j'ai couru à sa rencontre. Il
ne me suffisait plus d'être ravagé par un visage. Il
me fallait être ravagé par une cause, m'y perdre, m'y
dissoudre.

Quand je suis entré dans votre chambre, j'étais
une idée, une idée folle, une idée de fou. J'étais une
idée en face d'une idée. J'ai eu le tort de m'évanouir.

Quand je suis revenu à moi, j'étais un homme
chez une femme. Et plus cet homme devenait un
homme, plus cette femme s'obstinait à être une idée.
Plus je me laissais prendre par ce luxe dont je n'ai
pas la moindre habitude, plus je contemplais cette
femme éclatante, plus cette femme me traitait comme
une idée, comme une machine de mort.

J'étais ivre de faim et de fatigue. Ivre d'orage.
Ivre d'angoisse. Ivre de ce silence qui me déchirait
plus qu'un cri. Et j'ai eu le courage de me reprendre,
de redevenir cette idée fixe qu'on me demandait
d'être, que je n'aurais jamais dû cesser d'être. Je
tuerais. Cette chambre deviendrait la chambre de
mes noces et je l'éclabousserais de sang.

Je comptais sans vos ruses profondes. A peine
avais-je cessé d'être un homme que vous redeveniez
une femme. Vous vous y connaissez en sortilèges et
en machines de féerie ! Vous usiez pour faire de moi
un héros de toutes les armes qu'une femme emploie
pour rendre un homme amoureux.

Et ce qui est le pire, vous y parveniez. Je ne

comprenais plus, je ne savais plus, je tombais dans ces sommeils interminables qui durent une seconde, je me répétais : Comment peut-on endurer des souffrances pareilles et ne pas mourir ?

LA REINE *de toute sa hauteur.* — Je vous ordonne de vous taire.

STANISLAS. — Il me semblait que vous aviez décidé — entre autres choses — d'abolir le protocole et que nous traitions d'égal à égal.

LA REINE. — C'était un pacte entre ma mort et moi. Ce n'était pas un pacte entre une reine et un jeune homme qui escalade les fenêtres.

STANISLAS. — On a escaladé votre fenêtre ! Quel scandale ! Eh bien !... Criez... Sonnez... Appelez... faites-moi prendre par vos gardes. Livrez-moi à la justice. Ce sont encore des sensations de reine.

LA REINE. — C'est vous qui criez et qui ameuterez le château.

STANISLAS. — Ameuter le château. Etre arrêté, exécuté, je m'en moque. Vous ne voyez pas que je deviens fou !

LA REINE, *elle se trouve derrière la table. Elle empoigne le pistolet et le tend à Stanislas.* — Tirez.

STANISLAS *recule d'un bond. La reine garde le pistolet à la main.* — Ne me tentez pas.

LA REINE. — Dans quelques secondes, il sera trop tard.

STANISLAS, *les yeux fermés, de face.* — Tout l'amour qui me poussait au meurtre se retourne en moi comme une vague. Je suis perdu.

LA REINE. — Dois-je répéter mes paroles ? Si vous ne m'abattez pas, je vous abats.

> *Elle est remontée d'un mouvement rapide jusqu'au bas des marches.*

STANISLAS, *criant vers elle.* — Mais tuez-moi donc ! Achevez-moi. Qu'on en finisse. La vue du

sang vous dégoûte ? J'aurai au moins une joie si
mon sang vous soulève le cœur.

> *La reine abaisse le pistolet. Elle se
> détourne et tire vers les cibles. Tout
> cela s'est passé en un clin d'œil. Son-
> nerie prolongée. La reine garde le pisto-
> let à la main et s'élance jusqu'à Sta-
> nislas. Elle met de force le livre de Sha-
> kespeare entre ses mains.*

LA REINE. — Asseyez-vous. Lisez. Lisez et mettez
à votre lecture la même violence que dans vos der-
nières insultes.

> *La sonnette redouble.*

Lisez. Lisez vite. (*Elle le saisit par les cheveux,
comme un cheval par la crinière, et l'oblige à
s'asseoir.*) Il le faut.

STANISLAS, *il se laisse tomber sur le siège, attrape
la brochure et lit en criant la scène d'Hamlet.* — Toi,
misérable, téméraire, absurde fou, adieu.
Je t'ai pris pour plus grand que toi, subis ton
sort. Tu vois qu'il y a du danger à être trop curieux.

> *Il s'arrête et ferme les yeux.*

LA REINE, *le secouant.* — Continuez.

> *Stanislas reprend sa lecture extravagante.*

STANISLAS, *lisant* Hamlet. — Madame ! Ne tordez
pas vos mains. Paix ! Asseyez-vous que je vous torde
le cœur, car je vais le tordre, s'il est fait d'une étoffe
pénétrable, si l'habitude du crime ne l'a pas endurci
au point qu'il soit à l'épreuve et blindé contre tout
sentiment. *La reine :* qu'ai-je fait pour que tu pousses
des clameurs éclatantes comme la foudre ?

> *La porte de droite s'ouvre. Edith de
> Berg paraît.*

SCÈNE VI

LA REINE, STANISLAS, EDITH, *puis* TONY

LA REINE, *elle a repris sa place de tireuse et baisse son voile.* — Qu'est-ce que c'est Edith ?

EDITH. — Que Madame m'excuse... Mais j'étais dans le parc et j'ai entendu de tels éclats de voix... et un coup de feu... J'ai craint...

Elle s'arrête.

LA REINE. — Qu'est-ce que vous avez craint ? Quand aurez-vous fini de craindre ? Craindre quoi ? Je tire à la cible et, si vous aviez osé vous avancer davantage, vous auriez entendu comment lisent les lecteurs qui savent lire. (*Vers Stanislas qui s'est levé à l'entrée d'Edith et se tient, le livre à la main, contre la table.*) Excusez Mlle de Berg. Elle n'a pas l'habitude. Elle lit si bas qu'il m'arrive de me croire sourde. (*A Edith.*) : Edith, il me déplaît souverainement — c'est le terme exact — qu'on écoute aux portes ou aux fenêtres. (*Sur cette dernière phrase, Tony est entré par la petite porte de gauche en face des cibles de tir, celle où se termine le chemin de linoléum. La reine l'aperçoit et se tourne vers Edith.*) Vous permettez ? — (*Tony parle avec les doigts. La reine répond. Tony sort.*) Je suis fort mécontente, Edith. Votre conduite, de moins en moins discrète, m'oblige à vous mettre aux arrêts. Tony vous apportera ce dont vous pourriez avoir besoin.

Edith plonge et monte l'escalier. Elle disparaît à gauche. Porte.

SCÈNE VII

LA REINE, STANISLAS

La reine, *à Stanislas*. — Et maintenant, monsieur, cachez-vous. Je vais recevoir une visite et je tiens à ce que vous ne perdiez pas un mot de ce qui va se dire. Je vous demande un armistice. Nous parlerons après. La galerie est un poste d'observation des plus commodes.

> *Stanislas passe lentement devant la reine, monte les marches et disparaît à droite. Pendant qu'il disparaît, la petite porte de gauche s'ouvre. Tony entre, interroge la reine du regard ; la reine incline la tête. Tony s'efface et fait entrer le comte de Foëhn. Puis il sort et referme la porte. Le comte de Foëhn est en costume de voyage. C'est un homme de quarante-cinq ans. Un homme d'élégance et de ruse. Un homme de cour.*

SCÈNE VIII

LA REINE, LE COMTE DE FOËHN

La reine. — Bonjour, mon cher comte.
Le comte, *il salue de la tête à la porte et avance*

de quelques pas. — Je salue Votre Majesté. Et je m'excuse de paraître devant elle dans ce costume. La route est longue et mal commode.

LA REINE. — Il y a longtemps que j'ai demandé qu'on la répare. Mais je trouve naturel de faire figurer cette dépense dans la liste civile. Nos ministres estiment qu'elle m'incombe à moi. La route restera ce qu'elle est.

LE COMTE. — L'Etat est pauvre, Madame, et nous sommes au régime de l'économie.

LA REINE. — Vous me parlez comme mon ministre des Finances. Je ferme les yeux. Il aligne des chiffres. Il s'imagine que j'écoute et je ne comprends rien.

LE COMTE. — C'est fort simple. Wolmar est sur un pic. La main-d'œuvre est lourde. On raconte que ce bijou a dû coûter une fortune à Votre Majesté.

LA REINE. — Voyons, Foëhn, vous n'êtes ni l'archiduchesse qui se croit infaillible, ni le ministre qui me prend pour une folle.

LE COMTE. — Madame, il est possible que l'archiduchesse déplore, affectueusement, que Votre Majesté ait des dettes et s'attriste d'être dans l'impossibilité de lui venir en aide, mais nul n'ignore que ces dettes n'atteignent que Votre Majesté, que ses dépenses n'affectent que sa caisse personnelle et que le peuple n'a jamais eu à en souffrir.

LA REINE. — Nul n'ignore! Vous m'amusez, mon cher comte. Et d'où viennent, je vous le demande, les absurdes rumeurs qu'on n'arrête pas de répandre contre moi? L'archiduchesse m'a tellement répété jadis : « Tenez-vous droite » que j'en ai pris l'habitude, figurez-vous. Et cependant, de quoi ne m'accuse-t-on pas? Je fouette mes palfreniers. Je fume la pipe avec mes domestiques. Je me laisse exploiter par une gymnaste de cirque pour laquelle j'accroche des trapèzes jusque dans la salle du trône, et je ne

vous cite que ce qui est drôle car le reste est trop
ignoble pour que je m'y attarde. Je méprise le peuple,
je le ruine. Voilà le genre de fables qu'on laisse
circuler sur mon compte et qui excitent les esprits.

LE COMTE *s'incline.* — C'est le revers de la légende.

LA REINE. — La légende ! Jadis la légende mettait
un siècle à frapper ses médailles. Elle les frappait
dans le bronze. Aujourd'hui elle frappe au jour le
jour et à tort et à travers sur le papier le plus sale.

LE COMTE. — Oh ! Madame... la presse ne se permettrait jamais...

LA REINE. — Elle se gêne ! C'est sous forme de
conseils que les choses sont dites. Que faites-vous des
innombrables feuilles clandestines qui me couvrent
de boue et que la police tolère. Vous êtes le chef de
ma police, monsieur de Foëhn.

LE COMTE. — Madame... Madame... L'archiduchesse est la première à déplorer cet état de choses
et si elle ne le déplorait pas, je n'aurais pas l'honneur
d'être à Krantz et de présenter mes humbles hom-
mages à Votre Majesté.

LA REINE, *changeant de ton.* — Nous y voilà. J'en
étais sûre. Vous venez me gronder.

LE COMTE. — Votre Majesté plaisante.

LA REINE. — Il s'agit de la cérémonie d'anniversaire.

LE COMTE. — Votre Majesté devine tout avant
même qu'on ne le formule. C'est la meilleure preuve
que l'archiduchesse est au désespoir de ce... malentendu entre la reine et son peuple. Si la reine se
montrait, ce malentendu déplorable ne serait pas
long à s'évanouir.

LA REINE. — Mon absence à la cérémonie d'anniversaire a produit, pour employer le style de la
presse, le plus mauvais effet.

LE COMTE. — Je courais la poste, mais Votre

Majesté peut en être certaine. La foule a dû être
navrée de ce carrosse vide. L'archiduchesse trouve,
si j'ose me permettre de répéter ses paroles, que la
reine devait cet effort à la mémoire de son fils.

La reine, *elle se lève.* — Monsieur de Foëhn,
ignore-t-elle que le motif de mon exil volontaire est
justement ma douleur de la mort de son fils et que
ma façon de porter le deuil ne consiste pas à défiler
dans un carrosse.

Le comte. — L'archiduchesse sait tout cela. Elle
sait tout cela. Elle est explosive, si j'ose m'exprimer
ainsi, mais elle est clairvoyante, et c'est une grande
politique.

La reine. — Je hais la politique.

Le comte. — Hélas ! Madame... La politique est
le métier des rois comme le mien est de surveiller
le royaume, de me livrer à des enquêtes et de faire
les besognes désagréables.

La reine. — Que veut l'archiduchesse ?

Le comte. — Elle ne veut pas... elle conseille. Elle
conseille à Votre Majesté de rompre un peu avec des
habitudes de réclusion qui risquent, auprès des imbéciles... et les imbéciles sont en grand nombre... de
passer pour du dédain.

La reine. — On ne rompt pas un peu, monsieur
le comte. On se cache ou on se montre. J'ai rayé
le terme « un peu » de mon vocabulaire. C'est en
faisant *un peu* les choses qu'on arrive à ne rien faire
du tout. Si ma devise n'était pas : « A l'impossible
je suis tenue. » je choisirais la phrase d'un chef in-
dien auquel on reprochait d'avoir un peu trop mangé
au dîner d'une ambassade « Un peu trop, répondit-il,
c'est juste assez pour moi ! »

Le comte. — Votre Majesté m'autorise-t-elle à
rapporter cette phrase à l'archiduchesse ?

La reine. — Elle vous servira de réponse.

Le comte, *changeant de ton.* — Krantz est une

merveille... une merveille ! Votre Majesté y est arrivée hier ?

LA REINE. — Hier matin.

LE COMTE. — Votre Majesté venait de Wolmar. Le voyage a dû être interminable. Et cet orage ! Je crains qu'il n'ait obligé la reine à passer une fort mauvaise nuit.

LA REINE. — Moi ? J'adore l'orage. Du reste, j'étais morte de fatigue et je dormais dans une des chambres de la tour du nord. Je n'ai rien entendu.

LE COMTE. — Tant mieux. Je redoutais que ma chasse à l'homme n'ait amené quelque désordre et troublé le sommeil de Votre Majesté.

LA REINE. — Où ai-je la tête, mon cher comte ? C'est vrai. Mademoiselle de Berg est venue me demander si j'autorisais votre police à fouiller le parc. Mais... vous n'étiez pas là ?

LE COMTE. — On oublie toujours le courage de Votre Majesté et qu'elle n'a peur de rien. On oublie toujours qu'on n'a pas à ménager ses nerfs comme ceux des autres princes. Cependant, j'aurais eu honte de donner à cette affaire, par mon arrivée nocturne au château, une importance qu'elle ne comporte pas. J'étais arrivé la veille. J'habitais le village, à l'auberge.

LA REINE. — Foëhn ! Ce n'est pas gentil de venir à Krantz sans habiter le château. Avez-vous attrapé votre homme ? Un homme qui voulait me tuer, si je ne me trompe.

LE COMTE. — Ma police est bavarde. Je vois que mes agents ont parlé au château.

LA REINE. — Je ne sais pas si votre police est bavarde. Je sais que Mlle de Berg est bavarde et adore se mêler de choses qui ne la regardent pas.

LE COMTE. — Nous pistions l'homme depuis la veille. Comment savait-il — je veux dire comment son groupe savait-il — que Votre Majesté coucherait

à Krantz, je me le demande. Je l'ignorais moi-
même. Toujours est-il que nous l'avons manqué dans
un chalet du village où il a de la famille. Il avait
pris la fuite ou on la lui avait fait prendre. Nous
organisâmes une battue en règle. Je le regrette,
puisque cette battue nous obligeait à troubler la solitude de Sa Majesté. Je suis heureux d'apprendre que
Votre Majesté n'en a pas trop souffert.

La reine. — Et vous avez fait buisson creux,
votre homme court encore...

Le comte. — Ma brigade ne mérite pas les reproches de Votre Majesté. Elle a capturé l'homme.

La reine. — Mais c'est passionnant !

Le comte. — A l'aube, il tentait de fuir par les
gorges. Il devait être épuisé de fatigue. Il s'est
rendu.

La reine. — Quel genre d'homme était-ce ?

Le comte. — Un jeune écervelé au service d'un de
ces groupes dont Votre Majesté déplorait tout à
l'heure l'activité secrète. Votre Majesté constate
que le chef de sa police ne reste pas criminellement
inactif.

La reine. — On l'a interrogé ?

Le comte. — Je l'ai interrogé moi-même.

La reine. — C'est un ouvrier ?

Le comte. — Un poète.

La reine. — Quoi ?

Le comte. — Votre Majesté a bien tort de s'intéresser aux poètes. Ils finissent toujours par introduire leur désordre dans les rouages de la société.

La reine. — Foëhn ! vous dites qu'un poète voulait
me tuer ?

Le comte. — C'est leur manière de répondre aux
éloges de la reine.

La reine. — Quels éloges ?

Le comte. — Votre Majesté, si je ne me trompe,

et je suppose par une manière d'esprit de contradiction héroïque, affiche une indulgence extraordinaire en ce qui concerne un poème subversif édité
par une de ces feuilles, qu'elle réprouve, à juste titre. Cet homme, ce jeune homme, en est l'auteur.

La reine. — Il s'agirait d'Azraël ? Par exemple !

Le comte. — Il n'en menait pas large. En cinq
minutes, il se mettait à table — comme disent mes
mouchards. Je veux dire qu'il avouait tout. C'est
une tête chaude, mais ce n'est pas une forte tête.
Il m'a livré le nom de ses complices, l'adresse de leur
centre. Un beau coup de filet à mon retour.

La reine, *elle s'était assise. Elle se lève.* — Monsieur de Foëhn, il me reste à vous féliciter et à vous
remercier de cette capture. Je m'étonnais, hier, de
votre absence. Et j'aurais pu me demander, cet
après-midi, si vous ne veniez pas constater mon
décès.

Le comte, *souriant.* — Votre Majesté est terrible.

La reine. — Il m'arrive de l'être. Surtout pour
moi. (*Elle tend la main.*) Mon cher comte...

Le comte, *il va baiser cette main. La reine la
retire et lui pose la main sur l'épaule.* — Je m'excuse
de cette visite intempestive et qui doit paraître bien
fastidieuse à la reine, dans cette atmosphère de mé-
ditation et de travail. (*Il s'incline.*) Puis-je demander
à la reine des nouvelles de Mlle de Berg ?

La reine. — Elle est souffrante. Rien de grave.
Elle garde la chambre. Je lui dirai que vous avez
pensé à elle. Tony va vous reconduire. (*Elle se dirige
vers la porte et l'ouvre. Tony paraît.*) Dites à l'archiduchesse ma reconnaissance profonde pour le soin
qu'elle prend de ma popularité. Adieu.

> *Le comte s'incline, passe devant*
> *Tony et sort. Tony regarde la reine.*
> *Il suit le comte et ferme la porte.*

SCÈNE IX

LA REINE, STANISLAS

La reine se dévoile lentement et pensivement.

LA REINE. — Vous pouvez descendre.

> *Stanislas tourne la galerie de droite
> et descend l'escalier en silence. Il mar-
> che jusqu'à la table ronde, s'y appuie
> et baisse la tête. La reine lui fait face,
> devant le poêle, debout.*

Voilà.

STANISLAS. — C'est monstrueux.

LA REINE. — C'est la cour. Je gêne l'archiduchesse.
Foëhn favorise un meurtre. Vous échouez. Foëhn
vous abandonne. Vous avez compris ? Si vous n'étiez
pas caché dans ce château, son personnel ne serait
pas long à vous faire disparaître. C'est même parce
que le comte est sûr de vous faire disparaître qu'il
n'a pas hésité à me parler de vous.

> *Silence.*

STANISLAS. — Je vais me livrer à la police.

LA REINE. — Ne soyez pas absurde. Restez. Prenez ce fauteuil.

> *Stanislas hésite. La reine s'assoit.*

Prenez ce fauteuil.

> *Stanislas s'assoit.*

LA REINE. — Foëhn vous recherche. Le but de sa
visite était de m'observer et d'observer le château.
Bien que j'aie pris mes précautions pour qu'il ne

rencontre pas Mlle de Berg, il semble se douter de quelque chose. Je suis sûre du silence de Willenstein.

Les circonstances où nous sommes échappent à toutes les polices du monde. Je vous y ai entraîné de force. C'est à moi d'essayer d'y voir clair.

STANISLAS. — Je suis un objet de honte.

LA REINE. — Vous êtes une solitude en face d'une solitude. Voilà tout.

Elle se détourne vers le feu du poêle.
Les lueurs l'illuminent. Le soir com-
mence à descendre.

C'est la beauté de la tragédie, son intérêt humain et surhumain qu'elle ne met en scène que des êtres vivant au-dessus des lois. Qui étions-nous, cette nuit ? Je vous cite : Une idée devant une idée. Et maintenant que sommes-nous ? Une femme et un homme qu'on traque. Des égaux.

Elle tisonne le feu.

Votre mère habite le village ?

STANISLAS. — Je n'ai plus de mère. La paysanne de Krantz est ma belle-mère. Elle m'a chassé de chez elle. J'avais seize ans. Hier soir, je retournais chez elle pour mon propre compte. J'y avais caché des papiers. Il fallait que je les brûle.

LA REINE. — Vous avez des amis ?

STANISLAS. — Aucun. Je ne connais que les hommes qui m'ont attiré dans un piège. S'il en existe de sincères sur le nombre que Dieu les sauve de l'aveuglement.

LA REINE. — Foëhn n'arrêtera personne. Soyez tranquille. Il se contentera de leur faire croire que vous les avez trahis. Pour le débarrasser de vous, c'est sur eux qu'il compte.

STANISLAS. — Tout m'est égal.

LA REINE. — De la galerie, pouviez-vous voir le comte de Foëhn, pouviez-vous voir sa figure ?

STANISLAS. — Je voyais sa figure.

LA REINE. — L'aviez-vous déjà vue ? Je veux dire, vous était-il arrivé d'être déjà en sa présence ?

STANISLAS. — Un pareil homme est trop habile pour que ses intermédiaires innombrables puissent même se douter qu'ils le sont.

LA REINE. — Je vous sais gré d'être resté calme.

STANISLAS. — Comme cette nuit, dans votre chambre, j'ai craint qu'on n'entende mon cœur. Il m'a fallu toutes mes forces pour ne pas sauter de la galerie. Je l'étranglais.

LA REINE. — Il n'en aurait pas eu la moindre surprise. Il était sur ses gardes. Cet homme estime que je suis une folle et que vous êtes un fou. Hier, à l'auberge de Krantz, il devait sourire et se dire : « La reine se croit un poème. Le meurtrier se croit un poète. Voilà qui est fort plaisant. » Remarquez que vos camarades ne doivent pas être loin de partager cette manière de voir. Je parle des plus sincères. Beaucoup bavardent. Peu agissent. Rien n'est conventionnel comme un milieu, quel qu'il soit.

La lumière baisse de plus en plus.
La reine retourne à son feu qui devient
très vif sur elle.

Pourquoi brûliez-vous, hier soir, vos papiers à Krantz ?

STANISLAS. — Par crainte d'une perquisition.

LA REINE. — C'étaient des poèmes ?

STANISLAS. — Oui, Madame.

LA REINE. — C'est dommage.

STANISLAS. — Je ne les aurais pas brûlés hier que je les brûlerais maintenant.

Silence.

LA REINE. — Et, après avoir brûlé ces poèmes, quel était votre ordre de route ?

STANISLAS, *il se lève.* — Madame !

La reine. — Il me semblait que les scrupules, les politesses, les hypocrisies n'existaient plus entre nous.

Stanislas, *se rasseyant et à voix basse.* — Je devais assassiner la reine à Wolmar.

La reine. — Il faut assassiner vite et dehors. Il faut assassiner vite et être lapidé par la foule. Sinon le drame retombe et tout ce qui retombe est affreux.

Long silence.

Les journaux auraient dit : « La reine victime d'un attentat sauvage. » L'archiduchesse et le comte de Foëhn eussent assisté à votre exécution et mené le deuil. Il y aurait eu des réjouissances funèbres. On aurait sonné les cloches. On instaurait la Régence comme le prescrit la constitution actuellement en vigueur. Le prince régent est tout prêt, dans la large manche de l'archiduchesse. Le tour était joué. L'archiduchesse gouvernait, c'est-à-dire le comte de Foëhn. Voilà la politique.

Stanislas. — Les misérables !

La reine. — Ainsi vous deviez tuer la reine à Wolmar. Eh bien ! vous avez exécuté vos ordres à Krantz. Vous deviez tuer la reine, Stanislas. C'est chose faite, vous l'avez tuée.

Stanislas. — Moi, Madame ?

La reine. — Une reine admet-elle qu'on s'introduise dans sa chambre et qu'on s'y évanouisse ? Une reine admet-elle de cacher l'homme qui escalade sa fenêtre la nuit ? Une reine admet-elle qu'on ne réponde pas quand elle interroge ? Une reine admet-elle qu'on ne lui adresse pas la parole à la troisième personne et qu'on l'insulte ? Si elle l'admet, c'est qu'elle n'est plus une reine. Je vous le répète, Stanislas, il n'existe plus de reine à Krantz, vous l'avez tuée.

Stanislas. — Je vous comprends, Madame. Vous dites que la politesse ne fonctionne plus entre nous et vous tentez, par une politesse royale, d'élever ma solitude jusqu'à la vôtre. Je ne suis pas dupe.

La reine. — Croyez-vous que j'admettrais votre échec. Si je l'admettais, il y a longtemps que je vous aurais mis à la porte.

Stanislas. — Je ne suis rien. La reine reste la reine. Une reine que sa cour jalouse parce qu'elle l'éclipse. Une reine que des milliers de sujets vénèrent dans l'ombre. Une reine en deuil de son roi.

La reine s'assoit dans le fauteuil qui est près du poêle, face au public. On ne distingue presque plus que le foyer du poêle qui éclaire les visages. La bibliothèque est pleine d'ombre. Stanislas se glisse derrière le fauteuil de la reine et s'y tient, debout.

La reine. — Vous avez tué cette reine, Stanislas, mieux que vous ne vous proposiez de le faire. Quand j'étais petite fille on me tourmentait pour me préparer au trône. C'était mon école et je la haïssais. Le roi Frédéric a été une grande surprise. Je n'ai plus pensé qu'à l'amour. J'allais vivre. J'allais devenir femme. Je ne le suis pas devenue. Je n'ai pas vécu. Frédéric est mort la veille de ce miracle. Je me suis enterrée vive dans mes châteaux. Un soir d'orage vous êtes entré par ma fenêtre et vous avez bouleversé tout ce bel équilibre.

Long silence.

Stanislas. — Quel calme après l'orage. La nuit tombe avec un silence extraordinaire. On n'entend même pas les cloches des troupeaux.

La reine. — D'ici, on n'entend rien, on se croirait séparé du monde. Et je n'aimais pas ce calme. Il me plaît.

Stanislas. — Vous ne voulez pas que je demande un candélabre ?

La reine. — Restez où vous êtes. Je ne veux rien.

Je veux que le soir s'arrête de tomber, que la lune et le soleil arrêtent leur course. Je veux que ce château se fixe à cette minute où nous sommes et vive ainsi, frappé par un sort.

Silence.

STANISLAS. — Il y a des équilibres qui viennent de tant de détails inconnus qu'on se demande s'ils sont possibles, si le moindre souffle ne les renverserait pas.

LA REINE. — Taisons-nous un peu.

Silence.

Stanislas, l'orgueil est une mauvaise fée. Il ne faudrait pas qu'elle s'approche, qu'elle touche cette minute avec sa baguette, qu'elle la change en statue.

STANISLAS. — L'orgueil ?

LA REINE. — C'est une femme qui vous parle, Stanislas. Comprenez-vous ?

Long silence.

STANISLAS, *il ferme les yeux.* — Mon Dieu... Faites que je comprenne. Nous sommes sur une épave en pleine mer. Le sort, les hasards, les vagues, la tempête nous ont précipités l'un contre l'autre sur cette épave qui est la bibliothèque de Krantz et qui flotte à la dérive sur l'éternité. Nous sommes seuls au monde, à la pointe de l'insoluble, à la limite de l'extrême où je croyais respirer à l'aise et que je ne soupçonnais pas. Nous sommes dans un inconfort si effroyable que l'inconfort des malades qui agonisent, des pauvres qui crèvent de détresse, des prisonniers couverts de vermine, des explorateurs qui se perdent dans les glaces du pôle est un confort à côté de lui. Il n'y a plus de haut, de bas, de droite, de gauche. Nous ne savons plus où poser nos âmes, nos regards, nos paroles, nos pieds, nos mains. Eclairez-moi, mon Dieu. Qu'un ange de l'Apocalypse apparaisse, qu'il sonne de la trompette, que le monde s'écroule autour de nous.

LA REINE, *bas.* — Mon Dieu, arrachez-nous de cette glu informe. Otez-moi les appuis qui m'obligent à marcher en ligne droite. Foudroyez les protocoles et surtout celui de la prudence que je prenais pour de la pudeur. Donnez-moi la force de m'avouer mes mensonges. Terrassez les monstres de l'orgueil et de l'habitude. Faites-moi dire ce que je ne veux pas dire. Délivrez nous.

Silence. La reine abaisse son voile, avec une maladresse naïve.

Stanislas, je vous aime.

STANISLAS, *même jeu.* — Je vous aime.

LA REINE. — Le reste m'est égal.

STANISLAS. — C'est maintenant que je pourrais vous tuer pour ne plus vous perdre.

LA REINE. — Petit homme, venez doucement près de moi... Venez. (*Stanislas s'agenouille auprès d'elle.*) Posez votre tête sur mes genoux. Ne me demandez rien d'autre, je vous en supplie. Mes genoux sont sous votre tête et ma main sur elle. Votre tête est lourde. On dirait une tête coupée. C'est une minute sans rien autour. Un clair de lune dans le cœur. Je vous ai aimé quand vous êtes apparu dans ma chambre. Je m'accuse d'en avoir eu honte. Je vous ai aimé quand votre main tombait de fatigue comme une pierre. Je m'accuse d'en avoir eu honte. Je vous ai aimé quand j'empoignais vos cheveux pour vous obliger à lire. Je m'accuse d'en avoir eu honte.

Silence.

STANISLAS. — Il y a des rêves trop intenses. Ils réveillent ceux qui dorment. Méfions-nous. Nous sommes le rêve d'un dormeur qui dort si profondément qu'il ne sait même pas qu'il nous rêve.

A ce moment de silence et d'ombre éclairée par le feu, plusieurs coups sont

*frappés à la petite porte. Stanislas se
dresse.*

LA REINE, *rapidement et bas.* — ˙C'est Tony. Ne
bougez pas.

> *La reine monte jusqu'à la petite
> porte. Elle l'ouvre. Tony paraît. Il tient
> un flambeau à la main droite et parle de
> la main gauche avec ses doigts. Tony
> va poser le flambeau sur la table.*

LA REINE. — Mademoiselle de Berg a jeté, par la
fenêtre, une lettre au comte de Foëhn. A l'heure
qu'il est, il sait tout.

> *Tony sort par la petite porte.*

Cette nuit, vous n'avez rien à craindre. En attendant que j'avise, Mlle de Berg gardera les arrêts.
Personne, sauf elle, n'a le droit d'entrer dans mes
chambres. Vous y resterez sous ma garde. Demain
matin, Tony vous conduira, par les montagnes, jusqu'à mon ancien pavillon de chasse. Ce pavillon
commande une ferme avec des gardiens dont je suis
sûre... Ensuite...

STANISLAS. — Il n'y a pas d'ensuite.

LA REINE. — Stanislas !

STANISLAS. — Ecoutez-moi. J'ai prié Dieu de m'entendre et il m'a envoyé son ange. Voilà une nuit et
un jour que nous sommes travaillés par sa foudre.
Elle nous a tordus ensemble. Ne croyez pas que je
regrette mes paroles ni que je mette les vôtres sur
le compte du désordre de nos âmes et de l'obscurité
d'un instant. Je vous crois et vous devez me croire.
Demain, vous cesserez d'aimer un pauvre diable qui
se dissimulerait et se glisserait jusqu'à vous. Un
assassin est autre chose. Vous avez vécu en dehors
de la vie. C'est à moi de vous venir en aide. Vous
m'avez sauvé, je vous sauve. Un fantôme vous tuait
et vous empêchait de vivre. Je l'ai tué. Je n'ai pas
tué la reine. La reine doit sortir de l'ombre. Une

reine qui gouverne et qui accepte les charges du pouvoir.

On complote contre vous. C'est facile, vous ne répondez rien. Les ministres le savent. Répondez-leur. Changez en un instant votre mode d'existence. Retournez dans votre capitale. Etincelez. Parlez à l'archiduchesse comme une reine et non comme une belle-fille. Ecrasez Foëhn. Nommez le duc de Willenstein généralissime. Appuyez-vous sur ses troupes. Passez-les en revue, à cheval. Etonnez-les. Vous n'aurez même pas à dissoudre les chambres ni à nommer de nouveaux ministres. Ils obéissent à une poigne. Je connais la vôtre. Je vous ai vue, cette nuit, tenir votre éventail comme un sceptre et frapper les meubles avec. Frappez les vieux meubles dont les tiroirs regorgent de paperasses. Balayez ces paperasses et cette poussière. Votre démarche suffit à faire tomber le peuple à genoux. Relevez votre voile. Montrez-vous. Exposez-vous. Personne ne vous touchera. Je vous l'affirme. Moi, je contemplerai votre œuvre. Je vivrai dans vos montagnes. Je les connais depuis toujours. Aucune police ne saurait m'y prendre. Et quand ma reine sera victorieuse, elle fera tirer le canon. Je saurai qu'elle me raconte sa victoire. Et quand la reine voudra m'appeler, elle criera comme un aigle, je viendrai m'abattre sur les pics où elle bâtissait ses châteaux. Je ne vous offre pas le bonheur. C'est un mot déshonoré. Je vous offre d'être, vous et moi, un aigle à deux têtes comme celui qui orne vos armes. Vos châteaux attendaient cet aigle. Vous les bâtissiez pour être ses nids.

Tout ce qui retombe est affreux. Vous avez demandé à Dieu qu'il nous sauve. Ecoutez son ange qui s'exprime par ma voix.

La reine tire trois fois le ruban de la sonnerie.

Maintenant, répétez ce que je vais dire.

Mon Dieu, acceptez-nous dans le royaume de vos énigmes. Evitez à notre amour le contact du regard des hommes. Mariez-nous dans le ciel.

La reine, *bas*. — Mon Dieu, acceptez-nous dans le royaume de vos énigmes. Evitez à notre amour le contact du regard des hommes. Mariez-nous dans le ciel.

> *La porte de droite s'ouvre. Félix de*
> *Willenstein paraît, la referme et se met*
> *au garde-à-vous.*

SCÈNE X

LA REINE, STANISLAS, FÉLIX

La reine. — Eh bien ! Félix, vous en faites une figure. Qu'est-ce qui vous étonne ? Ah ! oui... J'oubliais. Je me montre toute nue devant deux hommes. Je quitte le voile, Félix, et j'ai dix ans de plus. Il faut vous y faire. J'ai à vous donner des ordres.

Je retourne à la cour. Nous y partirons tous demain à une heure. Commandez les calèches, la chaise de poste. Je ne laisserai à Krantz que le personnel du château.

Mlle de Berg abandonne mon service. L'archiduchesse la recueillera parmi ses filles d'honneur.

Dès que vous serez à la ville, vous prendrez le commandement des forts. Organisez immédiatement le voyage et les étapes. Je ne souffrirai aucun retard. Vous me précéderez dans ma capitale avec cent cinquante hommes et vous ferez tirer cent coups de canon.

Demain, à midi, vous grouperez mes chevau-légers dans le parc derrière la pièce d'eau. Vous observerez cette fenêtre. (*Elle désigne la fenêtre qui domine l'escalier.*) Dès que j'y apparaîtrai, le visage découvert, la. musique des gardes jouera l'hymne royal.

Ce sera le début de mon règne.

Je compte sur votre attachement à ma personne et sur votre loyauté à ma cause.

Vous êtes libre.

> *Félix de Willenstein claque les talons,*
> *salue et sort.*

SCÈNE XI

LA REINE, STANISLAS

La reine, *elle s'approche de Stanislas, met les mains sur ses épaules et le regarde longuement dans les yeux.* — Stanislas... Etes-vous content de votre élève?

> *Stanislas ferme les yeux, ses larmes*
> *coulent.*

Vous pleurez?

Stanislas. — Oui. De joie.

Rideau.

ACTE III

*Même décor qu'au deuxième acte. Il doit être onze heures
du matin. La fenêtre de la bibliothèque est grande ouverte
sur le parc. Au lever du rideau, Stanislas est seul en scène,
grimpé sur une des échelles à livres. Il a des livres sous le
bras gauche. A la main droite, il tient un livre et le lit.
Au bout d'un instant, Mlle de Berg tourne la galerie de
gauche et descend les marches. Elle arrive près de Stanislas
qui ne la voit pas, absorbé dans sa lecture.*

SCÈNE I

STANISLAS, EDITH

Edith. — Bonjour, monsieur.

Stanislas, *il sursaute et ferme le livre.* — Excu·
sez-moi, mademoiselle.
        *Il met le livre sous son bras et en
        prend d'autres.*

Edith. — Je vous dérange?

Stanislas. — La reine désire emporter certains
livres, et, au lieu de les mettre en pile, je les lisais.

Edith. — C'est le rôle d'un lecteur.

STANISLAS. — Mon rôle est de lire les livres à la reine et non de les lire pour mon propre compte.

EDITH. — La reine est sortie à cheval ?

STANISLAS. — Lorsque la reine m'a donné ses instructions, elle était en robe d'amazone. Elle a fait seller Pollux. Je crois qu'elle galope dans la forêt. Elle ne compte être de retour qu'à midi.

EDITH. — Tiens... vous connaissez même le nom des chevaux. C'est superbe.

STANISLAS. — J'ai entendu la reine prononcer le nom du cheval devant moi. Vous n'avez pas encore vu Sa Majesté ?

EDITH. — J'étais en prison, cher monsieur. Tony n'a daigné ouvrir ma porte que vers dix heures. Je ne savais rien de l'extraordinaire voyage qui se prépare au château.

STANISLAS. — Oui, je crois que la reine retourne dans sa capitale...

EDITH. — Vous le croyez ?

STANISLAS. — Il m'a semblé comprendre que la reine quitterait Krantz cet après-midi.

EDITH. — Pour un jeune homme, ce doit être magnifique de suivre la reine à la cour. Vous devez être heureux.

STANISLAS. — Sa Majesté ne me fait pas l'honneur de m'emmener avec elle. Je resterai à Krantz. Sa Majesté se propose sans doute de vous avertir dès qu'elle rentrera.

> *Il va prendre d'autres livres et les porte sur la table.*

EDITH. — Il est vrai que nous commençons à avoir l'habitude de vivre sur les chemins et de changer de résidence. Il est rare que Sa Majesté reste plus de quinze jours dans le même endroit.

STANISLAS. — Quinze jours à la ville ne peuvent que vous faire plaisir.

EDITH. — Si nous y restons quinze jours. Je connais Sa Majesté. Au bout de trois jours, nous partirons pour Oberwald ou pour les lacs.

STANISLAS. — Je connais, hélas, trop peu Sa Majesté pour vous répondre.

Silence. Stanislas range des livres.

EDITH. — Vous connaissez le comte de Foëhn ?

STANISLAS. — Non, mademoiselle.

EDITH. — C'est un homme extraordinaire.

STANISLAS. — Je n'en doute pas. Sa charge l'exige.

EDITH. — Je vous entends. Un chef de la police ne doit jamais être bien sympathique à un esprit libre comme le vôtre. Du moins, je le présume.

STANISLAS. — Vous ne vous trompez pas. Le poste qu'il occupe ne m'est pas très sympathique au premier abord.

EDITH. — Il protège la reine.

STANISLAS. — Je l'espère beaucoup.

Il s'incline. Silence.

EDITH. — Cher monsieur, quelle que soit la surprise que vous pourrez en avoir, j'ai une petite mission à remplir auprès de vous de la part du comte.

STANISLAS. — Auprès de moi ?

EDITH. — Auprès de vous.

STANISLAS. — Je croyais qu'il avait quitté Krantz.

EDITH. — Il devait quitter Krantz à l'aube. Sans doute a-t-il été surpris par ce qui s'y passe. On m'accuse d'être curieuse. Mais la curiosité du comte est sans bornes. Il est resté à Krantz. Je viens de l'y voir. Il vous cherche.

STANISLAS. — Je comprends mal en quoi un homme de mon espèce peut intéresser M. de Foëhn.

EDITH. — Il ne me l'a pas dit. Mais il vous cherche. Il m'a demandé s'il m'était possible de lui ménager une entrevue avec vous.

STANISLAS. — C'est un bien grand honneur, mademoiselle. Sa Majesté est-elle au courant de votre démarche ?

EDITH. — C'est que, voilà... M. de Foëhn ne désirerait pas qu'on dérangeât Sa Majesté pour une simple enquête. Il préférerait même qu'elle n'en fût pas avertie.

STANISLAS. — Je suis au service de Sa Majesté. Je n'ai d'ordres à recevoir que d'elle.

EDITH. — M. de Foëhn serait le premier à comprendre votre attitude. Il l'admirerait. Seulement, son service, à lui, l'oblige parfois à enfreindre le protocole. Il circule dans l'ombre et il dirige tout. Il avait, du reste, deviné votre réaction. Il m'a chargée de vous dire qu'il demandait cette entrevue comme une aide et qu'il y allait du repos de Sa Majesté.

STANISLAS. — Je connais mal la cour, mademoiselle. Est-ce la manière dont le chef de la police formule un ordre ?

EDITH, *souriant*. — Presque.

STANISLAS. — Alors, mademoiselle, il ne me reste qu'à obéir et à vous prier de me conduire auprès de M. de Foëhn. Je suppose qu'il ne tient pas à ce que notre... entrevue — comme vous dites — risque d'être surprise par la reine ?

EDITH. — La reine galope, cher monsieur. Et quand elle galope, elle galope loin. Pollux est un vrai sauvage. Cette bibliothèque est encore l'endroit le plus tranquille et le plus sûr. Tony est avec Sa Majesté. Le duc de Willenstein s'annonce par trois sonnettes. Du reste, je veillerai à ce qu'il ne se produise aucun contretemps.

STANISLAS. — Je vois, mademoiselle, que vous êtes toute dévouée à M. de Foëhn.

EDITH. — A la reine, cher monsieur. C'est pareil.

STANISLAS, *il s'incline*. — Je suis aux ordres du chef de la police.

Edith. — Du comte de Foëhn. Que me parlez-vous du chef de la police ? C'est le ministre, comte de Foëhn, qui désire vous voir.

Stanislas. — Je suis son serviteur.

Mademoiselle de Berg va ouvrir la petite porte, la laisse ouverte et disparaît.

SCÈNE II

STANISLAS, LE COMTE DE FOËHN

Le comte de Foëhn entre par la petite porte et la referme. Il est en bottes comme au premier acte. Il a son chapeau à la main.

Le comte. — Excusez-moi, cher monsieur, de vous déranger à l'improviste. Dans ma charge, sait-on jamais ce qu'on fera, cinq minutes avant. Mon métier, si bizarre que cela paraisse, comporte une certaine poésie. Il repose sur l'impondérable... l'imprévisible. Bref, vous êtes poète, si je ne m'abuse — et vous devez être apte à me comprendre mieux que n'importe qui.

Le comte vient s'asseoir près de la table.

Vous êtes poète ? Je ne me trompe pas ?

Stanislas. — Il m'arrive d'écrire des poèmes.

Le comte. — Un de ces poèmes, si toutefois le terme peut s'appliquer à un... texte en prose (remarquez bien que cela vous regarde et que je ne désire pas vous ennuyer avec des questions de syntaxe)...

un de ces poèmes, disais-je, a paru dans une petite
feuille de gauche. La reine, qui est un peu fron-
deuse, l'a trouvé drôle, l'a fait imprimer à un grand
nombre d'exemplaires et, par ses soins, ces exemplaires ont été distribués à toute la cour.

STANISLAS. — J'ignorais...

LE COMTE. — Ne m'interrompez pas. La reine est
libre. Ce sont là des farces qui l'amusent. Seulement,
il lui arrive de ne plus se rendre compte du désordre
provoqué par des forces qui ne lui représentent de
loin, que des caprices, et qui prennent un sens beaucoup plus grave lorsqu'elles se produisent en public.

Vous n'ignoriez pas que la reine honorait ce texte
de son indulgence ? Répondez.

STANISLAS. — En ce qui me concerne, je n'attache
aucun prix à ces quelques lignes. J'ai été très étonné
d'apprendre de la bouche même de Sa Majesté,
qu'elle avait lu ce texte, qu'elle ne le considérait pas
comme une offense et qu'elle n'en retenait qu'une
certaine façon plus ou moins neuve d'assembler des
mots.

LE COMTE. — L'assemblage de ces mots est donc
si malheureux — ou si heureux — tout dépend du
point de vue auquel on se place, qu'il en résulte un
texte subversif dont le scandale dépasse les mérites.
Ce scandale est immense. Le connaissiez-vous ?

STANISLAS. — Je ne m'en doutais pas, monsieur
le comte, et je le regrette. Sa Majesté n'a pas cru
devoir m'en avertir.

LE COMTE. — Il ne m'importe pas de savoir maintenant comment Sa Majesté qui, je le répète, est libre
de ses gestes, a pris contact avec vous. Je le saurai
à mon retour. Ce qui m'importe : c'est de savoir
quel rôle vous avez joué à Krantz et par quelle manœuvre il vous a été possible d'obtenir d'elle un
revirement auquel aucun de nous ne pouvait s'attendre. (*Silence.*) Je vous écoute.

STANISLAS. — Vous m'étonnez beaucoup, monsieur le comte. De quel rôle parlez-vous ? La reine a eu le caprice d'essayer comme lecteur un pauvre poète de sa ville. Mon rôle s'arrête là. Je ne saurais prétendre à aucun autre.

LE COMTE. — C'est juste. N'insistons pas. Mais alors puisque votre présence à Krantz n'entre pour rien dans le revirement de Sa Majesté, refuserez-vous de m'expliquer le vôtre ?

STANISLAS. — Je vous comprends mal.

LE COMTE. — Je veux dire, refuserez-vous de m'expliquer par quel prodige un jeune écrivain de l'opposition accepte du jour au lendemain de se mettre au service du régime. Que dis-je ? de sauter toute l'échelle hiérarchique et de tomber dans la bibliothèque de la reine, en haut d'une montagne, à pieds joints. Cet exercice représente une force et une souplesse peu communes.

STANISLAS. — Il arrive que le hasard pousse la jeunesse dans des milieux qui lui conviennent mal. Un jeune homme s'exalte vite et se fatigue aussi vite de ce qui l'exalte. J'étais arrivé à la période où les idées dans lesquelles nous avons mis notre foi ne nous convainquent plus. Rien n'est plus triste au monde, monsieur le comte. On accusait la reine de mille turpitudes. J'ai décidé d'accepter son offre et de juger par moi-même. Il m'a suffi d'un coup d'œil pour me rendre compte de l'erreur où je vivais. Le vrai drame, c'est la distance et que les êtres ne se connaissent pas. S'ils se connaissaient, on éviterait de la tristesse et des crimes.

Du reste, vous le disiez vous-même, monsieur le comte, si la reine se montrait, le malentendu entre elle et son peuple prendrait fin.

A peine Stanislas a-t-il parlé qu'il s'aperçoit de sa faute. Il détourne la tête. Le comte avance son fauteuil.

Le comte. — Où diable ai-je dit cela ?

Stanislas. — Que monsieur le comte m'excuse. Je me laissais entraîner sur cette pente qui consiste à raconter ses propres histoires. Il me semblait...

Le comte. — Il vous semblait quoi ?

> *Il marque le quoi de son chapeau, sur le bras du fauteuil.*

Stanislas, *fort rouge*. — Il me semblait que Sa Majesté, en me parlant de vous, monsieur le comte, m'avait rapporté ce propos.

Le comte. — Sa Majesté est trop aimable de se souvenir des moindres paroles du plus humble de ses serviteurs. Je crois bien, en effet, lui avoir dit quelque chose de ce genre. C'est d'ailleurs un lieu commun et qui tombe sous le sens. Je vous félicite, au passage, d'être aussi avancé dans ses confidences. Sa Majesté n'est pas communicative. Elle doit vous estimer beaucoup. (*Silence.*) Elle vous parlait de moi !

Stanislas. — Je rangeais des livres. Sa Majesté se parlait sans doute à elle-même. J'ai eu le mauvais goût d'écouter et de vous répéter ce que j'avais entendu.

Le comte. — Et c'est après mon départ que vous rangiez des livres et que Sa Majesté se parlait toute seule et que vous l'entendiez parler de moi ?

Stanislas. — Oui, monsieur le comte.

Le comte. — Très, très curieux.

> (*Il se lève et regarde le dos des livres. Puis il se retourne et reste adossé à la bibliothèque.*)

Avancez. (*Stanislas avance.*) Stop.

> *Stanislas s'arrête.*

Ressemblance ex-tra-or-dinaire.
Qu'en pense la reine ?

STANISLAS. — J'imagine que ma ressemblance avec
le roi, dans la mesure où un homme de ma classe
peut se permettre de ressembler à son souverain, a
davantage plaidé ma cause auprès de la reine que
mes mérites personnels.

LE COMTE. — Je la comprends ! Un physique
comme celui de notre regretté roi Frédéric ne court
pas les rues. Et je n'aimerais pas les lui laisser courir. Diable ! Entre certaines mains cette ressemblance étonnante pourrait servir à frapper les imaginations et à faire naître des légendes. Nous mourons
de légendes, cher monsieur. Elles nous étouffent.
La légende de la reine cause bien des ravages. Elle
énerve les uns contre elle, les autres pour. C'est du
désordre. Ma nature ne l'aime pas. C'est la raison
pour laquelle je tenais à vous remercier de la décision
qu'elle a prise et qui est la sagesse. Je vous en
croyais responsable. Je me trompais, n'en parlons
plus.

> *Silence. Le comte de Foëhn vient se
> rasseoir dans le fauteuil.*

Cher monsieur, je vais vous donner un exemple de
ma franchise. Prenez donc une chaise. Vous avez
l'air fatigué. Prenez, asseyez-vous, vous n'êtes pas
dans le cabinet du chef de la police. Nous causons.
Et, parmi ces livres de vos collègues, vous êtes en
quelque sorte chez vous.

> *Stanislas prend une chaise et vient
> s'asseoir le plus loin possible du fau-
> teuil de Foëhn.*

Approchez, approchez.

> *Stanislas rapproche sa chaise.*

Je vais vous donner un exemple de ma franchise
et de la liberté avec laquelle je m'exprime en votre
présence. (*Un temps.*) Cher monsieur, à vrai dire,
pendant que je visitais la reine, j'ai cru — et je

m'en excuse — que vous assistiez, invisible, à notre
entretien.

Stanislas se lève.

Là ! là ! Il prend la mouche. Restez tranquille. Je
n'ai pas dit que vous assistiez à notre entretien, j'ai
dit que je le croyais. Un ministre de la police doit
toujours être sur ses gardes. On nous a joué tellement de tours.

Stanislas se rassoit.

Votre manière romanesque de rejoindre votre poste
n'avait pas éveillé mes soupçons. Vous avez roulé
Foëhn. Et ce n'est pas commode ! J'aurais dû reconnaître une de ces mises en scène pittoresques dont
Sa Majesté possède le secret. Je n'y ai vu que du
feu, je l'avoue. Le lendemain, dans la bibliothèque,
j'ai employé, à votre adresse, une vieille ruse qui
manque rarement son but. J'ai raconté à Sa Majesté
que mes hommes vous avaient pris, que je vous
avais interrogé, que vous m'aviez avoué un projet
de crime et que vous aviez vendu vos complices.

Stanislas, *il se lève.* — Monsieur !

Le comte. — Du calme. Du calme. J'espérais vous
émouvoir assez pour vous faire sortir de vos gonds.
La reine porte un voile. Il m'était impossible d'observer son visage. Elle est très forte, Sa Majesté.
En ce qui vous concerne, de deux choses l'une.
Ou bien, vous n'étiez pas caché dans la bibliothèque
ou bien vous y étiez caché, et alors, cher monsieur,
vous avez fait preuve d'une maîtrise sur vous-même
devant laquelle je tire mon chapeau.

Stanislas. — Que me voulez-vous ?

Le comte. — Je vais vous le dire.

*Le comte se lève et vient s'appuyer à
la chaise de Stanislas.*

Je ne crois pas un traître mot de ce que vous
essayez de me faire croire, mais j'aime que vous

essayiez de me le faire croire, et ceci plaide encore votre cause. Vous me plaisez. La reine a décidé de rompre avec des habitudes funestes et de reprendre son rang à la cour. Elle l'a décidé par l'entremise de votre enthousiasme — c'est du moins ce que je veux croire — et je parierais que je ne m'illusionne pas. Laissez-moi parler.

Mais à quoi servira ce voyage sensationnel, s'il n'est qu'un simple feu d'artifice ?

Quel est le rêve de l'archiduchesse ? Voir sa belle-fille assurer la puissance du trône et mourir tranquille. Au lieu de ce rêve, que se passe-t-il ? La reine se dérobe aux charges qui lui incombent. Elle les méprise et accuse sa belle-mère de conspirer. Conspirer ! Où en trouverait-elle la force ? Il n'y a pas de jour qu'elle ne m'appelle et qu'elle ne me conjure d'essayer de convaincre la reine.

Non. Il importe que ce voyage serve à quelque chose. Il importe que la reine ne fasse pas dans sa capitale une tentative qui échoue. Il importe qu'elle ne se dégoûte pas des routines qui consistent à empiler des paperasses entre le souverain et l'exécution de sa volonté, à convaincre de vieux ministres, à écouter leurs plaintes. L'archiduchesse, elle, en a l'habitude. Elle a choisi la mauvaise part. Elle la supporte avec héroïsme.

Que se passera-t-il demain ? Je vous le demande. On excitera la reine à prendre ses prérogatives. On lui dira que l'archiduchesse gouverne à sa place et refuse de lui céder le pas. Elle gouvernera. Elle s'ennuiera. Elle se dégoûtera. Elle partira.

Que demanderons-nous à Sa Majesté ? D'être une idole. De masquer, sous son faste, ces réalités sordides auxquelles une femme de sa taille ne se pliera jamais. La reine absente, le peuple les voit. C'est tout le problème. Il nous faudrait un homme de cœur et qui ne soit pas un homme de cour. Un

homme qui consente à sauver la reine. Un homme
qui lui prouverait qu'on ne lui demande pas une
besogne ingrate, que l'archiduchesse l'aime comme
sa propre fille et ne cherche qu'à prendre sur elle
l'ennui mortel de ce travail obscur. Vous commencez
à me comprendre ?

STANISLAS. — Vous me surprenez, monsieur le
comte. Comment un personnage de votre importance, peut-il, une seule minute, s'illusionner sur
les aptitudes politiques d'un pauvre étudiant tel que
moi ?

LE COMTE. — Vous vous opiniâtrez dans votre attitude ?

STANISLAS. — Il n'y a aucune attitude, je vous
l'affirme. Je crains que tout ceci ne vienne des belles
imaginations de Mlle de Berg.

LE COMTE. — Mlle de Berg n'entre pour rien dans
cette affaire. J'ai l'habitude, sachez-le, de me fier à
mon coup d'œil et d'agir seul.

STANISLAS. — Elle aurait alors pu vous dire que
Sa Majesté ne m'attache pas à sa personne et ne
m'emmène pas avec sa maison.

LE COMTE. — Cher monsieur, le temps passe et la
reine peut nous surprendre d'une minute à l'autre.
Jouons cartes sur table. Vous avez réussi, ne le
niez pas, à obtenir en un jour de Sa Majesté ce
qu'aucun de nous, depuis dix années, n'a pu obtenir. Je ne vous demande ni d'en faire l'aveu, ni de
m'en dévoiler le mystère. Je respecte votre réserve.
Je vous demande seulement que votre influence
occulte nous aide à empêcher la reine de se jeter
dans un échec. Je vous demande de vous arranger
pour la suivre dans sa capitale et d'empêcher l'affreux désordre que ne manquerait pas de produire
une hostilité ouverte de la reine contre l'archiduchesse, les ministres, le conseil de la couronne, les
chambres et le parlement. Ai-je été clair ?

STANISLAS. — Monsieur le comte, je vous entends de moins en moins. Outre que je n'ai ni à accepter, ni à refuser de rendre un service que je ne suis pas en mesure de rendre, il me semble qu'une cour, qui est un coupe-gorge, ne tarderait pas à considérer l'influence du dernier des sujets du royaume auprès de la reine comme un scandale et qu'elle y puiserait des forces nouvelles pour perdre Sa Majesté.

LE COMTE. — Rien ne s'oppose à ce que la reine attache à sa personne un lecteur de sa fantaisie. Rien ne s'y oppose pourvu que l'archiduchesse le trouve bon. Votre ressemblance avec le roi peut orienter la cour dans un sens comme dans l'autre. Désapprouvé par nous, vous êtes un scandale. Appuyé par l'archiduchesse et par ses ministres, vous cessez de l'être et cette ressemblance charmera la cour. La puissance d'une reine a des limites, cher monsieur. Celle d'un chef de la police n'en a pas.

STANISLAS. — Et si je reste à Krantz ?

LE COMTE. — Diable ! Vous n'imaginez pas que votre intervention restera secrète. La cour est un coupe-gorge, je vous le concède. Elle en interprétera le sens à sa manière qui n'est pas propre. On ne se débarrasse pas de la cour d'un coup d'éventail. Nous ne vivons pas un conte de fées. On salira la reine.

STANISLAS, *dressé.* — Monsieur !

LE COMTE. — On salira la reine et vous en serez le motif. Allons, cher monsieur, soyez raisonnable. Aidez-nous.

STANISLAS. — Et... que m'offrez-vous en échange ?

LE COMTE. — Le plus grand bien en ce monde. La liberté.

> *Long silence. Stanislas se lève et marche dans la bibliothèque. Le comte reste appuyé au dossier de sa chaise. Stanislas redescend jusqu'à lui.*

STANISLAS. — C'est-à-dire, en termes clairs, que si ma mystérieuse influence existe, si j'en use, si je manœuvre la reine et vous la livre pieds et poings liés, le comte de Foëhn s'engage à rayer mon nom sur les listes noires de la police.

LE COMTE. — Que vous êtes romanesque ! Qui parle de livrer la reine ? Et à qui, grand Dieu ? Et pourquoi ! On ne vous demande rien d'autre que d'empêcher des éclats déplorables et de servir d'agent de liaison entre deux camps qui défendent la même cause et s'imaginent être des camps ennemis.

Silence.

STANISLAS. — Monsieur le comte, j'étais caché dans la bibliothèque. J'ai tout entendu.

LE COMTE. — Je n'en ai jamais douté.

STANISLAS. — La reine voulait avoir l'opinion d'un homme du peuple. Il se trouve que j'en avais une. Je n'ai rien à perdre. Les protocoles n'existent pas pour moi. La reine m'interrogeait. J'ai répondu ce que je pense.

LE COMTE. — Et peut-on savoir ce que vous pensez ?

STANISLAS. — Je pense que l'archiduchesse craint le rayonnement d'une reine invisible et que, non content de répandre sur elle des ordures, de commanditer les feuilles clandestines qui l'attaquent, d'exciter nos groupes et de les pousser au crime, vous projetez de l'attirer dans sa capitale, de la perdre, de l'humilier, de l'exaspérer, de la pousser à bout, de la mettre hors d'elle-même, de la faire passer pour folle, d'obtenir des deux chambres son interdiction et du ministre des Finances la mainmise sur ses biens.

LE COMTE. — Monsieur !

STANISLAS. — Et je ne me doutais pas du pire. Le

scandale était admirable. La reine emmènerait à la cour un jeune homme du peuple, un lecteur sans charge, un sosie du roi !

LE COMTE. — Taisez-vous.

STANISLAS. — Prenez garde ! La reine ne régnait plus. Elle règne. Elle brûlera vos paperasses. Elle balayera vos poussières. Elle jettera sa foudre sur votre cour.

Vous parlez de féerie. C'en est une. Un seul coup d'éventail de la reine et votre édifice s'écroule. Je ne donnerai pas cher de votre peau.

LE COMTE. — Vous êtes accusé de complicité criminelle dans un projet d'attentat contre Sa Majesté. J'ai le mandat dans ma poche. Je vous arrête. Vous vous expliquerez devant le tribunal.

STANISLAS. — La reine me protège.

LE COMTE. — Le devoir de ma charge, à moi, consiste à protéger la reine fût-ce contre sa propre personne et dans sa propre maison.

STANISLAS. — Vous oseriez m'arrêter chez la reine !

LE COMTE. — Je me gênerais !

STANISLAS. — Vous êtes un monstre.

LE COMTE. — La reine est une chimère. Vous avez volé à son secours sur un hippogriffe. Il y a des monstres charmants.

STANISLAS. — Et si je sollicitais de vous une dernière grâce.

LE COMTE. — Allez, allez. Ma patience est célèbre. Voilà un quart d'heure que j'essaie de sauver votre tête de l'échafaud.

STANISLAS. — La reine quitte Krantz à une heure. Peu importent les raisons qui vous font tenir à ce départ. Ce ne sont pas les miennes. Mais vous y tenez. Moi, je donnerai ma vie et je vous la donne pour que ce voyage réussisse. D'autre part, il est

capital pour vous comme pour moi que Sa Majesté
ignore cet entretien. Laissez-moi libre jusqu'à une
heure.

Le comte. — Vous parlez en poète.

Stanislas. — Il entre dans vos intérêts de ne pas
troubler les préparatifs de Sa Majesté par le désordre
de mon arrestation au château.

Le comte. — Ceci est moins idéologique... Vous
me demandez deux heures de grâce. Je vous les
accorde. Le château est cerné par mes agents.

Stanislas. — Vos agents peuvent abandonner
leur poste. La reine monte en voiture à une heure.
A une heure dix, je serai à vos ordres devant le por-
che des écuries. Vous avez ma parole. Vous m'em-
mènerez par les communs, sans qu'on nous voie.

Le comte. — Dommage que nous ne soyons pas
parvenus à nous entendre.

Stanislas. — Dommage pour vous !

> *La sonnerie s'agite trois fois.*

Le comte, *il sursaute.* — Qu'est-ce que c'est?...
Mlle de Berg?

Stanislas. — Non. C'est le signal du duc de
Willenstein.

Le comte. — C'est fort commode. (*Il monte jusqu'à la petite porte de gauche.*) Je me sauve. A tout
à l'heure. (*A la porte.*) Ne me reconduisez pas.

> *Il sort. A peine le comte de Foëhn
> vient-il de disparaître, que Félix de
> Willenstein ouvre la porte de droite.
> Il entre. Stanislas se trouve presque de
> dos au premier plan gauche.*

SCÈNE III

STANISLAS, FÉLIX

Félix, *il cherche la reine et aperçoit Stanislas.* —
Je croyais que Sa Majesté m'attendait dans la bibliothèque.

> *Il sursaute et recule.*

Ah !...

> *C'est un véritable cri étouffé qu'il pousse.*

STANISLAS. — Qu'avez-vous, monsieur le duc ?

FÉLIX. — Grand Dieu ! Hier, je regardais la reine
et il faisait si sombre, je ne vous avais pas vu.

STANISLAS. — Ma ressemblance avec le roi est
donc si grande ?

FÉLIX. — Elle est effrayante, monsieur, voilà ce
qu'elle est. Comment une ressemblance pareille est-
elle possible ?

STANISLAS. — Je m'excuse de vous avoir involon-
tairement produit ce choc.

FÉLIX. — C'est moi, monsieur, qui m'excuse
d'avoir si mal dominé mes nerfs.

> Mlle *de Berg paraît en haut de l'escalier.*

SCÈNE IV

STANISLAS, FÉLIX, EDITH

EDITH, *elle a descendu les marches. A Stanislas.* —
Je vous félicite, monsieur. Sa Majesté vient de
m'annoncer que je ne faisais plus partie de sa maison. Je retourne au service de l'archiduchesse.

STANISLAS. — Je ne vois pas, mademoiselle, en quoi cette mesure de Sa Majesté me concerne et m'attire vos félicitations.

EDITH. — Je suppose que mon renvoi signifie que vous êtes nommé à mon poste.

FÉLIX, *la calmant*. — Edith !...

EDITH. — Ah ! vous ! laissez-moi tranquille ! (*à Stanislas.*) Est-ce exact ?

STANISLAS. — Hélas, mademoiselle, Sa Majesté qui ne songe guère à moi a sans doute oublié de vous dire que je ne la suivais pas à la cour.

EDITH. — Vous restez à Krantz ?

STANISLAS. — Ni à Krantz, ni à la cour. Je disparais.

EDITH. — Mais alors, si personne ne me supplante, pouvez-vous m'expliquer ma disgrâce ?

FÉLIX. — Edith ! Edith ! Je vous en prie, nous n'avons pas à mêler un étranger à nos affaires intimes.

EDITH, *criant*. — Comme s'il ne s'en mêlait pas ?

STANISLAS. — Mademoiselle !

EDITH, *marchant sur lui et hors d'elle*. — Je ne vois qu'une chose. J'étais la lectrice de la reine. Vous arrivez. Je ne le suis plus.

STANISLAS. — Ma mince personnalité n'y entre pour rien.

EDITH. — Qu'avez-vous insinué à la reine ? Que lui avez-vous dit ?

STANISLAS. — Je connais Sa Majesté depuis hier.

EDITH, *sous le nez de Stanislas*. — Que lui avez-vous dit ?

FÉLIX, *bas*. — Sa Majesté !

> *La reine est apparue en haut des marches, venant de la galerie de gauche. Elle descend. Elle est en costume d'amazone, sa cravache à la main.*

SCÈNE V

LA REINE, STANISLAS, FÉLIX, EDITH

LA REINE, *dévoilée*. — C'est vous, mademoiselle
de Berg, qui criez si fort? (*Elle descend les der-
nières marches.*) Je n'aime pas beaucoup entendre
crier. Passerez-vous votre vie en disputes avec ce
pauvre Willenstein? Bonjour, Félix. (*Saluant Stanislas de la cravache.*) Monsieur ! Mlle de Berg s'in-
quiétait hier d'entendre votre voix jusque dans le
parc. J'entendais la sienne du bout du vestibule. Il
est vrai qu'il ne s'agissait pas de lecture. Lorsqu'elle
lit, on ne l'entend pas.

EDITH, *encore inclinée*. — Madame...

LA REINE. — Laissez-nous. Vous devez avoir une
foule de choses à *faire* et à *dire* avant le départ.

> *Edith plonge et disparaît par la petite
> porte de gauche.*

Alors, Félix, Edith de Berg vous tracasse toujours ? Je vous avais convoqué pour mettre au point
les préparatifs de notre escorte. Mais il faut que je
m'occupe d'abord et avant tout de mes livres. Je
vous laisse libre de surveiller vos hommes. Je vous
sonnerai dans un moment.

> *Félix salue et sort par la porte de droite.*

SCÈNE VI

LA REINE, STANISLAS

LA REINE. — Je ne pouvais plus supporter la présence de personne. (*Elle enlève son chapeau haut de forme et le jette sur un meuble. Elle ne garde que sa cravache à la main.*) Willenstein me regarde avec des yeux ronds et j'ai été passablement dure pour Edith de Berg. Ils doivent mettre ma nervosité sur le compte de ce départ. La vérité, c'est que je ne pouvais plus vivre sans être seule avec toi.

> *Elle se laisse tomber dans le fauteuil*
> *près du poêle.*

STANISLAS, *il s'agenouille près d'elle comme au deuxième acte.* — Dès que tu t'éloignes, je crois que le dormeur qui nous rêve se réveille. Mais non. Il se retourne dans son lit. Je te vois et son rêve recommence.

LA REINE. — Mon amour...

STANISLAS. — Répète...

LA REINE. — Mon amour...

STANISLAS. — Répète, répète, encore...

> *Il ferme les yeux.*

LA REINE, *elle lui embrasse les cheveux.* — Mon amour, mon amour, mon amour, mon amour.

STANISLAS. — C'est merveilleux.

LA REINE. — J'ai galopé comme une rafale. Pollux allait le tonnerre. Nous piquions sur le glacier comme une alouette sur un miroir. Le glacier m'attirait. Il m'envoyait ses foudres blanches. Il étincelait! Tony suivait sur son arabe. Je sentais qu'il

voulait crier, m'arrêter, mais il crie avec ses doigts,
et il se cramponnait aux rênes. Une fois je me suis
retournée et il a gesticulé. J'ai cravaché Pollux.
Je le poussais droit au lac. Le lac miroitait en dessous. Entre le lac et la montagne nageaient des
aigles. J'étais certaine que Pollux pourrait sauter,
voler, nager dans l'air comme eux, me déposer sur
l'autre rive. Il m'aspergeait d'écume. Mais il s'est
calmé. Il s'est arc-bouté. Il s'est arrêté net, à pic
au bord du vide. Il était raisonnable, lui ! Pauvre
Pollux... Il n'est pas amoureux.

STANISLAS. — Folle...

LA REINE. — Et toi, tu rangeais mes livres. Tu
me pardonnes ? Une rage de vivre, de braver la
mort me commandait de galoper, de ne plus être une
reine, ni une femme, d'être un galop. Et dire que
je croyais le bonheur une chose laide et malpropre.
Je croyais que seul le malheur valait la peine d'être
vécu. Rendre beau le bonheur, voilà le tour de force.
Le bonheur est laid, Stanislas, s'il est l'absence de
malheur, mais si le bonheur est aussi terrible que le
malheur, c'est magnifique !

J'étais sourde, j'étais aveugle. Je découvre les
montagnes, les glaciers, la forêt. Je découvre le
monde. A quoi bon les orages ? Je suis un orage
moi-même, avec mon cheval.

STANISLAS. — Moi non plus, je n'entendais rien, je
ne voyais rien. J'ai appris bien des choses depuis
deux jours.

LA REINE. — Regarde mon cou. Ce matin, mon
médaillon sautait, tournait, voltigeait, me frappait
les épaules au bout de sa chaîne. Il aurait voulu
m'étrangler ! La mort qu'il enferme semblait me
crier aux oreilles : « Tu veux vivre, ma fille ; voilà
du neuf ! » Je l'ai ôté dans ma chambre. Qu'il y
reste ! Je l'y retrouverai quand j'aurai l'âge de l'archiduchesse et que tu ne m'aimeras plus.

STANISLAS. — Je le jetterai dans le lac avec mon poème.

LA REINE. — C'est le poème qui m'a fait te connaître, Stanislas.

STANISLAS. — Comment ai-je été l'homme qui osait écrire ces lignes et mille autres pareilles que j'ai brûlées à Krantz.

LA REINE. — Ainsi ces poèmes que tu as brûlés à Krantz étaient des poèmes à mon adresse?

STANISLAS. — Oui, à ton adresse.

LA REINE. — Et tu les as brûlés parce que tu craignais une perquisition et qu'on ne les trouve?

STANISLAS. — Oui.

LA REINE. — Qu'on ne les trouve après ma mort?

STANISLAS. — Et qu'on s'en serve après la mienne. Oui.

LA REINE. — Après ma mort et après la tienne, rien n'avait plus grande importance, Stanislas.

STANISLAS. — Je ne voulais pas qu'on en salisse ma victime, ni qu'on m'en salisse. On aurait fait de toi une héroïne, mais on aurait fait de moi un héros.

LA REINE. — C'était de telles insultes?

STANISLAS. — Oui, mon amour.

LA REINE. — Tu pensais donc à moi sans cesse.

STANISLAS. — J'étais hanté par toi. Tu étais mon idée fixe. Et comme je ne pouvais pas t'approcher, il ne me restait qu'à te haïr. Je t'étranglais en rêve. J'achetais tes portraits et je les déchirais en mille morceaux. Je les déchirais, je les brûlais, je les regardais se tordre dans les flammes. Je voyais sur les murs le négatif de leurs images. Dans les rues de la ville, ils me défiaient derrière les vitrines. Un soir, j'en ai démoli une avec un pavé. Comme on me poursuivait, je me suis glissé par le soupirail d'une cave. J'y suis resté deux jours. J'y crevais

de faim, de froid, de honte. Et toi, tu étincelais sur
tes montagnes, comme un lustre de bal, avec l'in-
différence des astres. Tout ce qu'on inventait de plus
bas sur ta vie embellissait ma haine. Rien ne me semblait assez abject.

Le texte que tu connais est un ancien texte. Mes
camarades n'auraient même pas osé publier les autres. Ils m'excitaient à écrire. Et moi, j'écrivais,
j'écrivais, sans m'avouer que c'était un moyen de
t'écrire. Je n'écrivais pas. Je t'écrivais.

La reine. — Mon pauvre amour...

Stanislas. — Sais-tu ce que c'est que d'accumu-
ler des lettres sans réponse, que d'injurier une idole
des Indes, un sourire cruel qui se moque de vous.

La reine. — Je t'envoyais aussi des lettres. Mon
père fabriquait des cerfs-volants et me laissait leur
expédier des messages. On troue un papier et il
glisse jusqu'au cerf-volant, le long du fil. J'embrassais ce papier et je lui disais : « Trouve au ciel celui
que j'aime. » Je n'aimais personne. C'était toi.

Stanislas. — Tes cerfs-volants étaient des princes...

La reine. — Ils l'étaient peut-être pour mon père
et pour ma mère. Ils ne l'étaient pas pour moi.

Stanislas. — Il ne faut pas m'en vouloir. Je couve
encore de la révolte. Je la dirigerai contre ceux qui
te veulent du mal.

La reine. — T'en vouloir, Stanislas ? Je suis une
sauvage. N'abandonne jamais ta révolte. C'est elle,
avant tout, que j'adore en toi.

Stanislas. — Les êtres de violence dépérissent
dans le calme. J'aurais dû te tuer dans ta chambre
la première nuit et me tuer ensuite. Voilà sans doute
une façon définitive de faire l'amour.

> *La reine se lève, s'éloigne de Stanis-*
> *las et revient à lui.*

La reine. — Stanislas, tu m'en veux de quitter Krantz.

Stanislas. — C'est moi qui t'ai suppliée de partir.

La reine. — Ce n'était pas pareil. Tu m'en veux, maintenant, de quitter Krantz.

Stanislas. — Si tu restais à Krantz, c'est moi qui le quitterais.

La reine. — Si je restais à Krantz pour toi, pour vivre auprès de toi, si pour toi je renonçais à reprendre le pouvoir, tu quitterais Krantz, tu me quitterais?

Stanislas. — Tout ce qui retombe est affreux. Ce sont tes propres termes. Je n'ai pas été long à comprendre ce qu'étaient les intrigues de cour, les pièges du protocole et de l'étiquette. Derrière ton dos, cet esprit abominable empoisonne tes résidences. Nous y serions vite un spectacle. Sauvons-nous à toutes jambes, ma reine, sauvons-nous à toutes jambes, toi d'un côté, moi de l'autre, et rencontrons-nous en cachette, comme des voleurs.

La reine. — Depuis ce matin, j'ai la tête traversée par toutes les folies des femmes.

Stanislas. — Et moi par toutes les folies des hommes.

La reine. — Je serai demain dans ma capitale. J'y tenterai un coup de force. Dieu m'aide et qu'il réussisse. Je le tenterai par toi et pour toi. Tu connais mon pavillon de chasse ? Il sera notre poste. Tu y attendras des nouvelles. J'y enverrai Willenstein. Dans quinze jours, je monterai à Krantz. Si je monte à Wolmar, je te préviendrai. Tu viendras m'y rejoindre.

Stanislas. — Oui, mon amour.

La reine. — N'écoute personne d'autre, sous aucun prétexte. Je t'enverrai Willenstein.

Stanislas. — Oui, mon amour.

La reine. — Avant-hier, la tâche m'aurait semblé répugnante et au-dessus de mes forces. Aujourd'hui, elle m'amuse et rien ne m'en écartera plus. C'est ton œuvre.

Stanislas. — Oui, mon amour.

La reine. — Sacre-moi reine, Stanislas.

Elle lui ouvre les bras.

Stanislas. — Oui, mon amour.

Il l'embrasse longuement, la serre dans ses bras. La reine, comme étourdie, le quitte et s'appuie contre le poêle à gauche.

La reine. — Il me reste à donner des ordres à Félix. Monte à mes appartements. Tu y trouveras Tony. Je t'y rejoindrai avant le départ. Il faut que j'apprenne à m'arracher de toi. C'est dur.

Stanislas. — Ce que nous entreprenons sera dur. Donne-moi du courage, ma reine. Je suis peut-être moins brave que toi.

La reine, *se redressant.* — Un aigle à deux têtes.

Stanislas. — Un aigle à deux têtes.

La reine, *elle s'élance vers lui et lui prend la tête entre les mains.* — Et si on en coupe une, l'aigle meurt.

Stanislas. *Il l'enlace longuement.* — Je monte. Donne tes ordres. Ne sois pas trop longue. Quelle est la chambre où je vais t'attendre?

La reine. — A Krantz, je n'habiterai plus d'autre chambre que celle où je t'ai connu.

Stanislas monte rapidement les marches et disparaît par la galerie de gauche. La reine le suit des yeux.

SCÈNE VII

LA REINE *seule*, *puis* FÉLIX

La reine, pendant que Stanislas disparaît, sonne les trois coups de Willenstein, en tirant le ruban près du poêle. Puis elle rôde à travers la pièce, regarde partout et cravache les meubles. Puis, elle pose un pied sur le fauteuil auprès duquel Stanislas était à genoux. La porte de droite s'ouvre. Félix de Willenstein entre et salue.

LA REINE. — Entrez, Félix, je suis seule.

FÉLIX, *il avance jusqu'au centre de la pièce.* — J'écoute Votre Majesté.

LA REINE. — Nous sommes prêts ? Les chevaux ? Les calèches ? La chaise de poste ?

FÉLIX. — A une heure, Votre Majesté n'aura qu'à monter en voiture et à partir.

LA REINE, *elle désigne la table de la cravache.* — Tony vous portera ces livres. Je les emporte. Je ne veux aucun domestique dans la bibliothèque avant mon départ.

FÉLIX. — Votre Majesté voyage en chaise de poste ?

LA REINE. — J'avais décidé de voyager en chaise de poste. Mais j'ai changé d'idée. Je ferai la route à cheval.

FÉLIX. — Votre Majesté veut faire son entrée à cheval ?

La reine. — Je n'aime pas cette chaise de poste.
Elle me rappelle la tragédie du roi. Vous voyez un
inconvénient à ce que je voyage à cheval ? Puisque
je me montre, il est bon que je me montre le plus
possible.

Félix garde le silence.

Dites ce que vous avez derrière la tête. N'ayez
pas peur.

Félix. — C'est que, Madame... Votre Majesté
sait-elle que le comte de Foëhn voyage avec nous ?

La reine, *brusquement.* — Foëhn ? Je croyais qu'il
avait quitté Krantz ce matin ?

Félix. — Il a dû apprendre la décision de Votre
Majesté. Il est à Krantz. Je l'ai vu. Il m'a dit qu'il
comptait organiser lui-même le service d'ordre.

La reine. — Qu'il organise, Félix. Je l'organiserai de mon côté, voilà tout. Combien avez-vous
d'hommes ?

Félix. — Cent chevau-légers et cent cinquante
gardes.

La reine. — Je ferai donc le voyage en voiture
jusqu'au dernier relais. Je dînerai en route. Dé-
brouillez-vous. Vous accompagnerez la chaise de
poste avec cinquante hommes. Au dernier relais, je
monterai à cheval. Les chevau-légers formeront mon
escorte... Vous... de combien d'hommes se compose
la brigade de M. de Foëhn ?

Félix. — Il n'a qu'une vingtaine d'hommes de sa
brigade.

La reine. — Vous, Félix, au dernier relais, vous
arrêterez M. de Foëhn. (*Mouvement de Félix.*) Vous
prendrez les cinquante gardes de la chaise de poste.
Vous arrêterez M. de Foëhn et ses hommes. C'est
un ordre. Vous nous précéderez en ville. Vous con-
duirez votre prisonnier à la citadelle. Je vous remet-
trai un pouvoir. A la citadelle, vous ferez relâcher les
prisonniers politiques. Ils sont libres. Ce sera le

premier acte de mon règne. Et vous ferez tirer cent coups de canon.

Pourquoi faites-vous cette figure ? Vous aimez particulièrement M. de Foëhn ?

Félix. — Non, Madame, mais je voudrais... enfin, il serait préférable...

La reine. — Parlez... Parlez...

Félix. — Si Votre Majesté l'autorise, dans des circonstances aussi graves, je préférerais ne pas quitter d'une seconde Votre Majesté.

La reine. — C'est juste. Il est normal que vous fassiez cette entrée solennelle avec moi. Le capitaine de chevau-légers est votre cousin ?

Félix. — Oui, Madame.

La reine. — Vous êtes sûr de lui ?

Félix. — Autant que de moi-même.

La reine. — Je l'ai vu sauter des obstacles. Il monte très bien et il a de la grâce. Vous lui confierez le comte de Foëhn et sa brigade. Cette petite surprise étant mon cadeau de bienvenue à l'archiduchesse, je les lui confie comme la prunelle de mes yeux. Naturellement, vous ne l'aviserez de cette mesure qu'au dernier relais.

Félix. — Et j'accompagne la reine ?

La reine, disant son « oui » comme à un enfant têtu. — Oui ! Vous et le reste de la troupe. Je vous le répète, je n'aime pas les chaises de poste et les marchepieds. Je rentrerai chez moi à cheval, le visage découvert et en uniforme de colonel. Nous sommes bien d'accord ?

Félix. — Je me conformerai ponctuellement aux ordres de Votre Majesté.

La reine. — Ah ! Félix !... vous n'oublierez pas que la troupe et la musique doivent être à midi en face de cette fenêtre, derrière la pièce d'eau.

Lorsque vos hommes seront rangés en ordre dans le parc, vous ferez sonner deux appels de trompette.

Ce sera le signal pour que je sache que je peux me
montrer à mes soldats.

Félix s'incline.

Mlle de Berg voyagera en calèche avec M. de
Foëhn. C'est le couple idéal. Après le dernier relais,
Mlle de Berg aura toute la place. Elle sera plus à
son aise pour réfléchir.

> *Tony apparaît en courant, par la ga-*
> *lerie de gauche et descend l'escalier à*
> *toute vitesse. La reine le regarde, éton-*
> *née. Il gesticule. La reine gesticule*
> *avec lui. Félix s'écarte vers la porte*
> *de droite et reste au garde-à-vous. Tony*
> *remonte précipitamment les marches et*
> *disparaît.*
>
> *La reine hésite et soudain s'élance*
> *sur les marches de l'escalier. A la moi-*
> *tié des marches, elle s'arrête et se re-*
> *tourne, le visage transformé, pâle, ter-*
> *rible. Willenstein qui reculait jusqu'à*
> *la porte, la regarde comme il a dû la*
> *regarder derrière la statue d'Achille.*

LA REINE. — Willenstein !
Dieu seul connaît le terme du voyage que je vais
entreprendre. Pour l'entreprendre, je dois d'abord
commettre un acte si farouche, si étrange, si
contraire à la nature, que toutes les femmes l'envi-
sageraient avec horreur. Le règne auquel j'aspire
est à ce prix. Mon destin me regarde face à face,
les yeux dans les yeux. Il m'hypnotise. Et, voyez...
il m'endort.

WILLENSTEIN. — Madame !

LA REINE. — Ne parlez pas. Ne m'éveillez pas.
Car, en vérité, pour faire ce que je vais faire il faut
dormir et agir en rêve. Ne cherchez pas à me comprendre davantage. Il me fallait parler à quelqu'un.
Vous étiez le seul ami du roi et je vous parle. Je

vous demande de ne jamais oublier mes paroles,
Willenstein. Et de témoigner devant les hommes
que, quoi qu'il arrive, je l'ai voulu.

>   *Stanislas paraît en haut des marches.*
>   *Il porte son costume du premier acte.*

Vous êtes libre. Laissez-moi.

SCÈNE VIII

LA REINE, STANISLAS

*Stanislas descend lentement l'escalier et croise la
reine comme endormie. Lorsqu'il avancera jusqu'au
milieu de la bibliothèque, la reine le suivra. Elle est
dure, cassante, terrible. Toute cette scène doit donner l'illusion qu'elle est une furie.*

La reine, *farouchement.* — Qu'est-ce que vous
avez fait ? (*Silence de Stanislas.*) Répondez. Répondez immédiatement.

>   *Silence.*

Tony vient de m'apprendre une chose incroyable.
Où est ce médaillon ? Où est-il ? Donnez-le ou je
vous cravache.

Stanislas, *avec calme.* — Le médaillon est dans
votre chambre.

La reine. — Ouvert ?

Stanislas. — Ouvert.

La reine. — Jurez-le.

Stanislas. — Je le jure.

La reine, *poussant un cri.* — Stanislas !

STANISLAS. — Tu m'avais expliqué ce qui se passe quand on avale cette capsule. J'ai un moment à vivre. Je voulais t'admirer avant ton départ.

LA REINE, *se reprenant.* — Ne me tutoyez pas. Il y a des policiers partout.

STANISLAS. — Je le savais.

LA REINE. — Vous saviez que la police cernait le château ?

STANISLAS. — C'est un mort qui vous parle. Je m'estime délié de mes promesses. Pendant votre absence, ce matin, le comte de Foëhn m'a averti qu'il m'arrêtait. J'ai obtenu qu'on ne m'arrête qu'après une heure. La police garde les portes pour que je ne m'échappe pas.

LA REINE. — La reine vous protégeait. Vous n'aviez rien à craindre.

STANISLAS. — Je n'ai pas agi par crainte. En un éclair, je me suis rendu compte que rien n'était possible entre nous, qu'il fallait vous rendre libre et disparaître en plein bonheur.

LA REINE. — Lâche !

STANISLAS. — Peut-être.

LA REINE. — Lâche ! Tu m'as conseillée, pressée, arrachée de mon ombre.

STANISLAS. — D'où je vais, je te protégerai mille fois mieux.

LA REINE. — Je ne demande pas qu'on me protège !

STANISLAS, *dans un élan.* — Mon amour...

> *Il veut s'approcher d'elle. Elle s'écarte d'un bond.*

LA REINE. — Ne m'approchez pas !

STANISLAS. — Est-ce toi qui me parles ?

LA REINE. — Ne m'approchez pas. (*Elle est blême, droite, effrayante.*) Vous êtes un mort et vous me faites horreur.

STANISLAS. — C'est toi ! C'est toi qui me parles !

LA REINE. — Vous êtes devant votre reine. Ne l'oubliez plus.

STANISLAS. — Ce poison a dû agir comme la foudre. Est-ce la mort de croire qu'on vit et d'être en enfer ? (*Il marche comme un fou dans la bibliothèque.*) Je suis en enfer ! Je suis en enfer !

LA REINE. — Vous êtes encore vivant. Vous êtes à Krantz. Et vous m'avez trahie.

STANISLAS. — Nous sommes à Krantz. Voilà le fauteuil, la table, les livres...

Il les touche.

LA REINE. — Vous deviez me tuer et vous ne m'avez pas tuée.

STANISLAS. — Si je t'ai offensée, pardonne-moi. Parle-moi comme tu me parlais hier, comme tu me parlais ce matin. Tu m'aimes ?

LA REINE. — Vous aimer ? Perdez-vous la tête ? Je vous répète que je vous ordonne de m'adresser la parole sur un autre ton.

STANISLAS, *égaré*. — Vous ne m'aimez pas ?

LA REINE. — Mes mouvements sont aussi rapides que les vôtres. Vous m'avez volée... volée ! Ne grimacez pas. Ne vous convulsez pas. Restez tranquille. Je vais vous dire ce que je ne voulais pas vous dire et ce que vous méritez qu'on vous dise.

Que supposez-vous ? Qu'imaginez-vous ? Apprenez que le comte de Foëhn ne se permettrait pas d'agir sans mes ordres. Tout ici n'est qu'intrigue. Je croyais que vous vous en étiez aperçu. Il me gênait de vous traîner à ma suite. Il me gênait de vous voir vous mêler indiscrètement des affaires du royaume. Si la police cerne le château, si le comte de Foëhn vous attendait à ma porte, c'était par mon ordre. Rien que par mon ordre. C'était mon bon plaisir.

STANISLAS. — Vous mentez !

La reine. — Monsieur! Vous oubliez où vous êtes, ce que vous êtes et ce que je suis.

Stanislas. — Vous mentez !

La reine. — Faut-il que j'appelle les hommes du comte de Foëhn ?

Stanislas. — Ici même, ici (*il frappe le fauteuil*) ne m'avez-vous pas avoué votre amour ?

La reine. — C'est alors que je mentais. Vous ne le savez pas, que les reines mentent ? Rappelez-vous vos poèmes. Vous y décriviez les reines telles qu'elles sont.

Stanislas. — Mon Dieu !...

La reine. — Je vous révélerai leurs secrets et les miens, puisque c'est un mort qui m'écoute. J'ai décidé, décidé, car je décide — j'ai décidé de vous charmer, de vous ensorceler, de vous vaincre. C'est drôle ! Tout a marché à merveille. La comédie était bonne. Vous avez tout cru.

Stanislas. — Vous !... Vous !...

La reine. — Moi. Et d'autres reines m'ont donné l'exemple. Je n'avais qu'à le suivre. Les reines n'ont guère changé depuis Cléopâtre. On les menace, elles enjôlent. Elles choisissent un esclave. Elles en usent. Elles ont un amant, elles le tuent.

> *Stanislas chancelle comme au premier acte. Il porte les mains à sa poitrine. Il va tomber. La reine ne peut retenir un élan.*

Stanislas !...

> *Elle allait s'élancer vers lui. Elle reste sur place. Elle cravache un meuble.*

Stanislas, *il se redresse peu à peu.* — Vous mentez, je le devine. J'allais me trouver mal, vous n'avez pas pu retenir votre cri. Vous tentez sur moi je ne sais quelle épouvantable expérience. Vous cherchez à savoir si mon amour n'était pas une exaltation de jeune homme, s'il était vrai?

LA REINE. — En quoi supposez-vous qu'il m'intéresse de savoir si votre amour était une exaltation de jeune homme? Il ne vous intéresse pas davantage de savoir si mon indulgence pour vous était un caprice. D'autres problèmes vous attendent.

STANISLAS. — Quoi? Je dérobe un poison que vous portiez sur vous comme une menace. Je le supprime. Je me suicide avec. J'évite un procès que vos ennemis n'auraient pas manqué d'exploiter pour que le scandale vous éclabousse. Je prie le ciel que le poison n'agisse pas en votre présence. Je vous donne joyeusement mon honneur, ma propreté, mon œuvre, mon amour, ma vie. Je vous... (*Il s'arrête soudain.*)

Mais, j'y pense! Quelle horreur! N'est-ce pas vous qui m'avez expliqué ce suicide à retardement, qui m'avez vanté ses avantages? N'est-ce pas vous qui m'avez dit que vous aviez ôté le médaillon de votre cou et qu'il se trouvait dans votre chambre? Répondez!

LA REINE. — Je n'ai pas l'habitude qu'on m'interroge, ni de répondre aux interrogatoires. Je n'ai pas de comptes à vous rendre. J'ai tiré profit de votre personne. Et ne vous imaginez pas que je parle des affaires de l'Etat. J'ai joué à vous le laisser croire. Vous n'entrez pour rien dans la décision que j'ai prise. J'ai flatté votre vanité d'auteur. La pièce était belle! Premier acte : on veut tuer la reine. Deuxième acte : on veut convaincre la reine de remonter sur son trône. Troisième acte : on la débarrasse d'un héros indiscret.

Comment n'avez-vous pas compris que votre ressemblance avec le roi était la plus grave des insultes? Comment pensiez-vous que je ne me vengerais pas d'en avoir été la dupe? Vous êtes naïf. Je vous **ai**

mené là où je voulais vous mener. Je ne prévoyais
pas que vous devanceriez mon arrêt et que vous
prendriez sur vous de donner vos ordres de mort. Je
devais vous remettre au comte de Foëhn. Vous en
décidez autrement. Vous vous empoisonnez. Vous
êtes libre. Bonne chance ! Mourez donc. Avant de
conserver cette capsule, j'en ai fait l'expérience sur
mes chiens. On les a enlevés de ma vue. On vous
enlèvera comme eux.

> *Stanislas s'est jeté à genoux dans le*
> *fauteuil auprès duquel il écoutait au*
> *premier acte.*

STANISLAS. — Mon Dieu ! Arrêtez la torture.

LA REINE. — Dieu non plus n'aime pas les lâches.
C'était à vous de ne pas trahir vos camarades. Ils
avaient confiance en vous. Vous étiez leur arme.
Et non seulement vous les avez trahis, mais vous les
avez fait prendre. Car Foëhn m'a parlé de votre
groupe. Il le connaît. Lorsque je vous ai caché dans
la bibliothèque, j'avais peur que vous ne vous aper-
ceviez de ses signes. Vous nous avez crus bien sots.
Comment, je vous le demande, aurais-je eu la moindre
confiance dans un inconnu qui trahissait et m'en donnait le spectacle ? Sur quoi vous fondiez-vous pour me
croire sincère, alors que vous retourniez votre veste
sous mes propres yeux ?

> *Stanislas s'est lentement relevé du*
> *fauteuil où on le voyait de dos. Il est de*
> *face, méconnaissable, décoiffé, sans re-*
> *gard.*

Peut-être n'auriez-vous jamais deviné les choses
que je viens de vous dire. Je vous aurais trompé
jusqu'à la dernière minute. Vous regardiez partir
mon escorte. Foëhn vous arrêtait. Il vous emme-
nait. On vous jugeait et on vous exécutait. Vous
seriez mort en vous glorifiant d'être le sauveur de

votre patrie. Vous échappez à ma justice. Vous préférez la vôtre. A votre aise. Mais je me devais de
devenir votre tribunal.

>   *Elle marche sur lui.*

Qu'avez-vous à répondre ? Vous vous taisez. Vous
baissez la tête. J'avais raison de vous traiter de
lâche. Je vous méprise. (*Elle lève sa cravache.*) Et je
vous cravache.

>   *Elle le cingle.*
>
> *A cet instant, la sonnerie de trom-*
> *pette se fait entendre dans le parc. Sta-*
> *nislas n'a pas bougé.*

On m'appelle. Je n'aurai sans doute pas la joie de
vous voir mourir.

> *La reine lui tourne le dos et s'éloi-*
> *gne jusqu'au bas de l'escalier. Elle s'y*
> *arrête et pose le pied sur la première*
> *marche. Stanislas la regarde. Il porte*
> *la main à son couteau de chasse. Il le*
> *retire de la gaine. Seconde sonnerie de*
> *trompette. Stanislas s'élance vers la*
> *reine. Il la poignarde entre les épau-*
> *les. La reine titube, se redresse et*
> *monte trois marches, le poignard*
> *planté dans le dos, comme le fit la*
> *reine Elisabeth. Stanislas a reculé jus-*
> *qu'au premier plan. La reine se re-*
> *tourne et parle avec une immense dou-*
> *ceur.*

LA REINE. — Pardonne-moi, petit homme. Il fallait
te rendre fou. Tu ne m'aurais jamais frappée.

> *Elle monte quatre marches et se re-*
> *tourne encore.*

Je t'aime.

> *L'hymne royal se fait entendre. Sta-*
> *nislas reste à sa place comme frappé*
> *de stupeur. La reine monte d'un pas*

d'automate. Elle arrive au palier. Elle
empoigne les rideaux de la fenêtre
pour se soutenir et s'y présenter.

La reine, *elle détourne la tête vers la bibliothèque*
et tend la main vers Stanislas. — Stanislas...

Il se précipite, enjambe les marches.
mais il est foudroyé par le poison au
moment où il va toucher la reine. Sta-
nislas tombe à la renverse, roule le long
des marches et meurt en bas, séparé de
la reine de toute la hauteur de l'esca-
lier. La reine s'écroule en arrachant un
des rideaux de la fenêtre. L'hymne
royal continue.

Rideau.

LE LIVRE BLANC *(Quatre Chemins)*.

LES ENFANTS TERRIBLES *(Grasset)*.

LA FIN DU POTOMAK *(Gallimard)*.

DEUX TRAVESTIS *(Fournier)*.

Poésie critique

LE RAPPEL À L'ORDRE (Le Coq et l'Arlequin. – Carte Blanche. – Visites à Barrès. – Le Secret professionnel. – D'un Ordre considéré comme une anarchie. – Autour de Thomas l'imposteur. – Picasso) *(Stock)*.

LETTRE À JACQUES MARITAIN *(Stock)*.

UNE ENTREVUE SUR LA CRITIQUE *(Champion)*.

OPIUM *(Stock)*.

ESSAI DE CRITIQUE INDIRECTE (Le Mystère laïc. – Des Beaux-Arts considérés comme un assassinat) *(Grasset)*.

PORTRAITS-SOUVENIRS *(Grasset)*.

MON PREMIER VOYAGE (Tour du monde en 80 jours) *(Gallimard)*.

LE GRECO *(Au Divan)*.

LA BELLE ET LA BÊTE (Journal d'un film) *(Édit. du Rocher)*.

LE FOYER DES ARTISTES *(Plon)*.

LA DIFFICULTÉ D'ÊTRE *(Édit. du Rocher)*.

REINES DE FRANCE *(Grasset)*.

DUFY *(Flammarion)*.

LETTRE AUX AMÉRICAINS *(Grasset)*.

MAALESH (Journal d'une tournée de théâtre) *(Gallimard)*.

MODIGLIANI *(Hazan)*.

JEAN MARAIS *(Calmann-Lévy)*.

JOURNAL D'UN INCONNU *(Grasset)*.

GIDE VIVANT *(Amiot-Dumont)*.

DÉMARCHE D'UN POÈTE *(Bruckmann)*.

DISCOURS DE RÉCEPTION À L'ACADÉMIE FRANÇAISE *(Gallimard)*.

COLETTE (Discours de Réception à l'Académie royale de Belgique) *(Grasset)*.

LE DISCOURS D'OXFORD *(Gallimard)*.

ENTRETIENS SUR LE MUSÉE DE DRESDE, avec Louis Aragon (*Éditeurs français réunis*).

LA CORRIDA DU PREMIER MAI (*Grasset*).

LE CORDON OMBILICAL (*Plon*).

Poésie de théâtre

THÉÂTRE I : Antigone. – Les Mariés de la Tour Eiffel. – Les Chevaliers de la Table Ronde. – Les Parents terribles (*Gallimard*).

THÉÂTRE II : Les Monstres sacrés.   La Machine à écrire. – Renaud et Armide. – L'Aigle à deux têtes (*Gallimard*).

ŒDIPE ROI. – ROMÉO ET JULIETTE (*Plon*).

ORPHÉE (*Stock*).

LA MACHINE INFERNALE (*Grasset*).

THÉÂTRE DE POCHE (*Édit. du Rocher*).

BACCHUS (*Gallimard*).

THÉÂTRE I ET II (*Grasset*).

RENAUD ET ARMIDE (*Gallimard*).

LE BAL DU COMTE D'ORGEL, de R. Radiguet (*Édit. du Rocher*).

L'IMPROMPTU DU PALAIS-ROYAL (*Gallimard*).

Poésie graphique

DESSINS (*Stock*).

LE MYSTÈRE DE JEAN L'OISELEUR (*Champion*).

MAISON DE SANTÉ (*Briant-Robert*).

PORTRAITS D'UN DORMEUR (*Mermod*).

DESSINS POUR LES ENFANTS TERRIBLES (*Grasset*).

DESSINS POUR LES CHEVALIERS DE LA TABLE RONDE (*Gallimard*).

DRÔLE DE MÉNAGE (*Édit. du Rocher*).

LA CHAPELLE SAINT-PIERRE (*Édit. du Rocher*).

LA MAIRIE DE MENTON (*Édit. du Rocher*).

LA CHAPELLE SAINT-BLAISE-DES-SIMPLES À MILLY (*Édit. du Rocher*).

Livres illustrés par l'auteur

OPÉRA (*Arcanes*).

LÉONE (*Gallimard*).

ANTHOLOGIE POÉTIQUE (*Club Français du Livre*).

LE GRAND ÉCART (*Stock*).

THOMAS L'IMPOSTEUR (*Gallimard*).

LES ENFANTS TERRIBLES (*Édit. du Frêne, Bruxelles*).

LE LIVRE BLANC (*Morihien*).

DEUX TRAVESTIS (*Fournier*).

LE SECRET PROFESSIONNEL (*Sans Pareil*).

OPIUM (*Stock*).

CARTE BLANCHE (*Mermod, Lausanne*).

PORTRAIT DE MOUNET-SULLY (*F. Bernouard*).

PORTRAITS-SOUVENIRS (*Grasset*).

DÉMARCHE D'UN POÈTE (*Bruckmann*).

LE SANG D'UN POÈTE (*Édit. du Rocher*).

ORPHÉE (*Rombaldi*).

LA MACHINE INFERNALE (*Grasset*).

Poésie cinématographique

LE SANG D'UN POÈTE (*Film – Édit. du Rocher*).

L'ÉTERNEL RETOUR (*Film – Nouvelles Édit. Françaises*).

LA BELLE ET LA BÊTE (*Film*).

RUY BLAS (*Film – Édit. du Rocher*).

LA VOIX HUMAINE (*Film, avec R. Rossellini*).

LES PARENTS TERRIBLES (*Film – Édit. Le Monde illustré*).

L'AIGLE À DEUX TÊTES (*Film – Édit. Paris-Théâtre*).

ORPHÉE (*Film – Édit. A. Bonne*).

LES ENFANTS TERRIBLES (*Film*).

LA VILLA SANTO SOSPIR (*Kodachrome*).

ENTRETIENS AUTOUR DU CINÉMATOGRAPHE
(*Édit. A. Bonne*).

Avec les musiciens

SIX POÉSIES (A. Honegger – *Chant du Monde*).

HUIT POÈMES (G. Auric).

DEUX POÈMES (J. Wiener).

PARADE (Éric Satie – *Columbia*).

LE BŒUF SUR LE TOIT (Darius Milhaud – *Capitol*).

LES MARIÉS DE LA TOUR EIFFEL (Groupe des Six – *Pathé-Marconi*).

ANTIGONE (A. Honegger).

ŒDIPUS REX (Igor Stravinsky – *Philips*).

LE PAUVRE MATELOT (Darius Milhaud).

CANTATE (Igor Markevitch).

LE JEUNE HOMME ET LA MORT *(Ballet)*.

PHÈDRE *(Ballet)* (G. Auric – *Columbia*).

LA DAME À LA LICORNE *(Ballet)* (J. Chailley).

*Reproduit et achevé d'imprimer
par l'Imprimerie Floch
à Mayenne, le 19 avril 1983.
Dépôt légal : avril 1983.
1er dépôt légal : mars 1949.
Numéro d'imprimeur : 20790.*

ISBN 2-07-021585-7 / Imprimé en France